Alpine Guide
ヤマケイ アルペンガイド

九州の山

英彦山・多良岳・九重山・阿蘇山・祖母山
大崩山・国見岳・霧島山・開聞岳・宮之浦岳

Alpine Guide
ヤマケイ アルペンガイド

九州の山

Contents

本書の利用法……4
九州の山に登る……6

九州北部

コース1 英彦山 北西尾根・中岳……14
サブコース 豊前坊から北岳・中岳……18
サブコース 別所駐車場から南岳・中岳……19
コース2 平尾台 大平山・貫山……20
サブコース 周防台・桶ヶ辻……24
コース3 福智山 七重の滝……26
サブコース 大塔ノ滝を経て福智山へ……29
サブコース 上野登山口から福智山へ……30
コース4 井原山 アンノ滝ルート……32
サブコース 井原山・雷山縦走……35
サブコース 水無登山口から井原山へ……36
コース5 多良岳 西野越コース……38
サブコース 経ヶ岳・多良岳縦走……42
サブコース 五家原岳コース……44
サブコース 中山越コース……45
コース6 雲仙岳 普賢岳……46
サブコース 立岩の峰コース……51

九重・阿蘇・祖母傾・大崩

コース7 鶴見岳……54
サブコース 鶴見岳・西登山道……57
コース8 由布岳……58
サブコース 由布岳・東登山口コース……61
コース9 九重山 久住山……62
サブコース 牧ノ戸峠コース……66
サブコース 久住山のその他のコース……69
コース10 九重山 大船山……72
サブコース 岳麓寺コース……76
サブコース 平治岳……78
サブコース 吉部コース……79
コース11 九重山 黒岳……80
サブコース 白水鉱泉コース……83
コース12 涌蓋山 八丁原コース……84
サブコース はげの湯コース……87
コース13 阿蘇山 高岳・中岳……88
サブコース 仙酔峡起点の周回……92
サブコース 烏帽子岳・杵島岳……94
サブコース 根子岳東峰・大戸尾根……95
サブコース 根子岳東峰・釣井尾根……97
コース14 祖母山 黒金山尾根・障子岩尾根……98
コース15 祖母山 小松尾根・神原コース……102
サブコース 北谷登山口から周回……105
コース16 傾山 九折コース……106
サブコース 三ツ尾コース……110
サブコース 杉ヶ越コース……111
サブコース 傾山のその他のコース……112
コース17 祖母山〜傾山縦走……114
コース18 大崩山 ワク塚ルート……120
サブコース 大崩山のその他のコース……125

コース19 五葉岳……126
コース20 夏木山……128
サブコース 犬流れ越コース……129
コース21 鹿納山……130
サブコース お化粧山コース……132
サブコース 大崩山・鹿納山縦走コース……133
コース22 鉾岳……134
サブコース 天然杉コース……135

九州脊梁

コース23 扇山 霧立越コース……144
サブコース 松木登山口コース……146
サブコース 内の八重コース……148
コース24 国見岳 五勇山・烏帽子岳……150
サブコース 新椎葉越から国見岳……154
サブコース とぞの谷橋から国見岳……155

九州南部・屋久島

コース25 尾鈴山……158
コース26 霧島山 韓国岳……162
サブコース 大浪池コース……166
サブコース 白鳥山……167
コース27 霧島山 高千穂峰……168
サブコース 霧島東神社コース……172
サブコース 天孫降臨コース……173
コース28 開聞岳……174
コース29 高隈山 大篦柄岳……178
サブコース 高隈山・御岳……181
コース30 宮之浦岳 淀川ルート・縄文杉ルート……182
サブコース 黒味分れから黒味岳……187
コース31 宮之浦岳・永田岳……188
コース32 太忠岳……194
コース33 愛子岳……196
コース34 モッチョム岳……198

コラム

季節の花を探す散策……23
平尾台 季節の草花……25
九州の山に咲く花……136
九州のその他のおすすめの山……200

インフォメーション

九州の山へのアクセス……206
九州の山の登山口ガイド……212
九州の山の山小屋ガイド……219
行政区界・地形図……222
問合せ先一覧……224
主な山名・地名さくいん……228

1左 英彦山
1右 平尾台
2左 福智山
2右 井原山
3左 多良岳
3右 雲仙岳
4左 鶴見岳・由布岳
4右 湧蓋山
5 九重山(久住山・大船山・黒岳)
6 阿蘇山(高岳・中岳・烏帽子岳・杵島岳・根子岳)
7 祖母山
8左 傾山
8右 大崩山詳細図
9 大崩山・五葉岳・夏木山・鹿納山・鉾岳
10左 鉾岳詳細図
10右 扇山
11左 国見岳
11右 尾鈴山
12 霧島山(韓国岳・高千穂峰)
13左 開聞岳
13右 高隈山(大篦柄岳・御岳)
14 宮之浦岳・永田岳・黒味岳
15左 太忠岳
15右上 愛子岳
15右下 モッチョム岳

本書の利用法

本書は、九州の主要山岳や人気のコースを対象とした登山ガイドブックです。収録したコースの解説はすべてエリアに精通した著者による綿密な実踏取材にもとづいています。本書のコースガイドページは、左記のように構成しています。

コースガイド

❶山名・行程

コースは目的地となる山名・自然地名を標題とし、行程と1日ごとの合計コースタイムを併記しています。日程（泊数）はコース中の山小屋を宿泊地とした標準的なプランです。

❷コース概念図

行程と主な経由地、目的地を表したコース概念図です。丸囲みの数字とアルファベットは、別冊登山地図帳の地図面とグリッド（升目）を示しています。

❸コースガイド本文

コースの特徴をはじめ、出発地から到着地まで、コースの経路を説明しています。主な経由地は、強調文字で表しています。本文中の山名・地名とその読みは、国土地理院発行の地形図に準拠しています。ただし一部の山名・地名は、登山での名称・呼称を用いています。

❹コース断面図・日程グラフ

縦軸を標高、横軸を地図上の水平距離としたコース断面図です。断面図の傾斜角度は、実際の登山道の勾配とは異なります。日程グラフは、ガイド本文で紹介している標準日程と、コースによって下段に宿泊地の異なる応用日程を示し、日程ごとの休憩を含まないコースタイムの合計を併記しています。

❺コースタイム

30〜50歳の登山者が日帰りもしくは山小屋利用1泊2日程度の装備を携行して歩く場合を想定した標準的な所要時間です。休憩や食事に要する時間は含みません。なおコースタイムは、もとより個人差があり、登山道の状況や天候などに左右されます。本書に記載のコースタイムはあくまで目安とし、各自の経験や体力に応じた余裕のある計画と行動を心がけてください。

サブコース

❻コースグレード

九州の各山岳の無雪期におけるコースの難易度を初級・中級・上級に区分し、さらに技術度、体力度をそれぞれ5段階で表示しています。

初級 紹介するエリアにはじめて登る人に適したコースです。難所のない日帰り登山・ハイキングを主に楽しんでいる初心者を対象としています。

中級 歩行距離や標高差が大きく、急登の続くコースや宿泊を伴うなど、登山の経験がある人に向きます。

上級 急峻な岩場、迷いやすい地形に対処でき、的確な天候判断が求められるコース。本書では、ハシゴやクサリが連続する大崩山や、山中に複数日宿泊して長大なコースを1日9時間以上にわたり歩く祖母・傾縦走などが該当します。

技術度

1＝よく整備された散策路・遊歩道
2＝とくに難所がなく道標が整っている
3＝ガレ場や雪渓、小規模な岩場がある
4＝注意を要する岩場、迷いやすい箇所がある
5＝きわめて注意を要する険路

これらを基準に、天候急変時などに退避路となるエスケープルートや、コース中の山小屋・避難小屋の有無などを加味して判定しています。

体力度

1＝休憩を含まない1日の
　コースタイムが3時間未満
2＝同3〜5時間程度　3＝同5〜7時間程。
4＝同7〜9時間程度　5＝同9時間以上

これらを基準に、コースの起伏や標高差、日程などを加味して判定しています。なおコースグレードは、登山時期と天候、および荒天後の登山道の状況によって大きく変わる場合があり、あくまで目安となるものです。

別冊登山地図帳

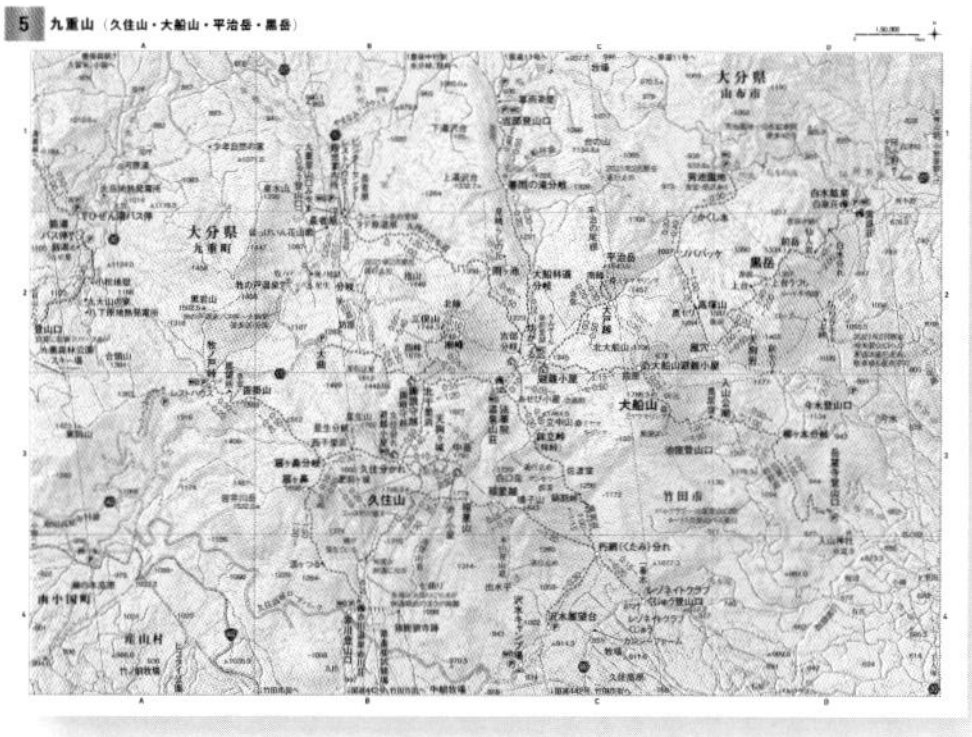

❼コースマップ

別冊登山地図帳に収録しています。コースマップの仕様や記号については、登山地図帳に記載しています。

九州の山に登る

写真・文／内田益充

九州の山を大別すると、福岡、佐賀、長崎県にまたがる筑紫《つくし》山地、北部長崎県から南部鹿児島県まで全域に点在する火山帯、大分、熊本、宮崎、鹿児島県にまたがる九州山地、屋久島《やくしま》などの離島の山となる。

筑紫山地には、英彦《ひこ》山地、貫《ぬき》山地、福智《ふくち》山地、脊振《せふり》山地などが含まれる。火山帯は北部から雲仙《うんぜん》火山、多良《たら》火山、阿蘇《あそ》火山、くじゅう火山、由布《ゆふ》・鶴見《つるみ》火山、霧島《きりしま》火山、噴火活動中の桜島《さくらじま》がある。九州山地には、祖母《そぼ》・傾《かたむき》山地、大崩《おおくえ》山地、脊梁《せきりょう》山地が含まれる。最高峰は屋久島の宮之浦岳《みやのうらだけ》（１９３６ｍ）で、九州本土での最高峰は九重山地の中岳《なかだけ》（１７９１ｍ）である。

火山帯が多いことは九州の特性であり、火山活動による生活への影響も心配されるが、人々の生活に恵みも与えている。山麓には豊富な湯量を誇る温泉が湧き、生活基盤に利用され、地域によっては観光事業などで潤っている。

■山域の特徴と四季

【九州北部】英彦山《ひこさん》は山容が急峻で、修験道の山として全国的に知られる。紅葉と霧氷が美しく、紅葉の少ない福岡県の山では貴重な存在。

貫山地はカルスト地形の平尾台《ひらおだい》として知られ、春から秋の草原が美しい。草原台地には鍾乳洞や湿原を抱き、部分的に観光地となっている。

福智山《ふくちやま》は山頂一帯がススキとササ原で展望もよく、滝をめぐるコースも多いだけに、登山者でにぎわう人気の山となっている。

背振山地の井原山《いわらやま》は、山頂からの展望がよく、また季節ごとの花が見られる名山である。とくに初夏のコバノミツバツツジと夏のオオキツネノカミソリの季節になると登山者が絶えない。

佐賀、長崎県境に位置する休火山の多良《たら》岳《だけ》は山岳信仰の山である。この山も早春の

新雪の平尾台・権現山と周防台

九州最高峰の宮之浦岳（右）と第２位の永田岳

祖母山九合目小屋の内部
（写真／山岡研一）

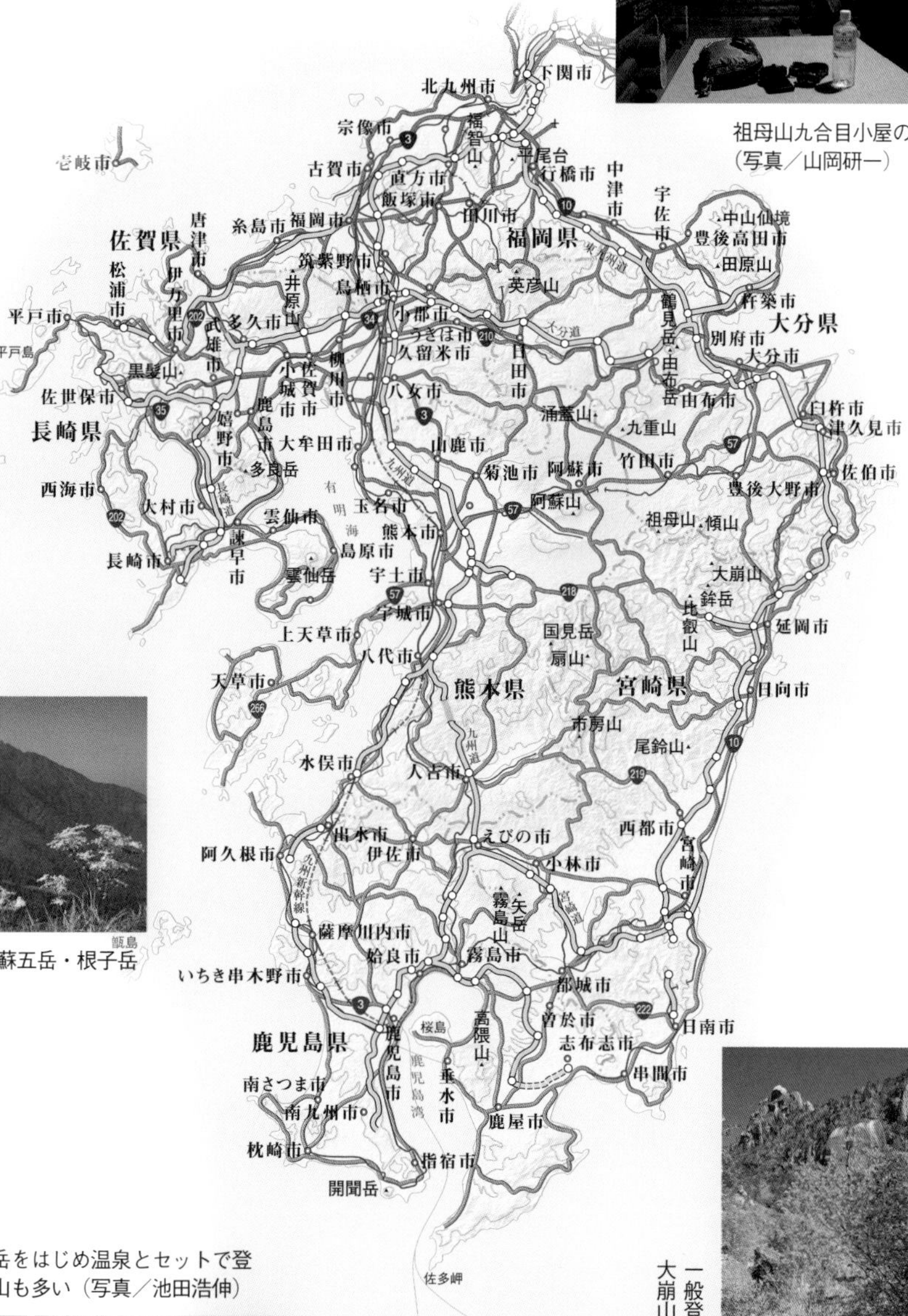

シシウドと阿蘇五岳・根子岳

雲仙岳をはじめ温泉とセットで登れる山も多い（写真／池田浩伸）

一般登山道では九州屈指の難所、大崩山坊主尾根

マンサク開花にはじまり、夏はオオキツネノカミソリの山として、井原山と人気を二分している。

　長崎県の雲仙岳《うんぜんだけ》は、霧島山地とともに日本で最初に国立公園に指定された。火山規制のある平成新山《へいせいしんざん》以外は入山可能で、仁田《にた》峠を起点に周回コースが最も利用されている。北部の山では紅葉が一番美しく、ミヤマキリシマや紅葉の季節は観光客も多い。


【九重・阿蘇・祖母傾・大崩】 秀麗な山容から「豊後富士《ぶんごふじ》」と称される由布岳《ゆふだけ》は、東西に分かれた双耳峰が特徴。山頂部のお鉢巡《はちめぐ》りコースは岩場もあって安易なコースではないので、慎重な行動が必要。山麓の湯布院《ゆふいん》温泉は九州でも人気上位の温泉地。東隣の鶴見岳《つるみだけ》は山頂直下までロープウェイが通じ、観光客は簡単に四季折々の自然に接することができる。安全な山と思われがちだが、山頂東斜面に噴気が残る活火山だ。

　九重山地は四季の美しさが凝縮された山域で、四季それぞれに魅力ある登山が楽しめる。とくに初夏のミヤマキリシマと秋の紅葉は、九州最大の規模を誇る。ミヤマキリシマは全域で見られるが、定番は大船山《たいせんざん》と平治岳《ひいじだけ》。紅葉であざやかな色合いを見せるのは大船山と三俣山《みまたやま》。冬の積雪期でも、他の山域に比べると登山者が多いように思われる。中岳直下の御池《みいけ》は凍結すれば湖面を歩くことができ、冬の九重登山の楽しみのひとつとなっている。

　阿蘇山地はそれぞれの山で特徴が異なっている。阿蘇五岳《あそごがく》の主峰・高岳《たかだけ》と中岳《なかだけ》は火山特有の荒涼とした風景が広がり、初夏のミヤマキリシマで華やかな彩りとなる。根《ね》子岳《こだけ》は阿蘇五岳で唯一樹木におおわれており、登山禁止の天狗峰《てんぐみね》はむき出しの岩峰を

九重山・稲星山のミヤマキリシマと平治岳

5月	6月	7月	8月	9月	10月	11月	12月
	梅雨			秋の長雨			
春～初夏		盛夏			秋		冬
	花木・山野草の開花				紅葉		降雪期
春～初夏		盛夏			秋		冬
	花木・山野草の開花				紅葉		降雪期

天に突き上げている。東峰《とうほう》から望む天狗峰の紅葉は、九重の紅葉に負けていない。烏《え》帽子岳《ぼしだけ》、杵島岳《きしまだけ》（いずれも阿蘇五岳）は、対照的に草原性のなだらかな山容をなす。

祖母・傾山地は九州の火山群とは異なり山容が峻険で、濃緑の原生林と深く刻まれた渓谷がある。祖母〜傾の縦走は、一度は挑戦したい九州の登山者の目標のひとつである。５月上旬のアケボノツツジと紅葉の季節が美しい。

傾山《かたむきやま》の南に杉ヶ越《すぎがごえ》（大明神越《だいみょうじんごえ》）を挟んで対峙する山々が大崩山地である。祖母・傾と同様に濃緑の原生林におおわれているが、その山容は大きく異なる。なかでも山群の盟主である大崩山《おおくえやま》と祝子《ほうり》川渓谷源流一帯は、巨大な花崗《かこう》岩の「ダキ」とよばれる岩峰や岩壁が懸崖をなし、日本国内でもあまり見ることのできない独特の景観をつくっている。５月上旬のアケボノツツジはもちろん、６月上旬のササユリと紅葉も見逃せない。

【九州脊梁】 祖母・傾、大崩山地を除く九州山地の主要な山々が、九州脊梁の山である。熊本・宮崎県境に１４００〜１６００ｍ級の山々を連ねるが目立った峰は少なく、１７００ｍを超える山は、市房山《いちふさやま》と国見岳《くにみだけ》のみ。その市房山は２０２０年７月に九州を襲った豪雨により大きな被害を受け、今回の編集から割愛させてもらった。

国見岳は脊梁山地の最高峰で、山頂には信仰の対象である祠が祀られている。展望も抜群で、四周をさえぎるものがない。国見岳も登山口への林道が土砂崩れなどの被害を受けたが、徐々に復旧に向かっている。

霧立越《きりたちごえ》として親しまれている白岩山《しらいわやま》から扇山《おうぎやま》の登山道は、ブナの樹林帯のなかを、ゆるやかなアップダウンで歩ける快適な縦走路である。５月上旬から中旬にかけてのシャクナゲの開花が楽しみである。

【九州南部・屋久島】 尾鈴山《おすずやま》は九州山地に分類されるが、本書では南部の山として紹介する。この山の魅力は滝めぐりにつきる。落差７０ｍを超える矢研《やとぎ》の滝と白《しら》滝は一

九州脊梁はブナが今も残る
（写真／吉田泰仁）

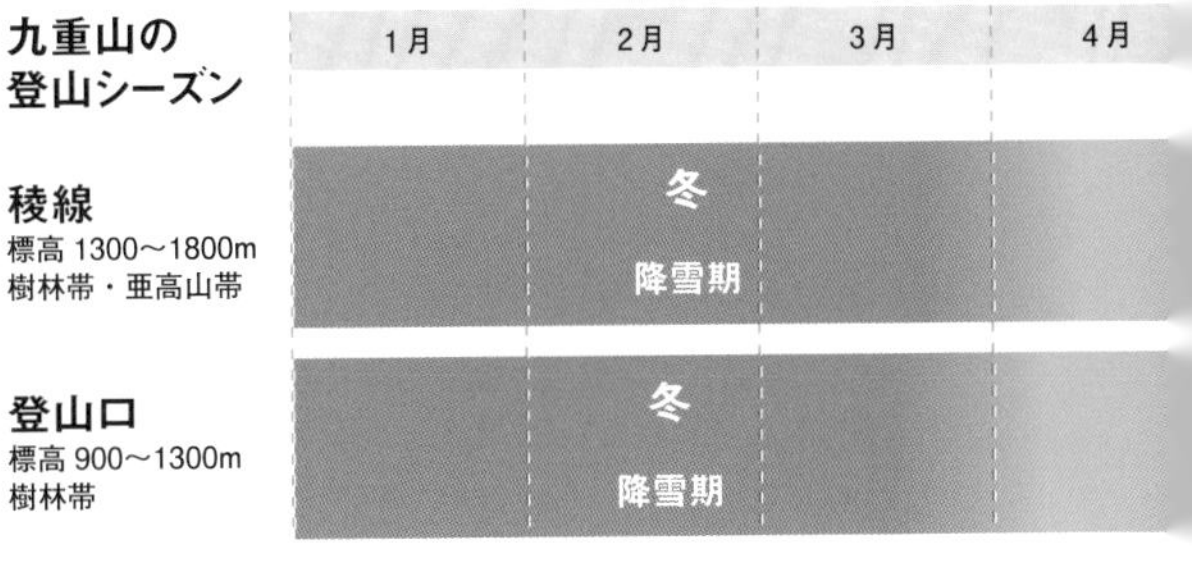

見の価値があり、尾鈴山瀑布群として天然記念物の指定も受けている。

霧島山地は山麓や中腹に大きな火口湖を抱き、雄大な山容は九州の他の火山帯にない魅力を持つ。主峰の韓国岳《からくにだけ》や白鳥山《しらとりやま》周辺の火口湖巡りがおすすめ。天孫降臨《てんそんこうりん》伝説が残る高千穂峰《たかちほのみね》も一度は登りたい名峰だ。

薩摩《さつま》半島南端の開聞岳《かいもんだけ》は、円錐形の美しい山容から「薩摩富士」の愛称で親しまれている。らせん状に登山道を登れば、最後はすばらしい展望が待っている。

大隅《おおすみ》半島にある高隈山《たかくまやま》は、最高峰の大箆《おおの》柄岳《がらだけ》を中心とした連山の総称である。照葉樹林におおわれ、花崗岩の美しい猿ヶ城《さるがじょう》渓谷が流れている。

屋久島は主峰・宮之浦岳を筆頭に永田岳《ながただけ》、黒味岳《くろみだけ》など1800mを超える山が数座あり、「洋上アルプス」とよばれている。縄《じょう》文《もん》杉に代表されるスギの巨木で深い森を形成しているが、標高1600m付近になると景観は一変する。森林限界により白骨化したスギの中に巨岩・巨石が点在し、花之《はなの》江河《えごう》などの日本庭園風の湿原が花を添える。5月下旬〜6月上旬に開花するヤクシマシャクナゲに出会えれば、これ以上の喜びはない。渓谷も宮之浦川のような日本有数の険悪な谷から、白谷雲水《しらたにうんすい》峡のように苔むした美しいな谷も存在する。

屋久島では、島の中央部に位置する麓から見えない山のことを「奥岳《おくだけ》」、麓から見える山のことを「前岳《まえだけ》」とよんでいる。前者は「屋久島三山」の宮之浦岳や永田岳、黒味岳《くろみだけ》、後者は太忠岳《たちゅうだけ》、愛子岳《あいこだけ》、モッチョム岳《だけ》が代表的な山である。

■山行上の注意点

北アルプスの剱岳《つるぎだけ》や槍《やり》・穂高《ほたか》の大《だい》キレットのような危険なコースは少ないが、傾山の三ツ尾《みお》コースや大崩山の坊主《ぼうず》尾根といった危険性の高い岩尾根コースもある。ロープやハシゴが連続する場所は、補助ロープやカラビナがあれば安全性は向上する。本格的な雪山は、屋久島の宮之浦岳や永田岳

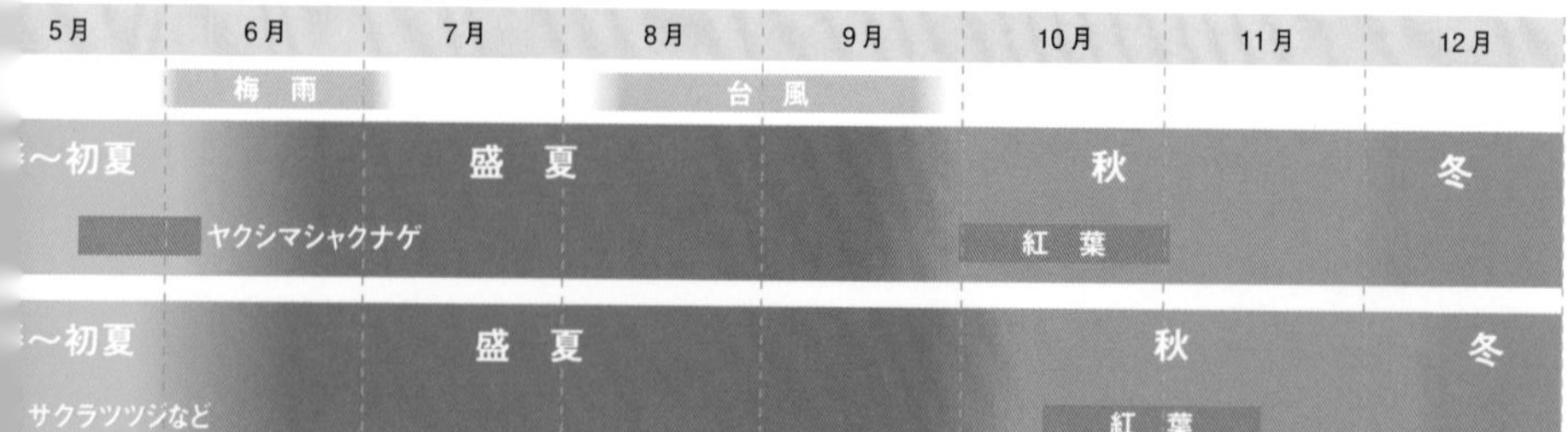

などの奥岳になる。

九州本土で雪山登山が親しまれているのは、九重山地や霧島山地が主流だ。大雪が降ることはほとんどなくラッセルをするようなことはないが、斜面の凍結はあるので、軽アイゼン程度は持参したい。

屋久島での登山は何かと制約が多いので、事前に調べておくこと。例えば携帯トイレの持参や、山小屋周辺以外の幕営禁止などがあげられる。

■災害による登山規制

２０２０年７月に、九州全域を集中豪雨が襲った。なかでも熊本県の被害は甚大で、氾濫した球磨《くま》川流域の山には大きな爪痕が残った。九州脊梁の市房山や国見岳、扇山など登山口にいたる林道は、完全には復旧していない。大分県の九重山地も土石流や土砂崩れ、登山道流出などの被害が発生している。なお、今回紹介した山で災害の影響を受けたコースについては欄外に注記を入れているので、登山する際には事前確認をお願いしたい。

火山規制のある山は霧島山地の新燃岳《しんもえだけ》で、２０１１年１月の噴火以来入山禁止となっている（新燃岳周辺の一部の山についても、同様に入山禁止の状態が続いている）。阿《あ》蘇山《そさん》の高岳・中岳についても入山規制が続いていたが、２０２０年９月に解除された。ただし頻繁に規制がかかるので、登山の際は自治体のホームページなどで規制情報を入手しておこう。

噴煙上げる阿蘇山・中岳火口

マイカーは駐車位置にも注意を払いたい（福智山・上野登山口）

屋久島の登山シーズン

	1月	2月	3月	4月
奥岳 標高 1500〜2000m 樹林帯・亜高山帯	冬 降雪期			
前岳 標高 800〜1200m 樹林帯	冬 降雪期			

九州北部

カルスト地形で知られる平尾台・羊群原と大平山（写真／松本高志）

大都市近郊のハイキングの山から
日本二百名山まで集まる
日帰り登山の名エリア

中岳と北岳の鞍部から南東方向を望む。周辺は九州有数のブナの美林帯である

日本三大修験霊場の頂へ ブナが点在する 美しき森を抜けて立つ

コースグレード｜初級

技術度｜★★★★★ 2

体力度｜★★★★★ 1

日帰り 別所駐車場→英彦山野営場→四辻分岐→ハシゴ→中岳→奉幣殿→別所駐車場　計2時間50分

古来、霊峰として知られる英彦山《ひこさん》は、中岳《なかだけ》、北岳《きただけ》、南岳《みなみだけ》の三峰からなる。それぞれが巨大なコブのようで、遠望する山容は異形とよぶにふさわしい。日本三大修験道場のひとつに数えられ、最盛期には約3千8百の坊と49の窟を擁したという。奉幣殿《ほうへいでん》、行者堂《ぎょうじゃどう》、玉屋《たまや》神社、虚空蔵窟《こくぞうくつ》など数々の史跡を今なお山中の各所にとどめ、ブナをはじめとする豊かな自然と渾然一体となって独特の雰囲気を醸し出している。

登山客が最も多いのは、別所《べっしょ》駐車場から正面《しょうめん》参道をたどって中岳へいたるルートだが、英彦山の自然の豊かさを満喫できる北《ほく》西《せい》尾根ルートを案内しよう。

日帰り

別所駐車場から北西尾根ルートで中岳へ

英彦山のメイン登山口、**別所駐車場**から国道500号を東進すること数分で、右に九州自然歩道の道標を見る。ここで山道に入り、国道を2度横断して**英彦山野営場**へ。

北西尾根のハシゴ場。右へ巻き道もある

英彦山の表玄関、別所駐車場

ここが北西尾根ルートの入口だ。駐車場は常時開放され、ここまで車で入ってもよい。

バンガロー群を右に見て、樹林のなかに続くコンクリートの階段を登る。やがて山道に変わり、まもなく左に野鳥観察小屋を見る。急登というほどではないが、だらだらとした登りが続き、少しばかり骨が折れる。その先でバードラインとよばれる野鳥観察路と交わる地点に出る（**四辻分岐**《よつじ》）。

直進してすぐ「16」と記されたプレートから左へ急カーブし、ひと登りで傾斜はゆるむ。周辺はなだらかで、シロモジ、リョウブ、カエデなどからなる落葉樹の美しい森が広がる。新緑、紅葉、霧氷と四季折々に色を変える風光は格別だ。ザックを下ろし、周辺をのんびり散策するのも楽しい。

樹林のなかの踏み分け道をゆるやかに登るとブナの大木が点在しはじめ、同時にツクシシャクナゲも目につくようになる。その先、やや急な登りとなり、迂回路の道標で道は左右に分かれる。左は巨大な岩の隙間に**ハシゴ**がかかる。といっても高さは2m足らず。難なく乗り越えられるだろう。右はハシゴ場を迂回する道で、ロープが張られている。途中で二手に分かれ、左は足場の悪い急登が控えている。右のほうがいくぶんなだらかだ。

登りきると、千本杉とよばれていた山頂直下の平坦地に出る。以前は多くのスギの大木がそびえ立ち、壮観なる眺めを呈していたが、1991（平成3）年の台風によって大方倒れ、今では生い茂るススキのなかに数本の立ち枯れした木が残るのみだ。

ススキをかき分け、シカ除けネット沿いに進むと、前方に薄い水色をした英彦山神宮の上宮《じょうぐう》が姿を現し、道なりに進めば10分ほどで休憩所とバイオトイレのある**中岳**山頂に着く。展望は南東側が大きく開け、空気の澄んだ日には遠くにくじゅう連山を望む。上宮は右手の石段を登ったところで、そのまま直進すれば三峰で最も高い南岳（1199・5m）へいたる。10分ほどな

正面参道のクリンソウ。花期は5月初旬ごろ

色彩美あふれる北西尾根の紅葉

登山客でにぎわう中岳山頂。休憩所やトイレもある

ので、余裕があれば立ち寄るといい。

復路は上宮から正面参道を下ろう。長い石段が続くなか、水場のある行者堂に立ち寄り、関銭《せきせん》ノ跡、稚児《ちご》落としといった史跡を通過したあと、右に**バードライン**を分ける。英彦山野営場に車を乗り入れた場合は、バードラインを使って周回できる。

道なりに下り、中津宮《なかつみや》、クサリ場、展望所を過ぎれば、英彦山修験道の中心的建造物の**奉幣殿**に下り立つ。かつての霊山寺大講堂で、現社殿は1616年に小倉《こくら》藩主・細川忠興《ただおき》によって再建されたとつたわる。

石段はさらに続き、下部の銅鳥居《かねのとりい》まで約2km。この間がかつて「大門筋」とよばれた英彦山のメインストリートである。両脇には坊跡が並び、早春のミツマタ、5月初旬のクリンソウ、秋のサンインヤマトリカブト、そして新緑、紅葉と楽しみはつきない。ちなみに、クリンソウとサンインヤマトリカブトは九州には自生しない。修験道の隆盛時に山伏が薬草として持ちこんだものではないかといわれている。**別所駐車場**は、途中右手にある花山商店から右折し、車道を歩くこと約15分の距離である。

プランニング&アドバイス

北西尾根は概ねなだらかで、英彦山の数ある登山ルートのなかでは楽に山頂に立てる。しかも、西の正面参道と東の天狗ラインの中間に位置し、それぞれをバードラインと九州自然歩道が結んでいる。そのため、さまざまなルート設定が可能である。ただし、尾根は広くどこでも歩けるがゆえ、ガスに巻かれた際など道迷いしかねない。本文中のナンバープレートは、それを防ぐ目的で国道500号沿いにある福岡県立英彦山青年の家が設置したものである。また、登山道は基本的に山頂に向かって尾根の左端についている。それも覚えておくといい。

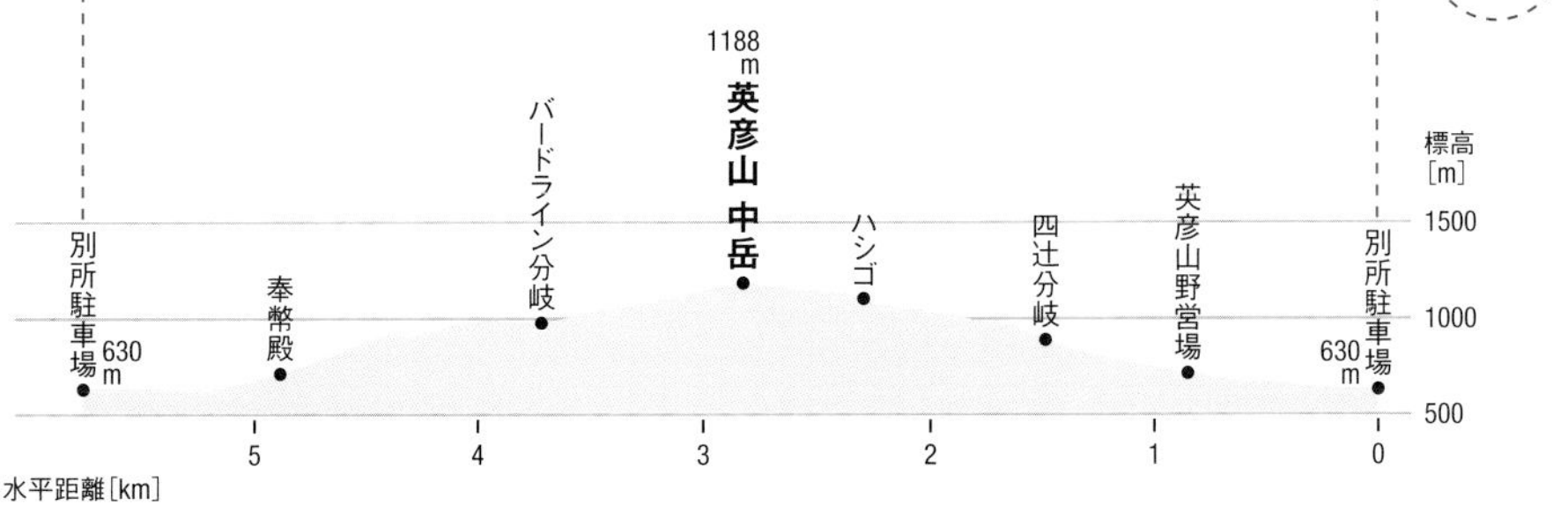

サブコース

豊前坊から北岳、中岳

豊前坊↓望雲台↓北岳↓中岳↓四辻分岐↓鷹巣原↓豊前坊　3時間15分

Map 1-3B　豊前坊

コースグレード｜中級

技術度｜★★★☆☆　3

体力度｜★★☆☆☆　2

別所《べっしょ》駐車場の東に鎮座する豊前坊《ぶぜんぼう》（高住《たかすみ》神社）から北岳《きただけ》をめざす。このルートは、豊前坊が日本八大天狗に数えられることから「天狗《てんぐ》ライン」とよばれる。北岳まで距離は短いものの、急登を強いられる。足ともガレが多く、いささか歩きにくい。木段やクサリが設置された危険箇所もある。ビギナーが下りで使うのは危険と考えよう。

それでも登山者の姿が絶えないのは、**豊前坊**から20分ほど上がった**望雲台**《ぼううんだい》とよばれる断崖絶壁や逆鉾《さかほこ》岩、屛風《びょうぶ》岩、筆立《ふでたて》岩といった奇岩群、圧倒的な規模を誇るシオジ林、山頂周辺のブナ林など変化に富んだ山歩きを楽しめるからである。なかでも登山者が多いのは、登山道がきらめく紅葉に包まれる秋。ついでオオヤマレンゲの咲く初夏で、豊前坊下の駐車場が満車になることも珍しくない。

望雲台から**北岳**まで所要1時間強。そこから美しいブナ林を眺めながら鞍部へ下り、登り返して**中岳**《なかだけ》山頂へ。

復路は、正面《しょうめん》参道を下り、途中から右折して**バードライン**に入る。バードラインは足もとがガレており、歩きやすいとはいえないが、奉幣殿《ほうへいでん》分岐から右をとってトラバース道に入ると歩きやすくなる。谷をひとつ越え、**四辻**《よつじ》**分岐**で英彦《ひこ》山《さん》野営場への道を左に分けて下ると、ススキが生い茂る**鷹巣**《たかのす》**原**《ばる》に出る。その手前の苔むした岩が重なる日本庭園ふうの場所も風情がある。あとは九州自然歩道で**豊前坊**へと戻る。

望雲台をめざす登山者。岩壁の隙間をよじ登る

岩窟に社殿を構える高住神社。英彦山49窟のひとつだ

サブコース

別所駐車場から南岳、中岳

別所駐車場↓奉幣殿↓鬼杉↓南岳↓中岳↓英彦山野営場↓別所駐車場　3時間40分

Map 1-1B　別所駐車場

コースグレード | 中級

技術度 | ★★★☆☆ 3

体力度 | ★★★☆☆ 3

南岳《みなみだけ》の西中腹には虚空蔵窟《こくぞうくつ》、梵字《ぼんじ》岩、大《おお》南《みなみ》神社、鬼《おに》杉、玉屋《たまや》神社など修験道にまつわる史跡が多数ある。それらを訪ねながら南岳から中岳《なかだけ》へ周回しよう。

別所《べっしょ》駐車場から車道を南進し、正面《しょうめん》参道に出る。歴史を感じさせる長い石段を登って**奉幣殿《ほうへいでん》**へ。参拝後、正面参道をもう一段上がり、玉屋神社を示す道標にしたがって右へ折れる。南岳へ最短で登れる鬼杉ルートと正面参道を結ぶ間道で、まずは左手に**虚空蔵窟**を見る。道はその先で二手に分かれ、大南神社で合流する。右は玉屋神社を経由する道で、なだらかだが遠回りになる。左をとって梵字岩に立ち寄ろう。直径約3mの3つの梵字が高さ約30mの垂壁に刻まれた光景には目を見張る。

その先で四王寺滝《しおうじ》への道を左に見送り、大南神社の北側に出る。ここが鬼杉ルートとの合流点で、右へすぐで大南神社、鬼杉と見どころが続く。**鬼杉**から北へ登り返して南岳をめざす。山頂直下まで険しい登りが続き、クサリが設置された岩場も数カ所ある。慎重に行動しよう。最後の岩場を上がると、万年山《はねやま》、くじゅう連山などを望む絶景が広がる。秋は正面参道が通る尾根の紅葉もすばらしい。やがて傾斜はゆるみ、ひと登りで**南岳**に出て、さらに北へ進み英《ひ》彦山《こさん》神宮の上宮《じょうぐう》を経て**中岳**の休憩所へ。

復路はなだらかな尾根道の北西《ほくせい》尾根を下ろう。**英彦山野営場**に出て、九州自然歩道を西進すれば**別所駐車場**に帰り着く。

はるかなる修験の歴史を今につたえる梵字岩

英彦山最高点・南岳山頂。1等三角点がある

写真・文／中村真悟

三笠台から平尾台北部を望む（左が大平山、右奥が貫山）

平尾台 大平山 貫山

草原に石灰岩が点在するカルスト台地を抜けて平尾台最高点をめざす

日帰り 吹上峠→大平山→貫山往復→中峠～茶ヶ床園地→見晴台→平尾台自然観察センター　計3時間10分

コースグレード	初級
技術度	★☆☆☆☆ 1
体力度	★★☆☆☆ 2

写真／松本高志　文／内田益充

南北7km、東西2kmにおよぶ広大なカルスト台地の平尾台《ひらおだい》は北九州市《きたきゅうしゅう》、行橋市《ゆくはし》、田川郡《たがわ》香春町《かわら》、京都郡《みやこ》苅田町《かんだ》、みやこ町にまたがり、北九州国定公園の中心をなす。草原のなかに無数の白い石灰岩が点在し、鍾乳洞やドリーネ（すり鉢状の窪地）など特有の景観をつくる。台地の北部には最高峰の貫山《ぬきさん》があり、カルスト地形が顕著な羊群原《ようぐんばる》を抱く大平山《おおへらやま》とともに登山者に親しまれる。南部には周防台《すおうだい》や桶ヶ辻《おけがつじ》などがあるが北部に比べ石灰岩の規模は少なく、草原の景色が広がる。登山道が縦横にのび、各人の計画に合わせたコース選びができる。ここでは多くの登山者が利用し、かつ平尾台の特徴が最も表れている大平山を経て貫山をめざす定番コースを紹介する。

日帰り

吹上峠から大平山、貫山へ

起点となる**吹上峠**《ふきあげ》まで、乗合タクシーまたはマイカーを利用する。吹上峠からチェーン柵に沿って登山道を登っていく。草原

平尾台の自然が学べる平尾台自然観察センター

吹上峠から石灰岩帯を縫い大平山へ向かう

好展望の貫山山頂で休憩していこう

状の稜線は、途中から石灰岩の露岩が目立つようになり、やがて石灰岩に囲まれた**大平山**山頂に着く。中峠・茶ヶ床《ちゃがとこ》園地への分岐を過ぎると、石灰岩の密集地帯となり、岩のあいだを縫うように登山道が続いている。稜線の鞍部まで下ると井手浦《いでうら》分岐で、今まであった石灰岩の露岩が姿を消す。ここからコースいちばんの急斜面に取り付き、

登りきると中峠からの登山道が合流する**四方台**《しほうだい》に着く。ここから少し下り、林道を横切ると徐々に登りとなる。最後に急斜面を登りきると**貫山**山頂である。草原には露岩が点在し、雄大な展望が得られる。眼下には北九州市街地があり、その先は周防灘《すおうなだ》につながっている。振り向いて南部に目を向ければ、周防台と遠くに英彦山《ひこさん》、犬ヶ岳《いぬがたけ》などを望むことができる。

展望を楽しんだら、下山は**四方台**まで戻り中峠方面へ進む。草原の尾根を下ると、やがて舗装された散策路の**中峠**に出る。散策路を下って車止めのチェーンを過ぎると展望台のある**茶ヶ床園地**に着く。ここまで車の乗り入れ可能で、右側に駐車場とトイレがある。左側には目白《めじろ》洞がある。この先は車に注意しながら車道を進み、**見晴台**《みはらしだい》を経て**平尾台自然観察センター**へ向かう。乗合タクシーの場合は、ここから乗車できる。マイカー利用なら県道28号を北上して**吹上峠**の駐車場へ戻ろう。

プランニング&アドバイス

花を求めての登山なら、春から秋までがよい。夏場は日陰がないので、日よけと熱中症対策は欠かせない。雑草の少ないカルスト地形を楽しむなら夏場の登山は避けること。ベストシーズンは新緑の4～5月とススキが美しい10～11月。10月以降は草刈りと野焼きが行われるので、すっきりとした景色が望める。乗合タクシーの運行はP212「登山口ガイド」を参照。

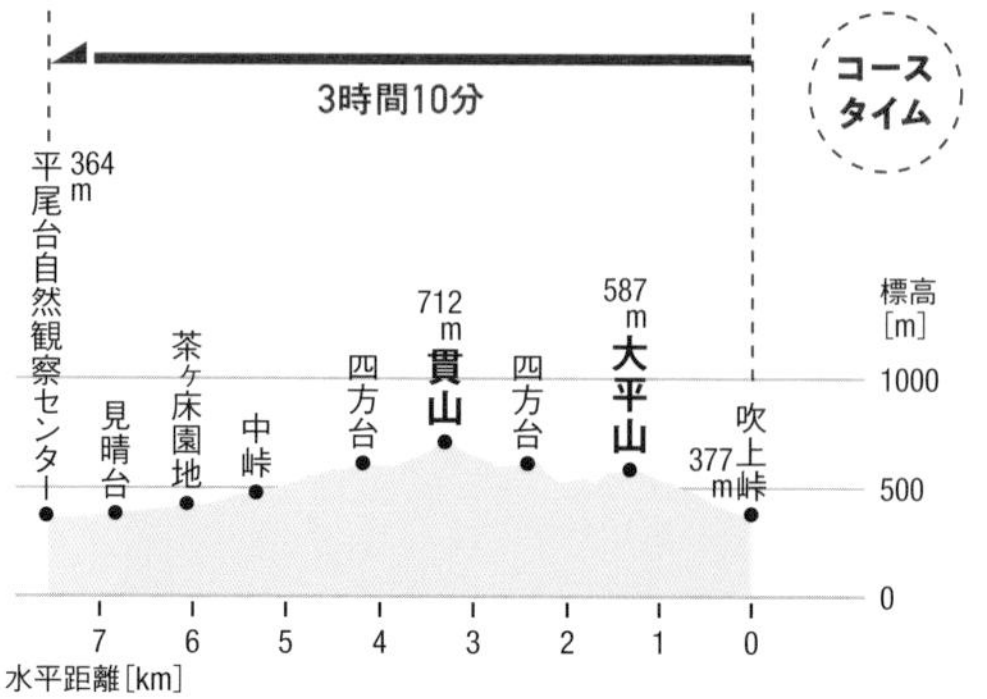

コラム1

季節の花を探す散策

平尾台の魅力のひとつに、散策して多種多様な花を探す楽しみがある。春はセンボンヤリ、ホタルカズラなどが先駆けて開花する。初夏になるとカキラン、オカトラノオなど、夏になるとノヒメユリ、キキョウなどが咲く。秋になるとウメバチソウ、ムラサキセンブリなどを見ることができる。

紹介コースからはずれるが、帰路に中峠《なか》から舗装散策路を北へ徒歩15分のところにある広谷《ひろたに》湿原を訪ねてみよう。福岡県では唯一の湿原で、カルスト台地にある湿原は世界的にも珍しい。カルスト台地の場合、降った雨水は石灰岩台地の地下に浸透するため、地表に川や湿原はできづらいといわれている。きわめて特殊な地形が、この貴重な湿原を誕生させた。

湿原には、ノハナショウブ、サギソウなど湿原特有の野生植物が自生している。木道や遊歩道からは肉眼では見えにくいので、双眼鏡があると便利。湿原一帯は苅田町の天然記念物に指定されている。湿原内には立ち入らないこと（平尾台の花はP25コラム②「平尾台 季節の草花」も参照）。

平尾台の花は2月下旬から3月上旬に行われる野焼きにより維持されている（写真の花はシラン）

ノハナショウブ咲く6月の広谷湿原

［広谷湿原で見られる主な花］

コバノトンボソウ
6月 ㊥

トキソウ
6月 ㊚

ヌマトラノオ
7月 ㊐

サワギキョウ
9月 ㊛

黄＝黄色系の花　赤＝赤色系の花　白＝白色系の花　紫＝紫・褐色系の花

写真／松本高志　文／内田益充

サブコース

周防台・桶ヶ辻

平尾台自然観察センター→茶ヶ床園地→周防台→桶ヶ辻→千仏鍾乳洞分岐→平尾台自然観察センター　3時間5分

Map 1-3C 平尾台 自然観察センター

コースグレード	初級
技術度	★☆☆☆☆ 1
体力度	★★☆☆☆ 2

南部に位置する周防台《すおうだい》から桶ヶ辻《おけがつじ》を経て、天狗《てんぐ》岩まで縦走するコースを紹介する。このコースは背丈近くまで雑草がのびる箇所があり、6〜9月くらいまでの登山はおすすめできない。

平尾台《ひらおだい》自然観察センターから見晴台《みはらしだい》方面へ車道を歩く。**見晴台**から左の車道に入ると**茶ヶ床《ちゃがとこ》園地**に着く。この先は車の乗り入れ禁止で、中峠方面へはチェーンの車止めを抜けて進む。**中峠**の30mほど手前で、右にある周防台登山道に取り付く。草付きの急斜面は高度が上がるにつれて、左右や背後の展望がよくなる。

稜線に出て右に数分行くと**周防台**で、ここがコース中の最高点となる。この先は少し下りとなるが、その後は起伏の少ない稜線が続いて3等三角点のある**桶ヶ辻**に着く。桶ヶ辻はパラグライダーの聖地といわれており、ここから飛翔して眼下に広がる田園地帯へ降下している。

展望を楽しみながら露岩まじりの稜線を進むと、巨岩の**天狗岩**に着く。天狗岩からは鋭角に曲がって山腹を巻くようになる。やがて竹林帯に入り、途中から変わる植林帯を抜け出すと石灰岩の貝殻山《かいがらやま》直下に出る。ここは茶ヶ床園地と見晴台への分岐となっていて、左の見晴台方面へ進む。

貝殻山の下を回りこむと、千仏《せんぶつ》鍾乳洞へ続く車道（**千仏鍾乳洞分岐**）に出る。右に行くと**見晴台**に合流するので、あとは往路を**平尾台自然観察センター**まで戻る。

空に突き出したような天狗岩

周防台から桶ヶ辻へと続く稜線の秋

コラム2

平尾台 季節の草花

ノヒメユリ
8月 ㊍

カノコソウ
5月 ㊍

オカオグルマ
5月 ㊎

ヒメヒゴタイ
10月 ㊍

カセンソウ
6月 ㊎

ホタルカズラ
4月 ㊏

ヒトリシズカ
4月 ㊐

キキョウ
7月 ㊏

カワラナデシコ
7月 ㊍

オカトラノオ
6月 ㊐

ムラサキセンブリ
11月 ㊏

ヒオウギ
7月 ㊍

センボンヤリ
4月 ㊍

㊎＝黄色系の花　㊍＝赤色系の花　㊐＝白色系の花　㊏＝紫・褐色系の花

写真／松本高志

山頂から八丁方面に宝満・三郡山系、嘉穂アルプスを望む

日帰り

福智山

七重の滝

滝をめぐり
ツツジを愛で、
大展望の頂をめざす
周回路

コースグレード	中級	
技術度	★★★☆☆	3
体力度	★★☆☆☆	2

日帰り 鱒淵ダム→ 七重の滝→ 福智山→ 鈴ヶ岩屋→ 鱒淵ダム　計5時間20分

写真・文／米村奈穂

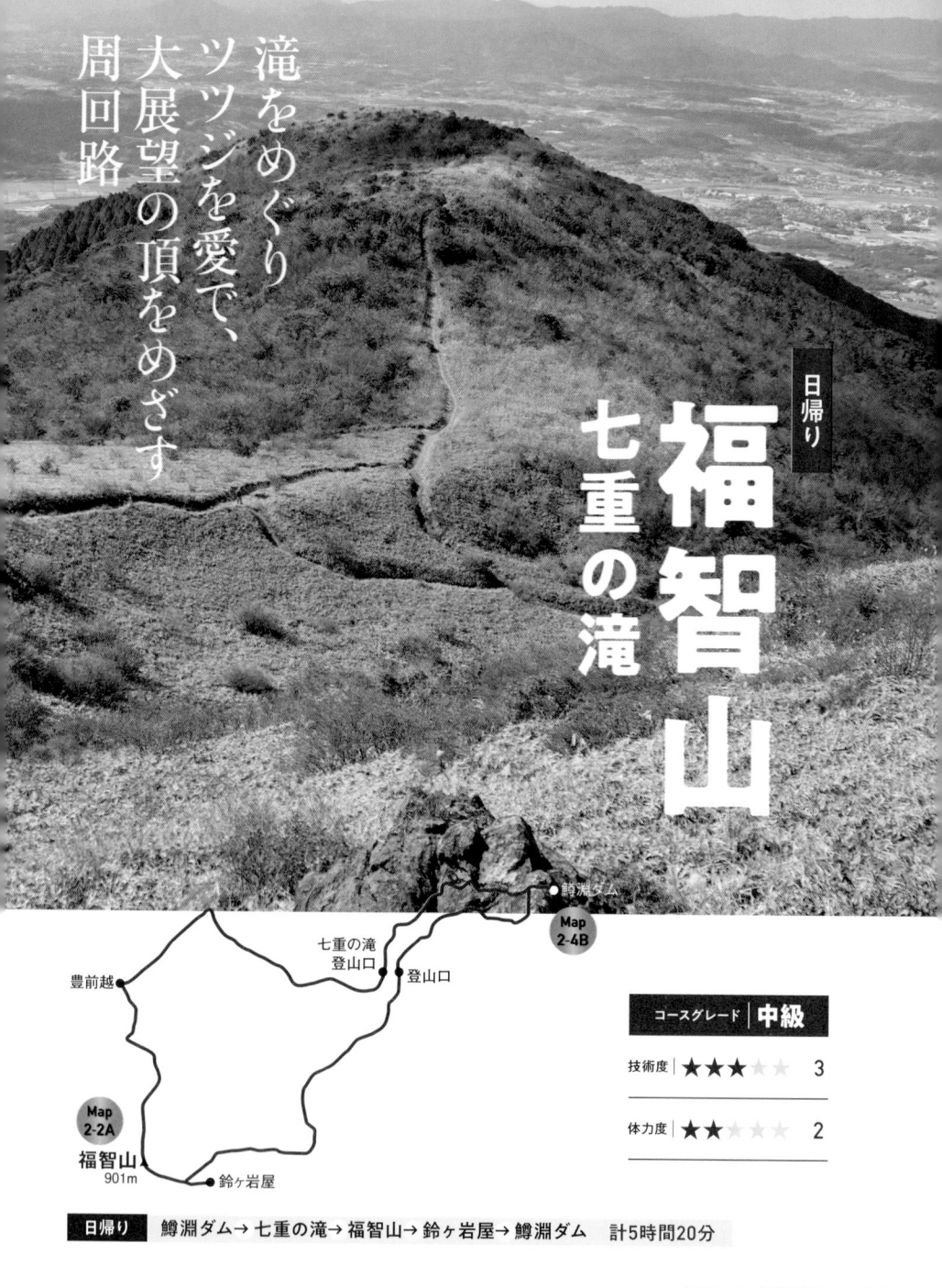

福岡県の北東部に連なる福智山系《ふくち》。九州自然歩道の起点である北九州《きたきゅうしゅう》の皿倉山《くらやま》《さら》から福智山《ふくちやま》を経て香春町《かわら》の牛斬山《うしきりやま》まで続く約30kmの道は、人気の縦走路だ。山系最高峰の福智山は、英彦山六峰《ひこさん》のひとつでもあり、英彦山修験道の流れを汲む行場として栄えた霊山である。山頂は360度の展望が魅力で、福岡県の主要な山々を見渡すことができる。連続する滝をめぐるコースや、ヤマツツジやミツマタの群落、エドヒガンの大木などのお花見コースまで、表情多彩なルートを季節ごとに登るのも楽しい。

ここでは鱒淵《ますぶち》ダムから7つの滝をめぐって大展望の山頂に立ち、下りは春になるとヤマツツジにおおわれる鈴ヶ岩屋《すずがいわ》経由で鱒淵ダムに戻る周回コースを紹介する。

日帰り

七重の滝めぐりから、鈴ヶ岩屋へ下る周回コース

駐車場は、**鱒淵ダム**の北側にある鱒渕公園を利用する。高い螺旋階段を登ると、ダ

鈴ヶ岩屋のヤマツツジ。花期は6月上旬～中旬

七重の滝めぐりの最後にして最大の七の滝

ムに続く車道に出る。鱒渕サイクリング道路を通って、ダムの対岸へ。ダムの右岸(下流から見て左側の岸)、左岸どちらを通っても**登山口**で合流する。

滝見吊橋を渡ると、七重《ななえ》の滝めぐりがはじまる。次々と趣の違う滝が現れ、涼感たっぷり。夏にオススメのコースだ。一の滝からクサリの岩場となり、やっと山登りらしくなる。最も落差の大きい七の滝の先で、対岸にある炭焼き跡の石垣を目印に左岸へ徒渉する。その後は平坦な道が続き、再び炭焼き跡を目印に右岸へ徒渉。その先は沢音を聴きながらなだらかな道を行く。

山瀬《やませ》分岐からは、明るい杉林のなかを歩く。右岸へ徒渉し、ガレた谷をつめると**豊《ぶ》前越《ぜんごえ》**。ここからは、九州自然歩道の起点である皿倉山からの気持ちのいい縦走路歩き。ホッテ谷新道と大塔《おおとう》ノ滝ルート(P29参照)の分岐である**烏落《からすおち》**を経て、荒宿荘《こうじゅく》に到着。地元の筑豊《ちくほう》山の会によって建てられた避難小屋で、バイオトイレも併設されており、すぐそばに「たぬき水」と呼ばれる水場もある。ここまで来れば**福智山**の頂はすぐ。

山頂からは北に出発点の鱒渕ダム、北九州市街地、企救《きく》山系、海の向こうに山口県を望む。南には英彦山山系、古処《こしょ》山系と、東福岡の山々がほぼ見渡せる。修験道の行場だったと思われる巨岩が点在し、岩の上で展望を楽しむ登山者でにぎわう。山頂には祠が2つあり、南側は豊前の福智神社上《じょう》宮《ぐう》、西側は筑前《ちくぜん》の鳥野《とりの》神社上宮である。

下山路は、南側の祠の裏から九州自然歩道を歩き鈴ヶ岩屋へ向かう。岩屋の案内板のすぐ先が取り付きで、そこから10分ほどで見晴らしのいい岩場に出る。春には真っ赤なヤマツツジの群生に囲まれる。

取り付きに戻り、アカガシの森を抜けひたすら下ると、烏落へ続くホッテ谷新道への分岐、**ホッテ分《わ》かれ**に出る。春はこの先でミツマタ群落が見られる。沢沿いに下ってベンチとテーブルのある**登山口**に出たら、帰りはダムの右岸を**鱒渕ダム**へと戻る。

プランニング&アドバイス

春は、3月中旬ごろのミツマタや6月頭ごろのヤマツツジ、夏は滝めぐり、秋は紅葉にススキの原など四季を通じて楽しめる。車でなければ、尺岳(しゃくだけ)や牛斬山への縦走も楽しい。七重の滝から先は、徒渉箇所がややわかりにくい。目印の炭焼き跡を探しながら進もう。ダムの入口には路上駐車が多い。近隣の鱒渕公園の駐車場は広く、トイレもある。

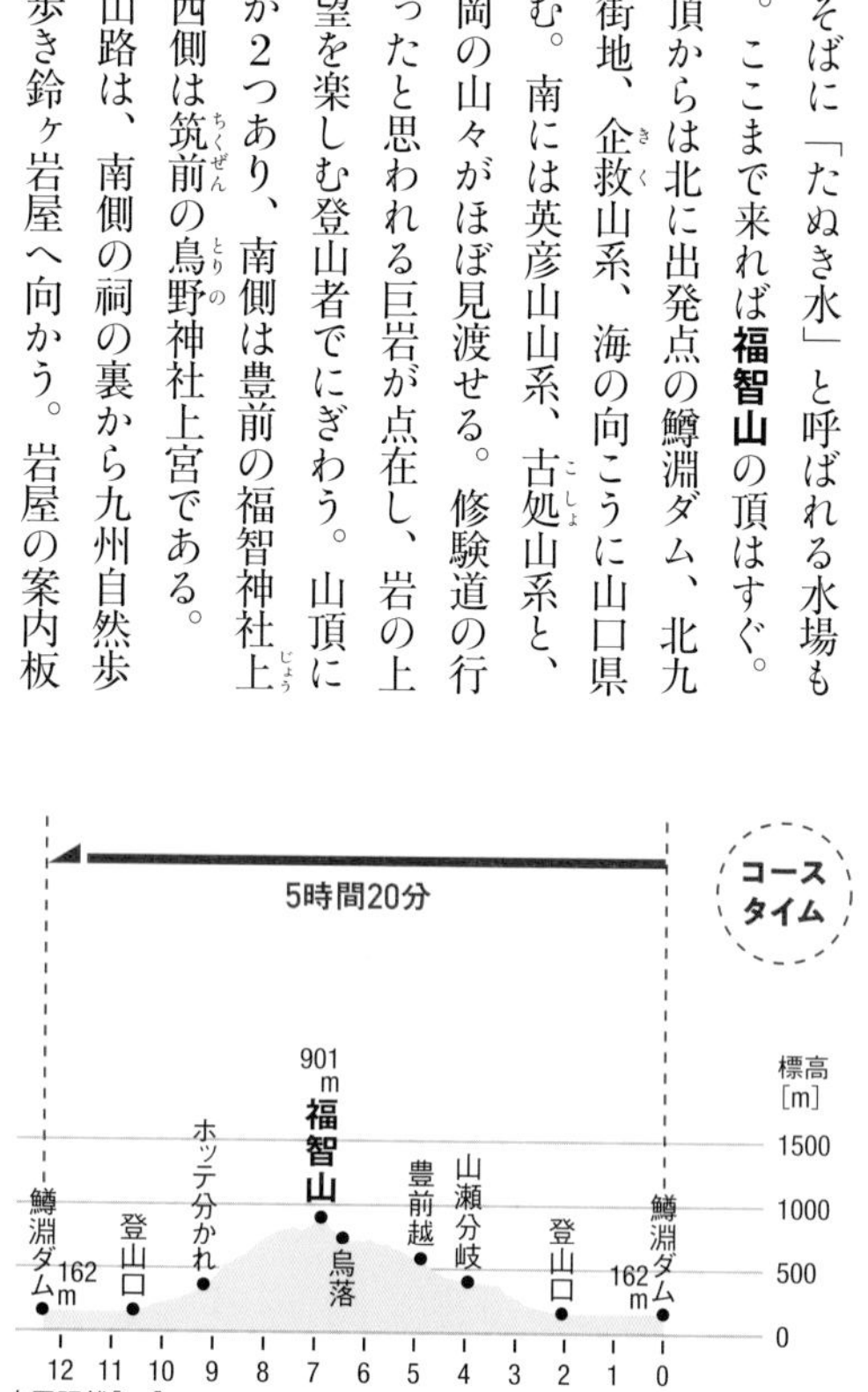

サブコース

大塔ノ滝を経て福智山へ

内ヶ磯登山口↓烏落↓福智山↓上野越↓内ヶ磯登山口　3時間25分

Map 2-2B 内ヶ磯登山口

コースグレード｜初級

技術度｜★★★★★ 2

体力度｜★★★★★ 2

大塔《だいとう》ノ滝《たき》ルートは、沢音を聞きながら滝をめざし、下山路は上野越《あがのごえ》経由でなだらかに下る、福智山《ふくちやま》のなかでも比較的静かで、手軽な周回ルートである。

駐車場は福智山ダムの南側。**内ヶ磯登山口**《うちがそ》へは来た道を少し戻り、瀬々里《せせり》橋手前のガードレールから山道へ。最初の分岐である大塔分かれまでは何度か林道に出合うが、すぐに山道の入口がある。林道を進んでしまうと遠回りになるので要注意。**大塔分かれ**《だいとうわ》は、直進すると筑豊《ちくほう》新道、上野越へ。ここは左の大塔ノ滝、烏落《からすおち》方面へ進む。

すぐに左岸へ徒渉し、沢音を聞きながら登る。小広場を過ぎ、だんだんと滝の音が近づいてくると、ゆるやかなカーブを描き優雅に水を落とす大塔ノ滝に出る。少し開けた、休憩に最適な気持ちのよい場所。

その先は、滝の右手のガレ場を登る。

その後も、水の音を感じながらジグザグに登っていく。6合目、その先の水場を過ぎしばらく登ると、尺岳《しゃくだけ》からの縦走路やホッテ谷新道への分岐となる**烏落**に出る。その先はたぬき水、荒宿荘《こうじゅく》を経て**福智山**山頂へ。

下りは、上野越、薙野《なぎの》休憩舎を経て大塔分かれへ。途中、筑豊新道への分岐があるが、下りで使うにはやや危険。**上野越**は鷹《たか》取山《とりやま》、上野峡の分岐。ここを右の内ヶ磯方面へ下る。桧林を進んであずまやのある薙野休憩舎へ。その下で林道に出合うが、すぐに山道へ入り、再び林道を進むと**大塔分かれ**。あとは往路と同じ道を下る。

大塔ノ滝。曲線を描き優雅に流れる

山頂手前で真下に登山口の福智山ダムを望む（遠景は響灘）

写真・文／米村奈穂

サブコース

上野登山口から福智山へ

上野登山口↓白糸ノ滝ルート↓福智山↓上野越↓上野越ルート↓上野登山口　3時間10分

Map 2-2B　上野登山口

コースグレード	中級
技術度	★★★☆☆　3
体力度	★★☆☆☆　2

滝とサクラの見物、寄り道すればスイセンにも出会える、変化に富んだコース。花が見ごろの春にぜひ訪れたい。

登山口は上野《あがの》焼の里にある上野峡。登りは急登の白糸《しらいと》ノ滝《たき》ルートをとり、滝を見たら八丁《はっちょう》を経て山頂へ。下山は比較的なだらかな上野越《あがのごえ》ルートを下り、福岡県下最大で最古のエドヒガン「虎尾《とらお》桜」に立ち寄る。

駐車場は大小点在しているが、早朝から埋まっていることが多い。トイレ向かいの給水場横の道を200mほど下ると、約40台停められる赤池《あかいけ》町無料駐車場がある。**上野登山口**は、トイレと旅館のあいだの道を進んだ先に大きな案内板がある。まっすぐ進むと上野越ルート。上りは右手の石橋を渡り、白糸ノ滝ルートをとる。赤い河鹿《かじか》橋の横を通り、渓谷沿いをひと登りすると白糸ノ滝が現れる。落差25mといわれる滝が絶壁の上から水を落とす。

その先は、滝の左手の不動明王《ふどうみょうおう》の前の岩場を登る。木の根の急登やシダに囲まれた道を進むと、展望《てんぼう》岩に出る。宝満《ほうまん》山系、嘉《か》穂《ほ》アルプスがよく見える。

尾根を巻くようにして平坦な気持ちよい道を行くと虎尾桜への分岐が出てくるが、下りで立ち寄ることにして、ここはそのまま進む。すぐ先に源平《げんぺい》桜の入口がある。立ち寄る場合は往復約1時間。いったん**林道**に出て、ここから八丁までは、ルート中いちばんの踏ん張りどころとなる登りが続く。周囲が松林になってくれば、八丁はもう

推定樹齢600年の虎尾桜。見ごろは3月下旬〜4月上旬

ヤマツツジに彩られる福智山（写真／内田益充）

写真・文／米村奈穂

巨岩が点在する福智山山頂。響灘に注ぐ遠賀川を望む

すぐ。振り返ると、遠賀川《おんが》が山麓の田畑のあいだを蛇行するように流れ、福智山《ふくちやま》に目をやれば、山頂標識や登山者のシルエット、美しい稜線が望める。上野越ルートを分岐を過ぎ、木の階段を登れば**福智山**の山頂だ。

下山は、西側の祠の前から3つ並んだ巨岩に向かって西にのびる道を下る。しばらくは八丁を横目に、急な下り道。分岐からはゆるやかな道が続く。正面に鷹取《たかとり》城のあった鷹取山の平坦な山頂が見える。

上野越で道は、鷹取山、上野峡、内ケ磯《うちがそ》へと分かれる。余裕があれば、鷹取山までは往復約30分。サクラの時季には、山城跡の広い山頂でスイセンが楽しめる。

上野越方面に下り、**林道**に出て、すぐ正面の山道へ。枯れた谷の横を下ると、しだいに植林帯になってくる。沢に水が流れ出したところで何度か徒渉すると、堰堤が現れる。堰堤横の急な石段を下り、その先のガレ場をしばらく下ると、虎尾桜の分岐だ。木の橋を渡って10分ほど登ると、樹高17m、幹回り3・8mの大きな一本桜が現れる。推定樹齢は600年といわれ、発見当時は枯死寸前だったが、地元のボランティア団体の保護によりよみがえり、維持されている。分岐まで戻り、再び谷沿いにゆるやかに下ると**上野登山口**に戻る。

落差25mの白糸ノ滝

プランニング&アドバイス

登りで虎尾桜に立ち寄ってもいいが、登り返しがきつい。下りの上野越ルートから入るほうが近い。サクラの見ごろは3月下旬〜4月上旬。同時期に鷹取山のスイセンも見ごろを迎える。下りで立ち寄るのもいい。福智山山頂は風が強い。北に10分ほど下った山小屋で休憩をとる登山者も多い。バイオトイレもある。山頂まで戻らずとも、途中で上野越への分岐がある。

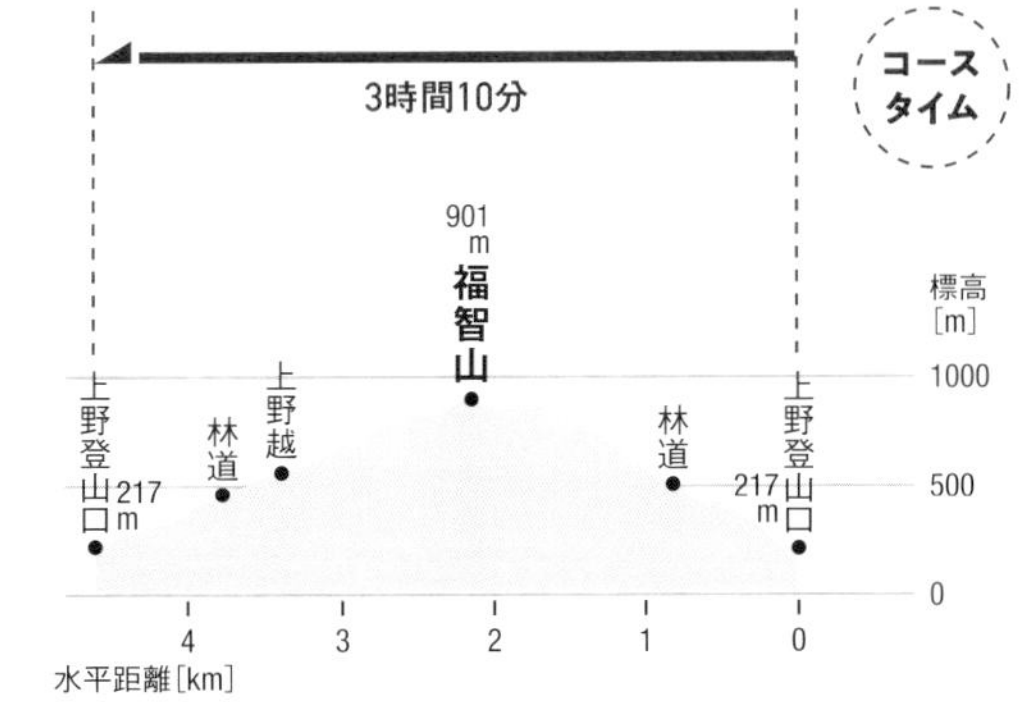

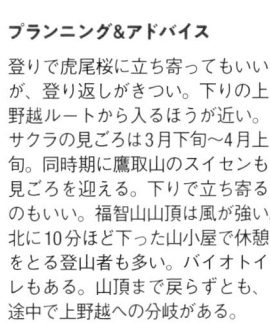

コバノミツバツツジで彩られる井原山山頂周辺（写真／内田益充）

井原山 アンノ滝ルート

脊振山地第2の高峰。渓谷美と花の競演に、玄界灘を望む大展望

日帰り 瑞梅寺登山口→アンノ滝→井原山→水無尾根→アンノ滝→瑞梅寺登山口　計3時間50分

コースグレード	中級
技術度	★★★☆☆ 3
体力度	★★☆☆☆ 2

写真・文／米村奈穂

福岡・佐賀県境に連なる70㎞にもおよぶ脊振《せふり》山地。井原山《いわらやま》はその西側に位置し、最高峰の脊振山《せふりさん》につぐ高さを誇る。春には福岡側の瑞梅寺《ずいばいじ》登山口や水無谷《みずなしだに》ルートの渓谷は、ニリンソウやホウチャクソウ、ラショウモンカズラなど野の花が競うように咲き、山頂一帯の稜線はコバノミツバツツジのトンネルとなる。夏の水無谷ルートでは、オオキツネノカミソリの群生が沢沿いを埋めつくす。山頂は360度の大展望で、玄界灘《げんかいなだ》、脊振山地の縦走路を望む。花の開花期に合わせてルートを選び、何度でも訪れたくなる花と渓谷美が魅力の山だ。

日帰り

瑞梅寺登山口からアンノ滝を経て、井原山へ

アンノ滝ルートは、瑞梅寺登山口から苔むす渓谷沿いを歩き、アンノ滝、石灰岩露岩帯を経て山頂をめざす変化に富んだルートだ。井原山のなかでは最も高低差があり、歩きごたえも充分。下りは、水無尾根へ周

沢沿いに競うように咲くニリンソウの群生

登山道から左に少し逸れると現れるアンノ滝

井原山の山頂からは、福岡の海岸線の地形を一望できる

回し、林間歩道を経てアンノ滝へ戻る。

駐車場は、**井原山入口バス停**の先の**瑞梅寺登山口**（キトク橋）手前にある。駐車場の入口横から取り付き、杉林のなかの舗装路を進む。いったん林道に出て再び山道に入るとようやく登山らしくなり、渓谷を横目に歩く。

徒渉を繰り返しつつ登ると、左手に広い岩壁をはうように水が落ちる**アンノ滝**が現れる。春には滝の周囲をヤマザクラが彩る。

アンノ滝の前後にも、小さいが美しい滝が続き、苔むした渓谷美を楽しみながら登る。滝の先は急登の階段が続く。水無登山口の**分岐**を過ぎると、樹間に白く浮かび上がる石灰岩露岩帯が現れる。

露岩帯をひと登りし、ゆるやかな尾根に出ると、左手に縦走路、右手に糸島半島《いとしま》が見えてくる。スズタケの背が高くなると、雷山《らいざん》からの稜線に合流し、ほどなく山頂へ。

井原山の山頂は３６０度の大展望。北側には玄界灘に浮かぶ能古島《のこの》。その奥に、細い海の中道につながれた志賀島《しかの》。糸島半島には、糸島富士《ふじ》と呼ばれる可也山《かやさん》。東側にのびる稜線を目でたどると、脊振山地の最高峰・脊振山のレーダーが見える。

下りは来た道を戻り、石灰岩の露岩帯を過ぎた先の**分岐**で水無登山口方面へとり、水無尾根を下る。途中、トレースが不明瞭な箇所もあるが、尾根をはずれないようにひたすら進む。尾根終点の道標にしたがい水無登山口方面に少し下り、その先の**分岐**で水無林間歩道に入り、アンノ滝方面へ。暗い杉林を進み、急な斜面を横切って木の階段を下ると、ガレた沢沿いに出る。左岸へ徒渉するとアンノ滝ルートに合流し、往路を**アンノ滝**経由で引き返す。

プランニング&アドバイス

3月下旬から4月中旬にかけて、沢沿いには、イチリンソウ、ニリンソウ、ホソバナコバイモ、ヒトリシズカなど、次々と野の花が咲き出す。アンノ滝のヤマザクラは3月下旬から4月上旬ごろ。オオキツネノカミソリが見ごろの7月中旬〜下旬は下山路に水無谷ルートをとり、水無林間歩道経由でアンノ滝に戻るのもいい。プラス15分ほど。

コースタイム

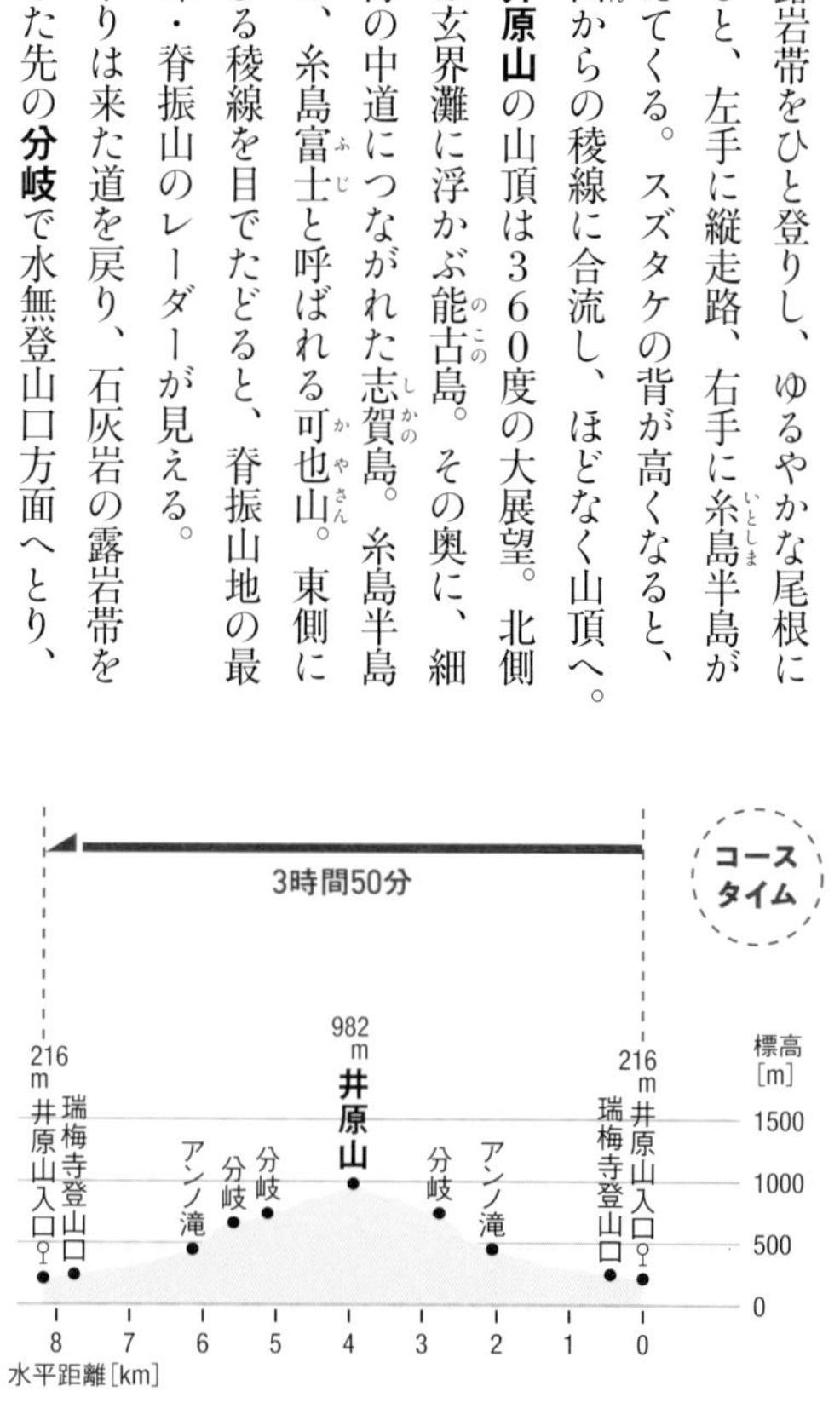

サブコース

井原山・雷山縦走

古場岳登山口→井原山→雷山→古場岳登山口　3時間30分

Map 2-2C　古場岳登山口

コースグレード｜中級

技術度｜★★★☆☆　3

体力度｜★★☆☆☆　2

井原山《いわらやま》から雷山《らいざん》への縦走路は、春になればコバノミツバツツジのトンネルになる。その2座をつなぐ周回ルートは主に2つ。瑞梅寺《ずいばいじ》登山口と雷山自然歩道登山口を井原山・雷山中腹自然歩道でつなぐ福岡県側のルートと、最短で山頂に取り付く古場岳《こばだけ》登山口から登り周回する佐賀県側のルートだ。ここでは佐賀側のルートを紹介する。

古場岳登山口は、三瀬《みつせ》峠と長野《ながの》峠をつなぐ雷山横断林道の中間にある。駐車場は約1km西側の駐車スペースを利用する。別荘地を抜けると舗装路が終わり、山道へ入る。徒渉しつつ登り林道に出ると、鉄塔が現れる。鉄塔脇を登り、急な木の階段を上がる。ひと登りで左手に縦走路が見え、4月下旬から5月中旬ごろにはこのあたりからコバノミツバツツジのトンネルとなる。ほどなくして**井原山**山頂に到着する。

山頂西側から、次のピーク雷山をめざす。コバノミツバツツジのあいだを抜けると、ブナやアカガシの稜線となり、本富士山《もとふじやま》、富士山と展望のいいピークが続く。**古場分岐**《こば》を過ぎ、**雷山**の山頂へ。雷山は脊振《せふり》山系の西側において、浮岳《うきだけ》とともに信仰の拠点だった。福岡側の山腹には雷神社上宮《じょうぐう》がある。目の前には佐賀側の景色が広がり、南に天山《てんざん》、西には標準電波送信所の電波塔が立つ羽金山《はがねやま》が見える。

下山は**古場分岐**まで戻り右へ。植林を抜け、木橋を渡ると**林道**に出る。林道を下り、**雷山横断林道**で**古場岳登山口**に戻る。

●福岡県側の周回ルートは2021年2月現在、井原山・雷山中腹自然歩道が工事中のため、縦走での利用はできない。（工事終了予定／2022年3月末）

登山者が集う雷山山頂。遠くに有明海を望む

井原山〜雷山間の快適な縦走路（写真／内田益充）

写真・文／米村奈穂

サブコース

水無登山口から井原山へ

水無登山口↓水無谷ルート↓井原山↓新村分岐↓水無登山口　2時間25分

Map 2-3D 水無登山口

コースグレード	中級
技術度	★★★☆☆ 3
体力度	★★☆☆☆ 2

7月下旬ごろ、水無谷の登山道は花道になる

水無谷《みずなしだに》ルートでは、3月末から4月にかけて、ニリンソウ、イチリンソウ、ラショウモンカズラ、ヒトリシズカなどの可憐な花が沢沿いに咲き乱れる。7月中旬から下旬ごろには、西日本一の群生地といわれるオオキツネノカミソリを目当てに、多くの登山者やカメラマンが訪れる。春から夏にかけて、沢音を聞きつつ、涼感たっぷりのお花見登山が楽しめる。

水無登山口へは、瑞梅寺《ずいばいじ》登山口のあるキトク橋（P32コース3参照）を渡りさらに登る。離合場所はあるが、道幅は狭く工事車両も多い。運転は慎重に。登山口の山ナビボックスには、糸島《いとしま》市発行の登山地図があるので活用しよう。

木橋を渡ると、すぐ左に水無鍾乳洞がある。中には入れないが、夏場は入口でも冷気を感じる。涼んでから歩き出そう。何度か木の橋を渡りつつ進む。春には、登りはじめからさまざまな花が足もとに顔を出し、なかなか前に進めない。ただし道は井《い》原山《わらやま》に多い石灰岩で滑りやすい。雨のあとは注意して足を運ぼう。

新村《しんむら》へ分かれる**水無鍾乳洞第2洞分岐**を過ぎると湧水場がある。湧水の出る岩がフクロウに見えることから「こうぞう岩」とよばれる。この先で左岸へ徒渉する。オオキツネノカミソリの時季は、ここで斜面の群生につられてまっすぐ進みそうになるので要注意。

ベンチと案内板のあるアンノ滝への**分岐**

水無谷は何度も徒渉して進んでいく

井原山山頂から脊振山系縦走路を望む

では、ベンチの先から左岸沿いに進む。この先も群生地が続き、登山道の両脇に花が咲く庭園のようななだらかな道を行く。左岸へ徒渉すると、暗い杉林に入る。「山頂まで30分」の道標から急登がはじまる。ロープ場が続き、木の根に足をとられるような急斜面だ。これを登りきるとスズタケに囲まれたゆるやかな道に変わり、ほどなく縦走路に合流する。**井原山**山頂までの稜線は、5月にはコバノミツバツツジのトンネルになる。

下山は、気持ちよい尾根歩きで**新村分岐**へ。ここで道は三瀬《みつせ》峠と新村、水無谷へと分かれるが、水無谷へは左の谷道に入る。谷はやや荒れていて、トレースが不明瞭な箇所もあるが、ひたすら下っていく。

合流点が近くなると、狭い谷の両斜面にオオキツネノカミソリの群生が見られる。花に見とれているうちに、「こうぞう岩」のある**水無鍾乳洞第2洞分岐**に出る。再び沢沿いのお花見を楽しみながら**水無登山口**へ下る。

オオキツネノカミソリにおおわれる斜面

プランニング&アドバイス

オオキツネノカミソリの群生地で人気のルートだが、沢沿いに野草が咲き乱れる3月下旬〜4月中旬もいい。下山路は水無尾根で周回もできる。山頂から雷山方面へ少し下り右にとり、キトク橋分岐から水無尾根ルートを下って林間歩道を経て水無谷ルートに合流する。オオキツネノカミソリの群生は紹介ルートが最も楽しめる。花期は7月中旬〜下旬ごろ。

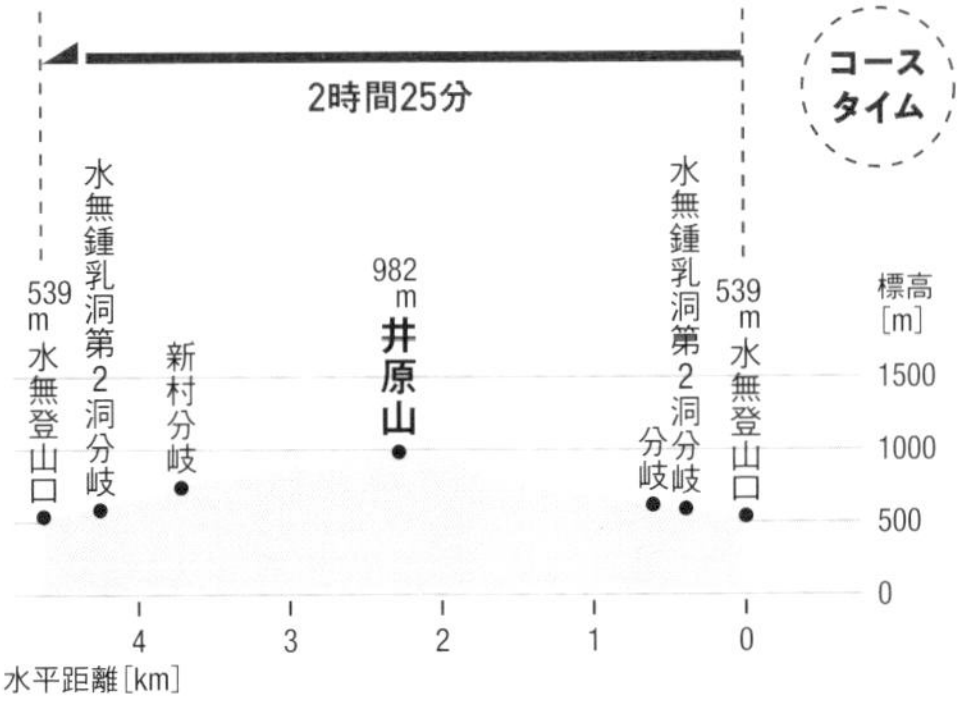

座禅岩付近からの多良岳（左）と笹ヶ岳（右）、経ヶ岳（右奥）

日帰り

多良岳
西野越コース

水と緑、そして花に恵まれたかつての修験の山

日帰り

黒木バス停→ 西野越→ 金泉寺→ 役ノ行者像→ 多良岳→ 黒木岳鞍部→ 役ノ行者像→ 中山キャンプ場　計5時間

コースグレード｜中級

技術度｜★★★☆☆　3

体力度｜★★☆☆☆　2

写真・文／池田浩伸

佐賀・長崎県境にそびえる多良《たら》山地の盟主・多良岳《たらだけ》は、阿蘇山《あそさん》や雲仙岳《うんぜんだけ》よりも古くに活動した火山だ。浸食によりできた急峻な峰々と深い谷は、火山帯特有の美しい景観をつくり出している。花の名山としても知られる多良岳の北側には、日本最西端の1000m峰・経ヶ岳《きょうがたけ》を有し、南側の五家原岳《ごかはらだけ》まで縦走路がのびている。多良岳三名花とよばれる3月のマンサク、5月初旬のツクシシャクナゲ、7月中〜下旬のオオキツネノカミソリ、冬には霧氷が峰々を飾り、四季を通じて登山者を誘う。ここでは、長崎県黒木《くろき》登山口を起点に多良岳山頂に立ち、佐賀県中山《なかやま》登山口への花と展望に優れたコースを紹介する。

日帰り

黒木から多良岳に立ち中山キャンプ場に下る

黒木バス停から郡川《こおり》に沿って八丁谷《はっちょうだに》林道を進む。八丁谷入口駐車場を過ぎてさらに進めば、林道終点の**八丁谷登山口**。

●中山キャンプ場への県道252号は2020年7月の豪雨により、中山キャンプ場〜林道多良岳横断線間（約1km）が2021年2月現在通行止め。復旧時期は未定。

多良川水源地の紅葉。奥には国見岳が見える

金泉寺一帯はきわめて密教色の濃い神の山である

多良岳へは、「金泉寺《きんせんじ》・多良岳」の標識にしたがい右の道へ。植林のなかを進むとやがて沢に出合い、郡川の源流部にあたる八丁谷の水場に着く。この付近から西野越《にしのごえ》までは多良山地に百万本あると推測されるオオキツネノカミソリの最大の群生地で、盛夏であれば一帯が橙色の花園となる。

ガレ場の急斜面を登り、小さな涸れ沢を渡れば**西野越**に出る。右は五家原岳へ続く縦走路。ここは左にとり、弘法大師《こうぼうだいし》の開基とされ真言密教の霊場であった金泉寺と金泉寺山小屋に向かう。**金泉寺**の歴史は古く、奈良時代に行基菩薩《ぎょうきぼさつ》が弥陀《みだ》・釈迦《しゃか》・観音《かんのん》3体の仏像を多良岳に納め、平安時代には弘法大師が自ら不動明王《ふどうみょうおう》を刻み本尊とし金泉寺を創建したとつたわる。金泉寺山小屋は、ランプと薪ストーブの昔ながらの山小屋で、登山者同士の情報交換の場でもある。

金泉寺本堂横を左へ登る道は経ヶ岳への縦走路で、多良岳へは本堂前を直進する。上宮《じょうぐう》への参道となる石段の前で、ともにこのあとにたどる左からの中山キャンプ場からの道と、黒木岳《くろきだけ》から山腹を巻いた道が合わさる。ここには1712（正徳2）年彫像とされる**役《えん》ノ行者《ぎょうじゃ》像**が安置されている。

石鳥居をくぐり長い石段を登ると、ヒメシャラの群落、スギ、アカガシの大木が点在し、深山の趣のある道となる。多くの石仏や岩壁に刻まれた種字に多良岳信仰の名残をとどめる。クサリ場から稜線に出ると国見岳《くにみだけ》への分岐があり、すぐに**多良岳**山頂にたどり着く。北西には、日本最西端に位置する1000m級の2座、経ヶ岳の岩峰とタワラギ山への尾根を見ることができる。ちなみに多良岳とは、太良《たら》嶽《だけ》神社上宮が鎮座する峰と、それを守るようにそびえる国見岳（最高点996m）と、前岳《まえだけ》（3等三角点983m）の3つの峰の総称で、本項では上宮を祀る峰を多良岳とする。

多くの木や花を育む多良川の流れ

前岳付近から有明海越しに見る雲仙岳

太良獄神社上宮がある多良岳山頂とマンサクの花

祠の裏から急坂を鞍部まで慎重に下り、登り返すと修験者の行場だったという座禅《ざぜん》岩とよばれる巨石群があり、岩上から本コース最高の展望が得られる。大村《おおむら》湾や有明《ありあけ》海、多良の山々や雲仙岳などが一望でき、早春のマンサクの時期には山肌が黄色い帯で飾られ、紅葉も美しい。わずかに登ると**前岳**（本多良《ほんたら》）で、樹木に囲まれ展望に乏しいが、少し先に展望のよい露岩がある。

前岳から黒木岳との鞍部へと下る稜線は、マンサクやツクシシャクナゲが多く、新緑もよい。**鞍部**の分岐から金泉寺方向へ山腹の道を戻る途中には、台座まですべて一石で彫成され元禄年間の造立とされる、端正な顔立ちの六体地蔵菩薩立像がある。

役ノ行者像がある参道入口の石段前まで戻り、中山キャンプ場方面へ下る。途中の多良川水源はオオキツネノカミソリの群生地で、野鳥も多く静かな場所だ。苔むした石段を下り、多良岳北壁を右に見てゆるやかに下ると**中山キャンプ場**に着く。

プランニング&アドバイス

登山は四季を通じて楽しめるが、冬季はいずれのコースも岩場ややせ尾根の通過があり、アイゼンは必携。金泉寺山小屋で1泊すれば、紹介コースに経ヶ岳（P42）や五家原岳（P44）の往復をプラスできるなど、山歩きのバリエーションが広がる。山小屋は土・日曜、祝日のみ営業で要予約（素泊まり、毛布レンタルあり。金泉寺境内でテント泊可）。宿泊料金500円は金泉寺賽銭箱へ。往路の黒木へのバスは便数が少ないので、タクシー利用も考慮したい。また、下山地の中山はバスが廃止されたのでタクシー利用となる。その際は下山の途中で電波の通じるところからタクシーの手配を行うとよいだろう。

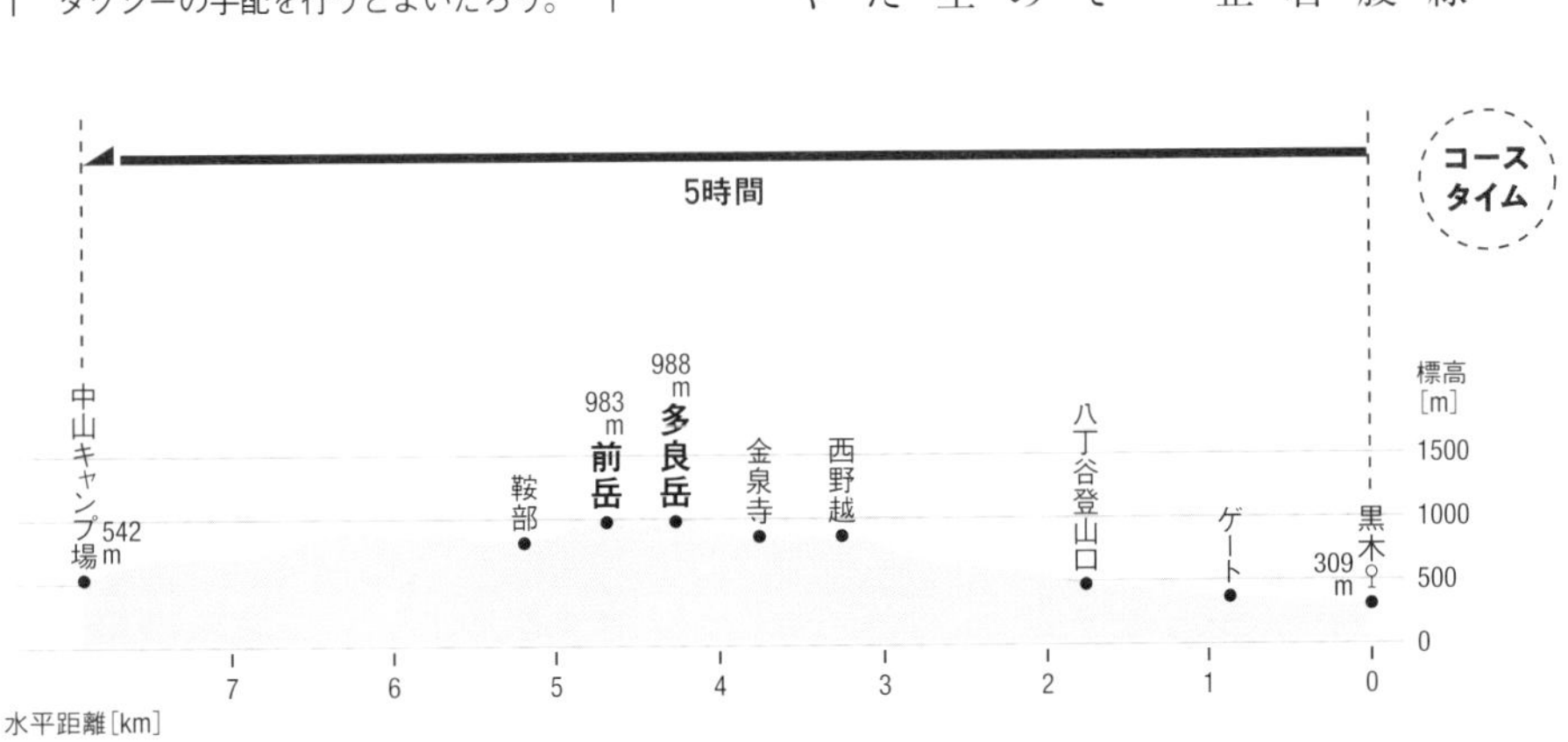

サブコース

経ヶ岳・多良岳縦走

黒木バス停↓つげ尾↓経ヶ岳↓中山越↓金泉寺↓多良岳↓金泉寺↓西野越↓黒木バス停　7時間35分

多良《たら》山地の盟主にして花の名山でもある多良岳《たらだけ》に対し、多良山地最高峰の経ヶ岳《きょうがたけ》は登高欲をかきたてる巨大な岩峰がその存在を誇示する。単独で登っても魅力は充分だが、縦走することでより山域のすばらしさが実感できるだろう。

縦走コースとしてポピュラーなのは、標高が高い佐賀県側の中山《なかやま》キャンプ場を起点とするコースと、長崎県側の黒木《くろき》から登るコースの2つがある。ここでは、黒木から大払谷《おおはらい》を登り経ヶ岳・多良岳へ縦走する本格的登山となるコースを紹介しよう。

多良山地は全山が山岳信仰の修験場として栄えた。経ヶ岳の山名もここに妙典が納められたことが由来で、修験場らしく山頂部は岩稜帯が続く険しい道だが、有明海《ありあけ》や大村湾《おおむら》が一望できる展望のよさと四季折々の花々を楽しみに、登山者が絶えない。

黒木バス停から来た道を少し戻り車道を右へ行くと「つげ尾《お》・経ヶ岳」の標識があり、民家の前のコンクリート道を進む。小さな「経ヶ岳」への標識が大払谷コースへと導いてくれる。徒渉点を2つ越えると経ヶ岳への標識が現れ、大払谷コースに入る。照葉樹林内のガレ場や木の根の張り出しが続く険しい道だ。不明瞭な箇所では目印を探しながら注意して進もう。

やがて、長崎・佐賀の県境になる尾根の**つげ尾**に出る。左は郡岳《こおりだけ》へとのびる稜線で、9㎞の難路が続く。経ヶ岳へは右へ行く。急な岩尾根を登りきると**経ヶ岳**山頂に飛び出す。

Map 3-2A 黒木バス停

コースグレード	中級
技術度	★★★☆☆ 3
体力度	★★★★☆ 4

大払谷はガレ場をはじめとする険しい登りが続く

1等三角点がある経ヶ岳山頂。展望もすばらしい

写真・文／池田浩伸

厳冬期の平谷越〜中山越間に現れる凍った滝

南に多良岳と五家原《ごかはら》岳《だけ》がそびえ、その奥には諫早《いさはや》湾越しに雲《うん》仙岳《ぜんだけ》を望む雄大な展望が広がっている。

展望を楽しんだら、四季折々の花誘う稜線歩きのはじまりだ。山頂から稜線を平谷越《ひらたにごえ》に向かう。ロープやクサリ場が連続する岩稜帯を慎重に下るが、山頂部は3月初旬まで雪が残ることがある。途中多良岳やタワラギ山が望まれる露岩を経て、最後の長いクサリを下り終わると小広場の**平谷越**に着く。左は鹿島《かしま》・奥平谷キャンプ場へ、直進はタワラギ山へ、めざす中山越《なかやまごえ》へは右へ下る谷道に入る。時間があれば、照葉樹に囲まれた静かなピーク・タワラギ山まで足をのばそう（往復20分強）。

中山越はカシの木に囲まれた峠で、左は中山キャンプ場へ、右はウナギテ沢から八《はっ》丁谷《ちょうだに》林道への道が分かれる。標識にしたがい金泉寺《きんせんじ》方向へ直進する。登りからしだいに傾斜がゆるむと、**笹ヶ岳《ささがたけ》の鞍部**に着く。ここにはマンサクの大きな木がある。

樹間から左に国見岳《くにみだけ》の尖った山頂を見ながら963ピーク（西岳《にしだけ》）の山腹を巻くように進む。岩が苔むした歩きづらい道がしばらく続き、大きなヒメシャラの木を過ぎるとまもなく**金泉寺**に出る。

金泉寺からは、P38コース5を参照に**多良岳**へ登り、**西野越**から八丁谷コースを**黒木バス停**まで戻る。

黒木地区から見る多良山地最高峰の経ヶ岳（左）

プランニング&アドバイス

経ヶ岳〜金泉寺間で天候が急変した場合などは、中山越からウナギテ沢を下って八丁谷に向かうか、佐賀県側の中山キャンプ場へ下る（P45参照）。ただし前者は沢沿いのため、増水時は注意。金泉寺から多良岳往復なら山小屋にザックを置いて登るのもよいだろう。または金泉寺山小屋に宿泊して五家原岳（P44）を経由して黒木バス停へ下山するプランもある。

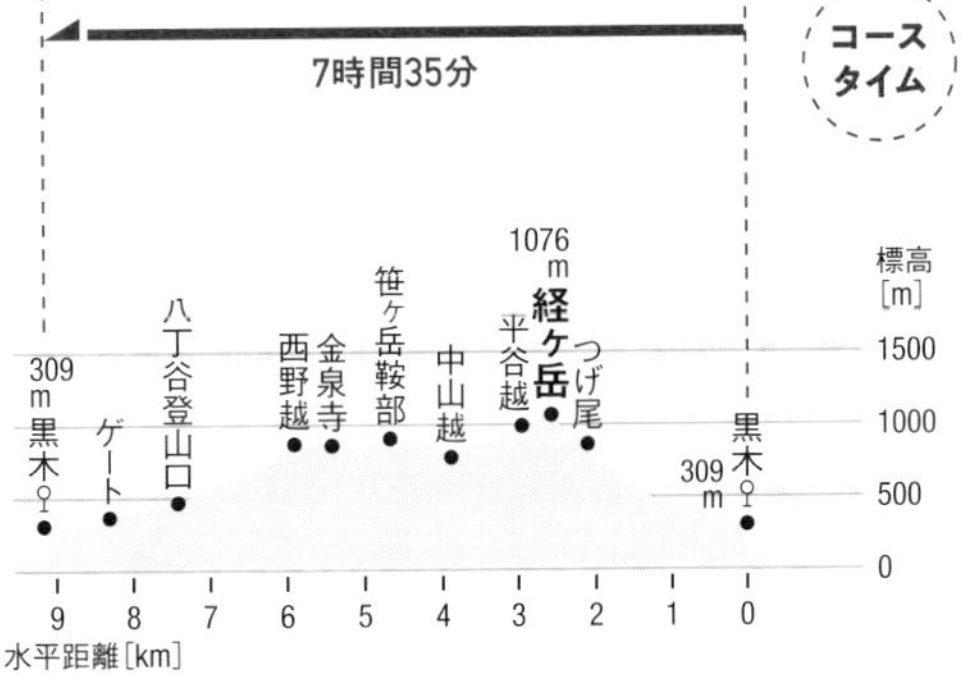

サブコース

五家原岳コース

黒木バス停↓横峰越↓五家原岳↓金泉寺↓多良岳↓金泉寺↓黒木バス停　6時間45分

Map 3-2A　黒木バス停

コースグレード	中級
技術度	★★★☆☆ 3
体力度	★★★☆☆ 3

多良《たら》山地最南にある山地第2の高峰・五《ご》家原岳《かはらだけ》。電波中継塔が設置された山頂には車道も通じ、展望台のように整備されているが、登山道に入ればツクシシャクナゲやヤブツバキが群生し、花期はみごとである。

黒木《くろき》バス停から林道を少し進んだ三差路に「五家原岳」の標識がある。林道を道なりに進んで三差路を左折すると「**五家原岳・横峰越**《よこみねごえ》」**の標識**がある。ここから川へ下り、飛び石で対岸へ渡る。その先は豪雨で丸太橋が流され増水時には徒渉できない場合もあるが、林道を直進すれば登山道に合流する。この先でもう一度飛び石づたいに徒渉し、ひと登りで**林道**に出る。左折して道なりに進むと左に「五家原岳」の標識が現れる。ここで林道を離れ、ガレた急な道を進むと**横峰越**で、五家原岳は左へ進む。

自然林の道はしだいに険しくなり、クサリが設置された大岩が現れるとほどなくベンチがある**五家原岳**山頂に登り着く。

好展望の山頂をあとに「中岳《なかだけ》・金泉寺《きんせんじ》」の標識から急坂を下るが、ハシゴやロープがある場所は慎重に進もう。花の時期にはツクシシャクナゲやヤブツバキが目を楽しませてくれるだろう。西野越《にしのごえ》までの中間点となる**中岳**は登りも下りも急坂で、とくに下りのガレた道は慎重に通過しよう。

いくつかのアップダウンを繰り返し**西野越**へ。ここからP38コース5を参照に**多良《たら》岳《だけ》**を往復したら、八丁《はっちょう》谷を下って**黒木バス停**まで戻る。

多良山地の山々を一望する五家原岳の山頂

五家原岳～中岳間に群生するツクシシャクナゲ

サブコース

中山越コース

中山↓多良岳往復↓中山越↓中山　3時間50分

Map 3-3B　中山キャンプ場

コースグレード	中級
技術度	★★★☆☆ 3
体力度	★★☆☆☆ 2

多良岳《たらだけ》への道で最も修験場の雰囲気を残すのが、太良町《たらちょう》中山《なかやま》からの道である。苔むす石の階段や山中に残る多くの石仏や梵字《ぼんじ》岩、距離を示すための道標「丁石」が残り、人々を神域へと導いた歴史が偲ばれる。また、太良町には多良山中の金泉寺《きんせんじ》にまつわる「岳の真太郎さん」という民謡がある。約200年前、金泉寺につかえる美男子の寺侍・真太郎へ向けた町娘たちの切ない恋心を歌ったもので、今も歌い継がれる九州を代表する民謡のひとつでもある。ここでは多良岳信仰の歴史をたどる、多良岳から中山越《なかやまごえ》へ周遊するコースを紹介する。

中山キャンプ場は他の登山口に比べ標高が高く、多良岳以外に経ケ岳《きょうがたけ》との縦走コースの起点でもある。キャンプ場のバンガローが散在するなかに太良獄大権現《たらだけだいごんげん》の木の鳥居がある。タブノキ、ヤブツバキ、ヤブニッケイなど常緑広葉樹のなかに石段の道がのびる。千鳥《ちどり》坂、幸《こう》福《ふく》坂、見上《みあ》げ坂、夫婦《めおと》坂と名付けられた道が参道入口へと導き、道脇には「二十一丁石」、山頂直下に「二丁石」も残っている。

さしたる勾配もない道は多良川水源地で広場になる。ここも西野越《にしのごえ》とならぶオオキツネノカミソリ群生地で、新緑も美しい。最後に夫婦坂を登りきると、**役ノ行者像**《えんのぎょうじゃぞう》がある参道入口の石段の前に出る。

多良岳を往復したら**金泉寺**まで戻り、本堂の横から**中山越**をめざす（P42の逆コースを参照）。中山越で右にとり、植林の道を進むと林道に出る。登山道は林道を何度も横切りながら**中山キャンプ場**へと続く。

カシの木に囲まれた中山越

オオキツネカミソリ

写真・文／池田浩伸

ミヤマキリシマが咲く妙見カルデラからの普賢岳と平成新山（奥のピーク）

四季を通じて自然の魅力をつたえる環海の山

日帰り 雲仙バス停→仁田峠→国見岳→普賢岳→薊谷→仁田峠→雲仙バス停　計6時間25分

コースグレード	中級
技術度	★★★☆☆ 3
体力度	★★☆☆☆ 2

写真・文／池田浩伸

雲《うん》仙岳《ぜんだけ》は島原《しまばら》半島の中央部に位置する複式火山で、主峰・普賢岳《ふげんだけ》（1359m）、九千部岳《くせんぶだけ》、国見岳《くにみだけ》、妙見岳《みょうけんだけ》、野岳《のだけ》など10座以上の火山群の総称だ。近世の活動の歴史のすべては普賢岳の活動によるもので、その東方には、1990（平成2）年11月の大規模な火山活動によってできた平成新山《へいせいしんざん》がある。標高は普賢岳より124m高い1483mだ。初夏はミヤマキリシマ、冬は霧氷と温泉など登山客のみならず四季を通じて人々を魅了する。また、日本で唯一「紅葉樹林」という名称で国の天然記念物に指定され、九州固有の植物も多く生息する山でもある。

日帰り

雲仙温泉を起点に仁田峠から山頂部を周回

雲仙バス停から温泉街を抜けて、矢岳《やたけ》園地・池《いけ》ノ原《はら》園地内の遊歩道を**仁田《にた》峠**まで登る。園地内はミヤマキリシマの名所で、初夏にはみごとな景観を楽しむことができる。

雲仙の自然情報を提供する雲仙お山の情報館

仁田峠から見たミヤマキリシマ咲く雲仙岳

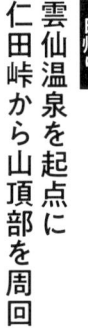

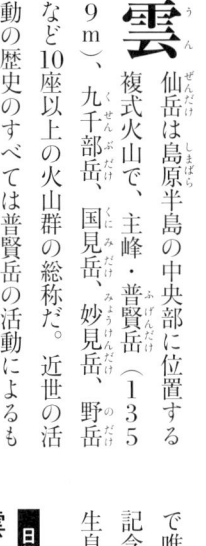

雲仙バス停から仁田峠までは、徒歩およそ1時間15分の道のりだが、雲仙お山の情報館前から、仁田峠行き乗合タクシーを利用すればおよそ20分で仁田峠に行くこともできる（要予約・2021年2月現在新型コロナウイルスの影響で運休中）。

仁田峠から雲仙ロープウェイ駅方向へ進むと、少し手前に妙見・国見岳登山口がある。ここから、ミヤマキリシマが群生する急な尾根を登る。高度とともに湯けむりの雲仙温泉街と鴛鴦《おしどり》ノ池、橘《たちばな》湾の展望が開ける。景色を楽しみながら歩いて登るのもいいが、ロープウェイで3分間の空中散歩というプランもある。後者は、歩きとは違った絶景を楽しむことができる。

妙見岳駅から遊歩道を登ると、「島原半島世界ジオパーク・妙見カルデラと普賢岳溶岩ドーム」の説明板がある。一読後に、右手の展望台から溶岩ドーム群を見渡そう。

説明板まで戻り妙見神社の広場から灌木帯の尾根道を進むと、左から第二吹越《ふきこし》登山

国見岳の奥には有明海越しに多良山地が見える

口からの道が出合う。付近はミヤマキリシマや霧氷鑑賞のポイントだ。右に普賢岳や平成新山を見ながらの快適な稜線歩きだ。

前方に鐘状の国見岳が見えてくると、まもなく三差路になった**国見分れ**《くにみわかれ》だ。左へ曲がり、クサリが設置された露岩帯からミヤ

国見岳からは北側の有明海の展望がよい

マキリシマなどの灌木を抜けた先にある露岩が**国見岳**山頂だ。狭い岩上からは展望抜群。とくに北方向の海の景色がすばらしい。

国見分れまで戻ったら左へ曲がり、急坂を下ると**鬼人谷口**《きじんだにぐち》の三差路に出る。左は新登山道の立岩《たていわ》の峰コース（P51参照）で、普賢岳へは右へ曲がると、すぐにベンチのある**紅葉茶屋**《もみじちゃや》の三差路に出る。直進は薊谷へ、左はこれから向かう普賢岳への道だ。

古い溶岩からなる急坂には、クサリが設置された箇所も現れる。途中、樹幹から巨大な岩塊の山頂部が見える。やがて広場になった山頂基部まで来れば、ひと登りで**普賢岳**の山頂にたどり着く。新緑・紅葉・霧氷に彩られる峰々を青い海が包みこむ大パノラマが堪能できる。空が澄んでいれば、阿蘇山《あそさん》やくじゅう連山、霧島《きりしま》連山などの九州の名峰を見ることもできる。

下山は**紅葉茶屋**まで下り、遊歩道を薊谷方向へ向かう。頭上は木々におおわれ新緑と木漏れ日や紅葉が美しく、足もとに目を

妙見神社。奥の妙見岳へは崩壊のため通行止め

妙見岳駅へ向かう雲仙ロープウェイ

霧氷が美しい普賢岳から平成新山を見る

やれば花が多い。途中の薊谷のベンチでこれからの登りに備え、ひと休みするといい。

モミの原生林から普賢神社の鳥居をくぐると、平成新山と火砕流が流れた跡を見下ろす平成新山展望地がある。

ロープウェイ駅の前を通り、**仁田峠**から**雲仙バス停**まで往路を戻る。

プランニング&アドバイス

四季を通じて登山が楽しめる。とくに5〜6月のミヤマキリシマやヒカゲツツジ、10〜11月の紅葉、12〜2月の霧氷の時期がおすすめ。紹介コースのほかに、仁田峠から薊谷経由で普賢岳に登っても山の魅力は充分に味わえる。温泉街にある「雲仙お山の情報館」では、雲仙の自然情報や歴史・温泉に関する展示があり、登山前にぜひ訪れてみたい。ホームページでも花の見ごろなどさまざまな情報を公開し、雲仙の魅力を幅広く発信している。下山後には、新湯、湯の里、小地獄、よか湯など雲仙公衆浴場を利用して汗を流すのもいい。小地獄温泉は吉田松陰も訪れたという歴史をもつ名湯だ。

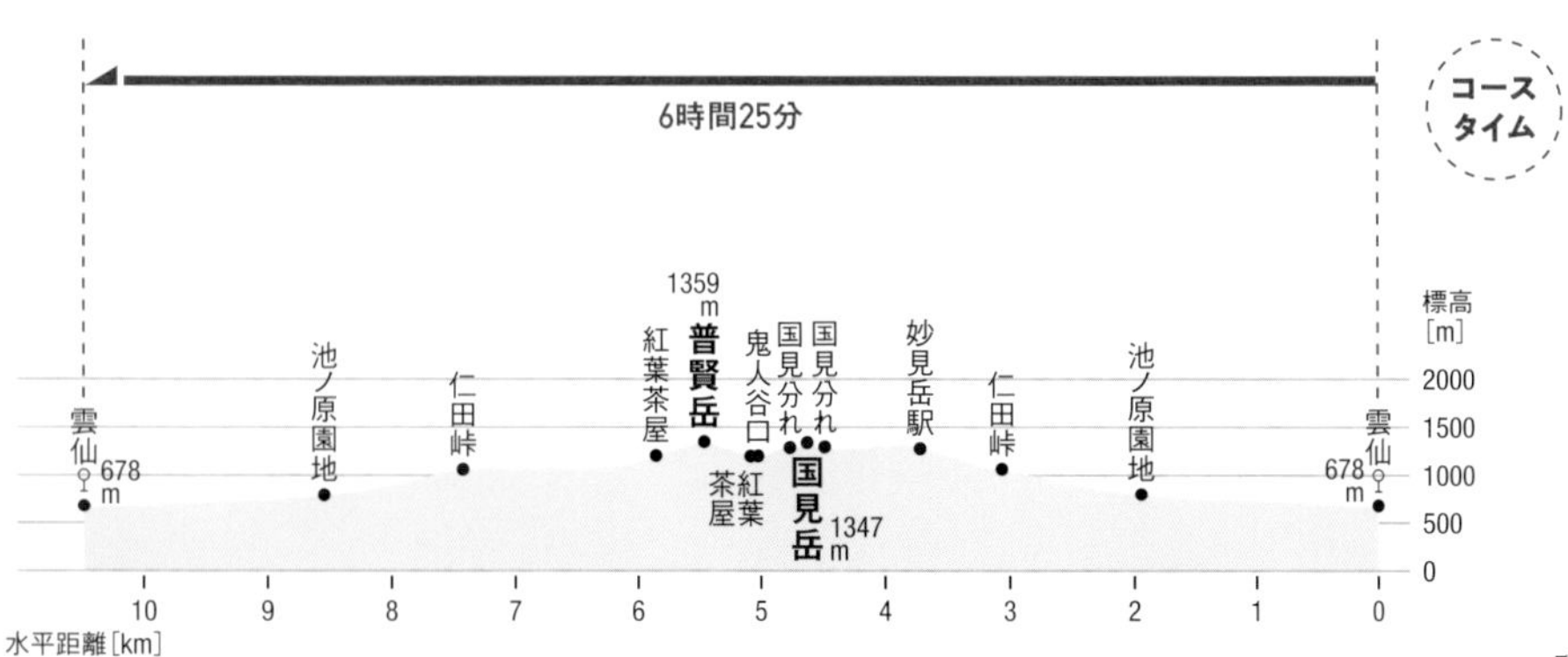

サブコース

立岩の峰コース

雲仙バス停↓仁田峠↓鬼人谷口↓立岩の峰↓霧氷沢↓普賢岳↓仁田峠↓雲仙バス停　7時間40分

Map 3-1C 雲仙バス停

コースグレード	中級
技術度	★★★☆☆ 3
体力度	★★★☆☆ 3

　普賢岳《ふげんだけ》が198年ぶりに噴火活動を再開したことに伴って警戒区域に指定され通行できなかった登山道が、2015年に新コースとして開通した。ここでは、噴火から蘇った豊かな自然と、地球の息吹を感じる立岩《たていわ》の峰《みね》を周回するコースを紹介しよう。

　鬼人谷口《きじん》の三差路まではメインコース（P46）を参照。ここから左の新登山道を進む。ミヤマキリシマ、ヒカゲツツジ、紅葉、霧氷と四季の変化が楽しめる道だ。

　分岐からは西の風穴《かざあな》、北の風穴と風穴群が続く。蚕の保存や氷室として利用されていたもので、手をかざすと冷気が流れてくるのを感じる。西の風穴には地震計などが設置され、火山活動の監視を行っている。

　やがて、有明海《ありあけ》の絶景を楽しめる**鳩穴分《はとあなわか》れ**に着く。ここから急坂を登りきれば、6千年前の溶岩ドームで平成新山《へいせいしんざん》が間近に迫る**立岩の峰**に着く。一帯は火砕流から再生した植物のたくましさと美しさに感動し、地球の息吹が感じられる場所だ。

　立岩の峰から霧氷沢《むひょうさわ》周辺では5月上旬なら淡黄緑色のヒカゲツツジの大群落が岩峰を飾り、冬は霧氷が美しい（鳩穴分れ〜**霧氷沢分れ**間は一方通行で、霧氷沢分れから立岩の峰方向へは進入禁止となっている）。

　霧氷沢からすぐに**普賢岳**山頂基部に着く。山頂での大パノラマを堪能したら、メインコース（P46参照）を**仁田峠《にた》**へと下るが、途中の薊谷《あざみ》はブナ分布の西限にあたり、野鳥の姿も多い。

立岩の峰〜霧氷沢間は火砕流から蘇った植物群の道

霧氷の立岩の峰からは有明海越しに熊本が見える

写真・文／池田浩伸

花の名山に豪快な活火山、
岩稜の峰々、屹立する花崗岩塔——
山域ごとに異なる顔をもつ

くじゅう連山・星生崎からの雲海に浮かぶ阿蘇山（写真／内田益充）

九重・阿蘇・祖母傾・大崩

泉都・別府の背後にそびえる展望と森林浴の山

コースグレード｜初級

技術度｜★★☆☆☆ 2

体力度｜★★☆☆☆ 2

日帰り　旗の台バス停→御嶽権現社→鶴見岳（往復）　計3時間15分

鶴《つる》見岳《みだけ》は別府《べっぷ》市の西に位置する鶴見火山群の主峰で、北側に鞍ヶ戸《くらがと》や内山《うちやま》、大平山《おおひらやま》（扇山《おうぎやま》）、伽藍岳《がらんだけ》、高平山《こうひらやま》などをしたがえる。この5座のうち、高平山は自衛隊の演習場に隣接しているため、登山対象からははずれる。主峰の鶴見岳は別府の展望台ともいえる山で、初夏のミヤマキリシマ、秋の紅葉、冬の霧氷など、四季を通じて人気の高い観光スポットだ。別府ロープウェイを利用すれば10分強で山頂に立てるが、徒歩で登っても2時間ほど。

日帰り　旗の台バス停から鶴見岳山頂へ

旗の台《はただい》バス停から出発する。マイカーの場合は200mほど別府寄りにあるロープウェイの登山者専用駐車場に8時から17時まで無料駐車できるが、時間厳守だ。

県道脇の鳥居をくぐり、竹林のなかの参道を進んで社務所（無住）へ。ここで鳥居《とりい》バス停からの道が合わさる。石段を上がり、途中の手水所で水を補給して**御嶽権現社《おたけごんげんしゃ》**（火男火女《ほのおほのめ》神社）本殿に向かう。東向きに

日帰り 鶴見岳

南麓の志高湖からの鶴見岳（左の小ピークは南平台）

鶴見岳山頂。御嶽権現社の上宮が祀られる

山頂部のミヤマキリシマ（背景は由布岳）

建つ社殿の南側にある小さな観音堂の側が登山口で、登山届箱がある。ここからは随所にある「べっぷ鶴見岳一気《いっき》登山」の標識を目印にして進もう。一帯は由布《ゆふ》鶴見岳自然休養林になっており、森林浴が楽しい。

社殿裏手の坂道を進み、猪《い》の瀬戸《せと》林道を横切った先の南平台《なんぺいだい》分岐で鶴見岳南登山道が左に分かれる。ちなみにこのまま40分ほど進むと西ノ窪で、西登山道が合わさる。

分岐を直進し、だんだんと標高を上げていく。ウリハダカエデやモミジ、ウリノキなどの樹林帯が終わると道はジグザグに変わり、標高1200mの標識を過ぎた地点でロープウェイ山上《さんじょう》駅に向けて道が分かれる。

直進すると灌木帯の道が終わり、東面に別府湾が望まれてくる。山上公園になった一帯はレンガ敷きの遊歩道が縦横に通じている。レストハウス（閉鎖）前の石段を登りきったら**鶴見岳**山頂だ。御嶽権現社上宮《じょうぐう》の石祠や鶴見七福神が祀られるほか、テレビ中継アンテナが並び立つ。

鶴見岳の山頂部では霧氷が見られる

眼下に広がる市街地と別府湾、立ち昇る湯けむり、国東《くにさき》半島や四国が見渡せ、目を転じると由布岳やくじゅう連山、祖母山《そぼさん》などの連なりが一望のもと。ちなみに別府のシンボルである湯けむりの、とくに鉄輪《かんなわ》地区は国の重要文化的景観だ。

下山は往路を引き返す。

プランニング&アドバイス

登山は通年楽しめる。山頂部のミヤマキリシマは5月中旬から6月初旬、紅葉は10月下旬から11月初旬、霧氷は1月初旬から2月下旬。山頂からは往路を下らず、南登山道経由の周回プランもある（山頂から西ノ窪を経て旗の台バス停へ1時間30分）馬ノ背から鞍ヶ戸方面への縦走路は、2016年の熊本地震以来、通行止めが続いている。

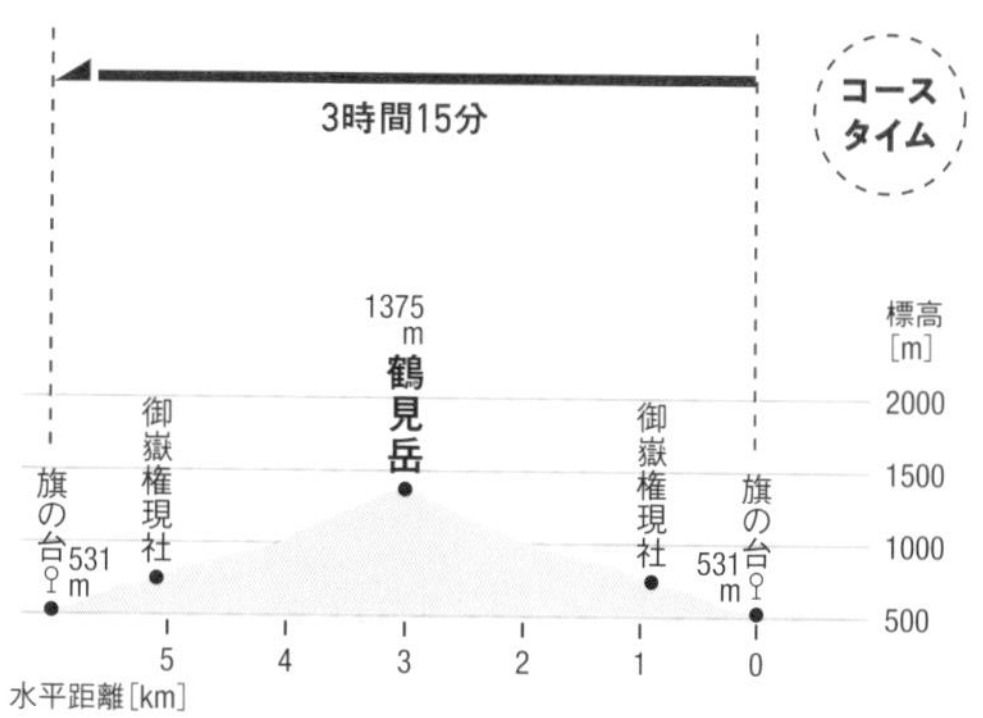

サブコース

鶴見岳・西登山道

猪の瀬戸バス停↓鶴見岳西・由布岳東登山口↓馬ノ背↓鶴見岳　1時間50分

Map 4-3A 猪の瀬戸バス停
Map 4-3B 鶴見岳

コースグレード	中級
技術度	★★★ 3
体力度	★★ 2

野焼きの復活でみごとによみがえった猪《い》ノ瀬戸《せと》湿原。その湿原脇の**猪の瀬戸バス停**から市道のエコーラインを北に向かう。**鶴《つる》見岳西《みだけにし》・由布岳東登山口《ゆふだけひがし》**までは徒歩で約20分。マイカーは登山口に駐車スペースがないため、猪ノ瀬戸の路肩に停める。

登山口から柵をすり抜けて東に向かって登り、杉林を過ぎたあたりから涸れ谷をつめていくと、西《にし》ノ窪《くぼ》で右から南《みなみ》登山道が合わさる。すぐ南に見える円頂丘の南平台《なんぺいだい》（標高1216m）までは往復30分だ。西ノ窪は道からほんの少し西にはずれたところにある小さな窪地で、ぽっかりと空いた平坦地は休憩に最適。道の北側には観世音《かんぜのん》菩薩《ぼさつ》銘を刻んだ石碑（破損）もあり、かつては生活道だった憶測も。

西ノ窪を直進し、やせ尾根の**馬《うま》ノ背《せ》**に上がると道が左右に分かれる。左の鞍ヶ戸《くらがと》、内山《うちやま》方面の道は2021年現在通行止め。右に進み、貞観台《じょうかんだい》とよばれる展望台を経て**鶴見岳**山頂に到達する。ちなみに貞観台は『日本三代実録』がつたえる貞観9（867）年の鶴見岳噴火に由来している。

小平地の西ノ窪から見上げる鶴見岳西面

貞観台からの眺め。右が鞍ヶ戸、左は由布岳

稜線上の馬ノ背。左の鞍ヶ戸方面は通行止め

写真・文／藤田晴一

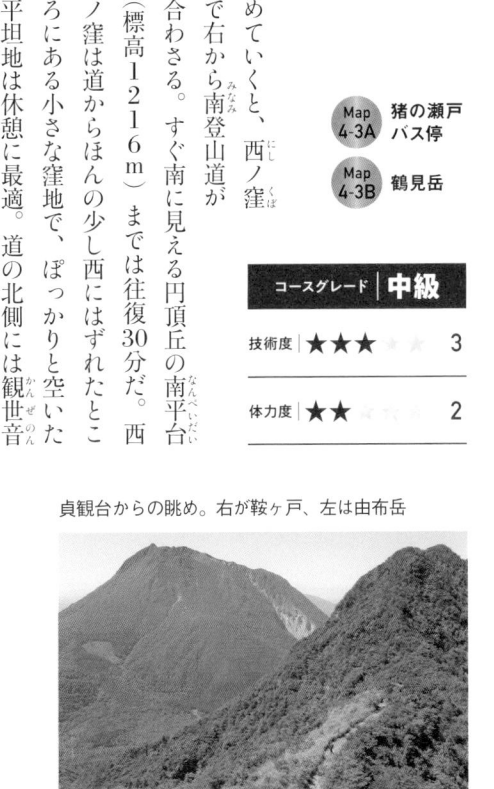

温湯（ぬるゆ）牧野道からの由布岳。手前の小ピークは飯盛ヶ城

日帰り

由布岳

「豊後富士」と称される日本二百名山

コースグレード｜上級

技術度｜★★★★ 4

体力度｜★★★ 3

日帰り　由布登山口→合野越→マタエ→西峰→東峰→マタエ→合野越→由布登山口　計4時間35分

写真・文／藤田晴一

温泉リゾート・由布院《ゆふいん》のシンボル由布《ゆふ》岳《だけ》は、湯布院盆地の北に位置する独立峰。「豊後富士《ぶんごふじ》」の別称のように均整のとれた姿をなし、双耳の峰も際だって遠くからでも一目瞭然に見てとれる。古くは万葉集に詠まれるなど、湯布院になくてはならない「ふるさと富士」だ。登路は紹介する正面《しょうめん》登山口コースのほかに東《ひがし》登山口（P61サブコース参照）と西《にし》登山口コースがある。登山口には駐車場（無料、有料）、トイレ、休憩舎、公衆電話などがあるが、水場はないので出発前に用意すること。

日帰り

正面登山口から御鉢をめぐって由布岳東峰へ

由布登山口バス停で降りたら案内板に目を通し、登山届をすませて出発する。行く手に由布岳を見ながら牧草地のなかを進む。自然休養林に入ると、ここにも案内板とトイレがある。右に分かれる道は日向岳《ひゅうがだけ》自然観察路で、日向岳と由布岳東登山口に通じている（地元では入山をすすめていない）。

カエデやリョウブ、ミズナラなどが茂る樹林帯でひときわ目についたコガクウツギの群落が、なぜか今ではまったく見られなくなったことが惜しまれる。この先、カーブを2つ過ぎると**合野越《ごうやごし》**だ。ここで西登山口コースが合わさる。南に見える円頂丘は寄生火山の飯盛ヶ城《いもりがじょう》（1067m）で、山頂へは30分ほどで往復できる。

この先からはジグザグを切って進む。右に左に盆地の景色を楽しみながら登っていき、最後に急登をこなすと東西に峰を分ける**マタエ**に着く。北側にはウバガウジとよばれる噴火口跡が口を開け、そこから天に向かって2つの峰がそそり立つ。

まずは西峰《せいほう》へ向かおう。岩の小さなコブを越えたあと、直面する障子戸《しょうじど》とよばれるクサリの架かる絶壁を三点確保（四肢のうち、三肢を体で支えること）で慎重に登る。テクニックがいる難所だ。登りきるとまも

●山頂部のお鉢巡りは崩壊地の通過などがあり上級者向け。中級以下の人はマタエから西峰と東峰往復にとどめる（この場合技術度は★★★）。

由布岳西峰山頂。背景は東峰

西峰と噴火口跡ウバガウジ。お鉢巡りは細心の注意で

なく由布岳三角点の**西峰**に到達する。独立峰だけのことはあって、展望は抜群。大パノラマを満喫しよう。

真向かいの東峰《とうほう》へは火口縁のお鉢巡《はちめぐ》りルートをたどろう。山頂から北に進み、途中で右折する。直進は崩壊中の危険地帯なので決して近寄らないこと。この分岐は見落としがちなので、地形図やGPSなどで確認しておきたい。西峰の東斜面はミヤマキリシマの群生地で、花咲く6月初旬はみごとだ。下り終えたらナイフエッジの火口縁を注意深く乗り越えていく。途中で進退きわまる岩場もあるので、細心の注意がいる。

岩場を無事に通過したら、急斜面を登り返して剣《けん》ノ峰《みね》とよばれるピーク近くに上がる。南に向かって進むと途中で東登山口からの道（P61サブコース参照）が合わさる。この先は身を細めるようにして岩間をすり抜け、ひょいと由布岳**東峰**に到達する。

山頂からは鶴見《つるみ》山群を間近に、別府《べっぷ》湾や国東《くにさき》半島、くじゅう連山や祖母《そぼ》・傾《かたむき》山群、英彦山《ひこさん》などの山の連なりが一望できる。東峰の直下にもミヤマキリシマの群生地があり、花に囲まれたテラスでくつろごう。由布院盆地はもちろんのこと、彼方にはくじゅう連山なども望まれる。

期待通りの大展望を楽しんだあとは**マタエ**に向かう。登ってくる登山者がいるので決して落石しないよう、また軽石は転倒も起こしやすいので細心の気配りで下ろう。

マタエからは往路を戻る。

分岐のマタエ。この先障子戸を登って西峰へ

プランニング&アドバイス

山頂部は崩落や地割れ、亀裂箇所が生じ、通行には充分な注意が必要。該当箇所はメインコースの障子戸とお鉢巡り、サブコース（P61）のお鉢巡り合流点直下。これらの地点は凍結のおそれがあり、冬期は正面登山口〜東峰の往復にとどめる。山中には水場がないので事前に用意すること。ミヤマキリシマは5月下旬から6月初旬。紅葉は10月下旬から11月初旬。

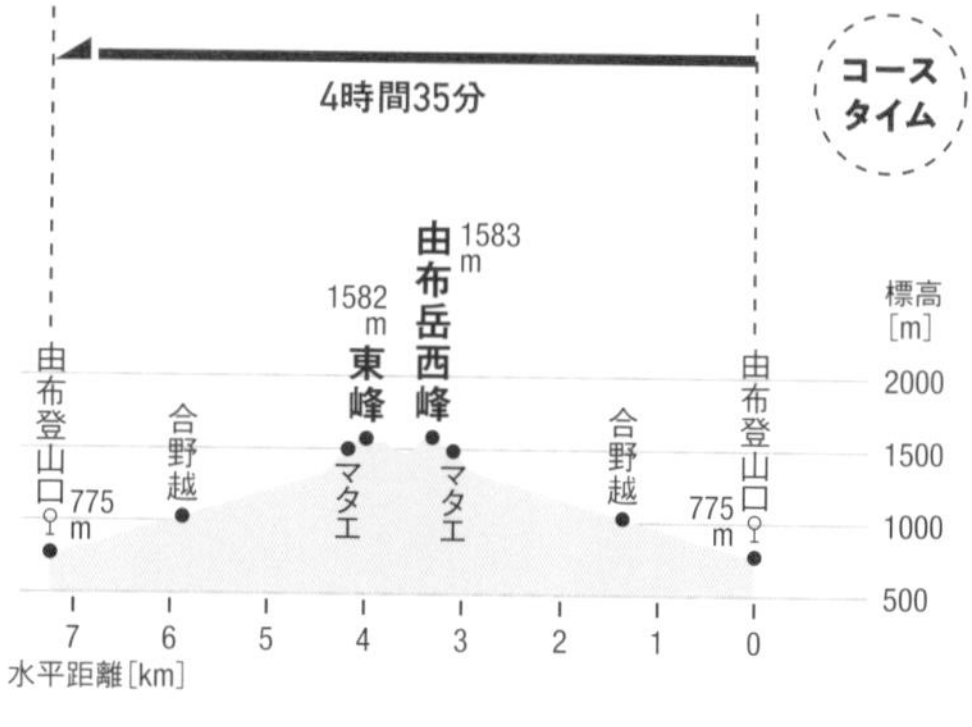

サブコース

由布岳・東登山口コース

猪の瀬戸バス停↓鶴見岳西・由布岳東登山口↓日向越↓由布岳東峰　2時間20分

Map 4-3A 猪の瀬戸バス停
Map 4-2A 由布岳東峰

コースグレード	中級
技術度	★★★☆☆ 3
体力度	★★☆☆☆ 2

鶴見岳西《つるみだけにし》・由布岳東《ゆふだけひがし》登山口までのアクセスは、前項の鶴見岳・西登山道（P57）を参照のこと。

由布岳東面を木のあいだ越しに見ながら登山口を出発する。取り付いてすぐ右側の林に休憩所がある。アセビやリョウブ、ミズナラなどの自然林を進み、いったん杉林に入る。これを通過して再び自然林になって**日向越《ひゅうがごし》**へ。南から合わさる道は正面登山口コースからの日向岳《ひゅうがだけ》自然観察路で、日向岳（標高1085m）往復は30分程度だ。

日向岳は西に位置する飯盛ヶ城《いもりがじょう》（1067m）と同じ円頂丘だ。山全体が樹林におおわれているため普段は目立たないが、登ってみると適度な日差しがあり、明るい山で深呼吸していこう。

日向越からは少し登った標高1180m付近からはジグザグの道になり、樹木もそれまでの高木から灌木にとって代わる。この先はクサリのついた岩に直面する場合もあり、かなり手強いルートだ。高度が上がるにつれて一段と険しくなるが、反面、こうした岩峰からの眺めは迫力満点。

やがて稜線に上がると、由布岳**東峰《とうほう》**は目前である。

東峰山頂部のミヤマキリシマ

東峰からの剣ノ峰と内山。その奥に別府湾が見える

日向越手前からめざす東峰を望む

写真・文／藤田晴一

久住分かれから空池の縁をめぐり久住山の山頂へ

360度の展望が広がる くじゅう連山の主峰。北から南へたどる

日帰り 長者原→雨ヶ池→法華院温泉→北千里浜→久住分かれ→久住山→赤川登山口　計6時間10分

コースグレード	中級
技術度	★★★☆☆ 3
体力度	★★★☆☆ 3

写真・文／弘蔵岳久・弘蔵勝久

標高1786・5mの久住山《くじゅうさん》は日本百名山にも選ばれており、知名度や人気の高さから「九重《くじゅう》連峰の盟主」などと称されることもある。かつて修験が行なわれていた時代には当山と九重山最高峰の中岳のあいだに存在する御《み》池が信仰の対象であり、上宮《じょうぐう》が設けられていた。

くじゅうを語るうえで、その表記をめぐるいざこざははずせないものであり、過去に幾度となく「くじゅう」は〝九重〟、あるいは〝久住〟なのか論争が生じていたと記録されている。また近代においても、国立公園となることが発端となり問題が再燃したが、現在では山岳名に「久住」、山群名に「九重」を用い、国立公園名は全国で唯一ひらがなの「くじゅう」を用いることでおおよその解決となっている。

本項で紹介するルート上に在る法華院《ほっけいん》温泉はかつて修験が行なわれていた時代の中核であった寺院が宿となったものであり、観音像が残されているため、立ち寄って登山の安全を祈願していくのもよいだろう。

●九重山は2020年7月の豪雨などで登山道の各所に被害を受けており、2021年2月現在でも通行止めのコースがある。詳細は長者原ビジターセンターのホームページを参照のこと。

雨ヶ池のマツムシソウ

法華院温泉山荘。九州では数少ない有人の山小屋

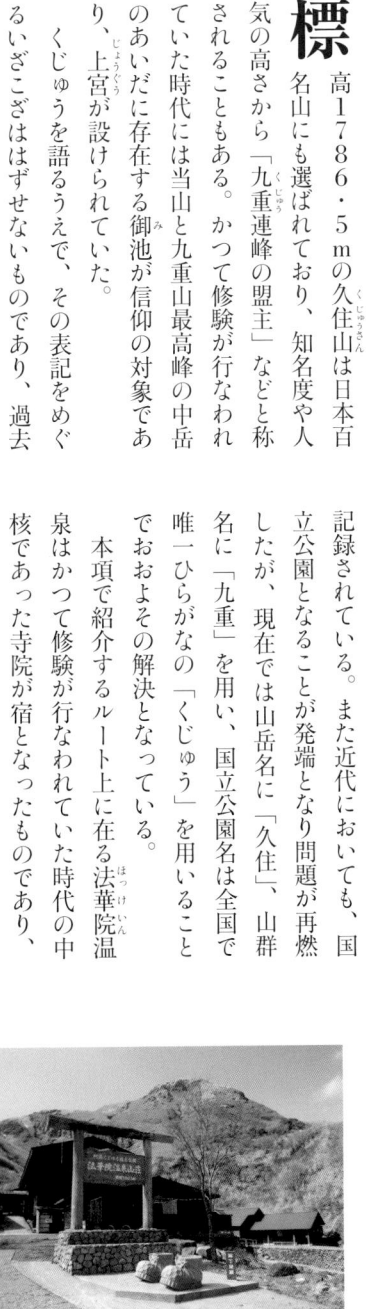

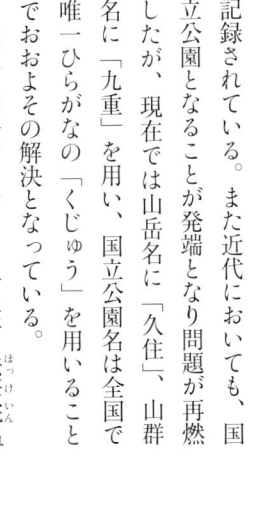

日帰り

長者原コースで山頂に立ち赤川登山口に下る

本コースは2020年7月の豪雨（以降七月豪雨）により複数箇所で土石流が発生した。2021年2月現在通行可能であるものの、充分な注意をはらうこと。

長者原《ちょうじゃばる》の九重登山口みやまバス停からラムサール条約登録湿地であるタデ原を抜け、森のなかへと入っていく。粘土質の道を最初は比較的ゆるやかに登っていくが、途中には急登となっているところもあり、滑らないように注意が必要だ。

1時間ほどかけて山道を登りきると、草原のなかに木道が渡されている場所に出る。そこが**雨ヶ池**《あまがいけ》で、名が示すとおり大雨のあとには水が溜まり池と化す。ここは春から秋にかけて花がよく見られるポイントでもあり、梅雨時期のノハナショウブや秋口のマツムシソウなど、休憩がてらに花見となることも多々ある。

再び樹林内に入って30分ほど下ると、砂利道（大船林道《たいせんりんどう》）に行き当たる。右折し、**坊がつる**《ぼうがつる》（ラムサール条約登録湿地）を経て道なりに進むと正面に法華院温泉山荘が見えてくる。標高1303m・九州最高所の温泉である**法華院温泉山荘**では立ち寄り入浴や休憩、物資・水の補給が行える。体力に自信がない場合や、時間的に危うい場合は一泊するのも手だ。基本的には予約制なので、宿泊利用に際しては注意したい。

山荘裏手から砂防ダムを横目に灌木林を抜け、砂礫が広がる台地の**北千里浜**《きたせんりがはま》を抜けていくと、2時間弱で牧ノ戸《まきのと》コース（P66コース⑩）をはじめ3本の登山道が合流する久住山北直下の**久住分かれ**《くじゅうわかれ》へといたる。

久住山へは左へ行き、右手に山頂を見ながらゴロゴロとした岩の道を黄色いマーキングを頼りに20分ほど登っていけば**久住山**山頂だ。眺望は360度。くじゅう連山はもちろん、阿蘇《あそ》や祖母《そぼ》、雲仙《うんぜん》、空気が澄んだ日は霧島《きりしま》や四国の石鎚山《いしづちさん》までも見渡せる。

紅葉の下山路からの久住高原

北千里浜。硫黄山からのガスに注意

下山先の赤川《あかがわ》登山口へは山頂付近に分岐の標識があり、そちらに進もう。八合目あたりまではミヤマキリシマの株のなかを下るが、急傾斜で段差の大きい箇所が多く、さらに滑りやすいので要注意。それ以降は木製の階段がひたすら続くが、こちらも場所によっては急傾斜となっている。

1時間少々下ると、林道に合流する。この先は2021年2月現在ルート上にある橋が豪雨の影響で落ちたままの状態で、沢のなかを渡って進んでいく。新たに迂回路をつくるか、これまでのコースを復旧するかは現状では未定なので、場合によっては3つ目の合流ポイントを林道側へ進んだほうが無難である。もし沢を渡るコースを使用する場合、冬期は沢が凍結するため、注意しながら進むこと。

赤川温泉赤川荘（2021年2月現在災害のため休業）手前で扇ヶ鼻《おうぎがはな》からの道（P68）に合流すると、**赤川登山口**は近い。

久住山山頂からの雄大な眺め（後方は阿蘇山）

プランニング&アドバイス

本項は日帰りとしたが、法華院温泉で1泊し、坊がつる散策やミヤマキリシマが満開の6月上旬なら大船山（P72）や平治岳（P78）とセットにするのもおすすめ。登山は全山が緑に包まれる6月下旬〜7月下旬がベスト。久住山南斜面のミヤマキリシマ群落の開花は6月上旬〜中旬。コケモモ群落の開花もミヤマキリシマとほぼ同時期。赤川谷左岸のミズナラ美林は5月上旬〜中旬にかけて新緑がみごと。山腹のコミネカエデやドウダンツツジの紅葉は10月上旬〜中旬。北千里浜は火山性ガスが溜まりやすい場所だけに、通行の際は吸い込まないよう注意。呼吸器系疾病のある人は通行しないほうが賢明。

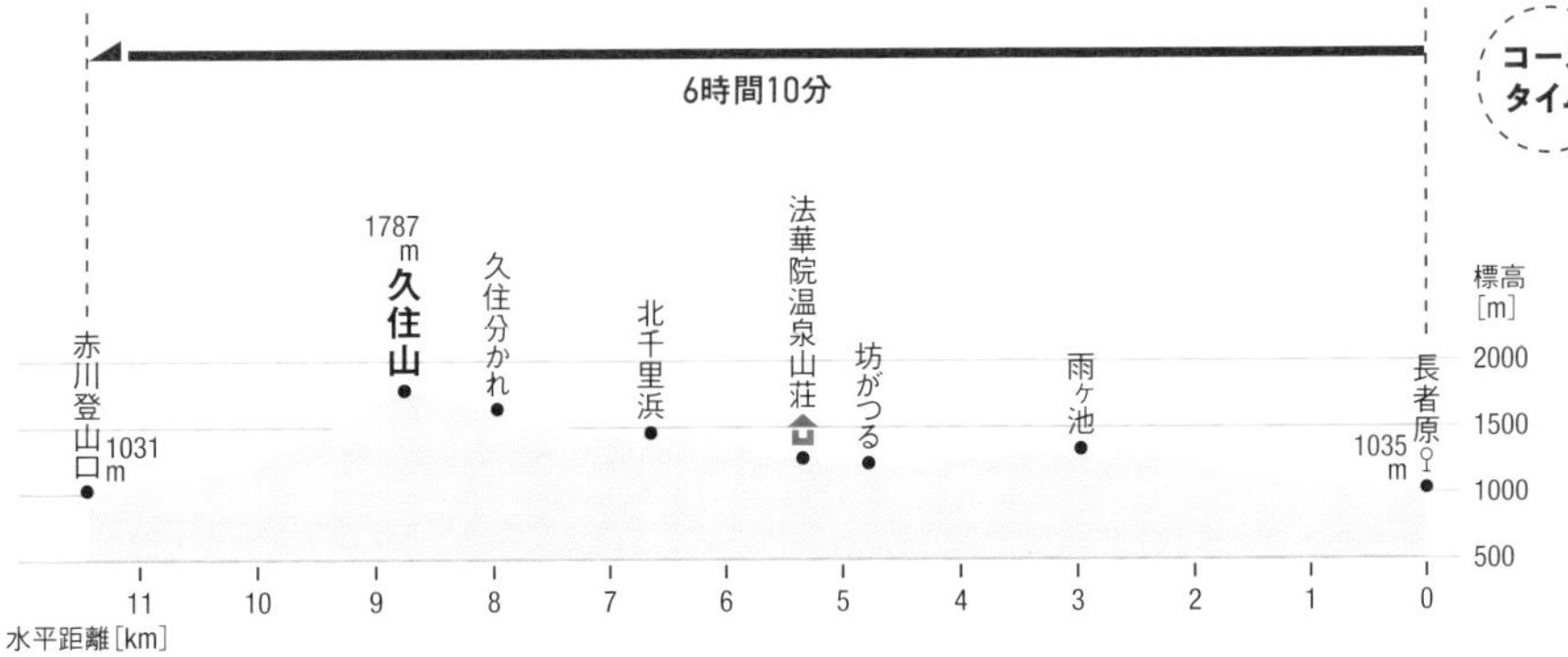

サブコース

牧ノ戸コース

牧ノ戸峠→沓掛山→扇ヶ鼻分岐→久住分かれ→久住山→中岳　2時間40分

Map 5-3A 牧ノ戸峠
Map 5-3B 中岳

コースグレード	初級
技術度	★★☆☆☆ 2
体力度	★★☆☆☆ 2

1964（昭和39）年の九重《くじゅう》と阿蘇《あそ》を結ぶ全長約50㎞の観光道路・やまなみハイウエイの開通とにより、くじゅう連山の登山形態は一変した。それまでは旧国鉄の久大《きゅうだい》本線や豊肥《ほうひ》本線を利用し、豊後中村《ぶんごなかむら》駅や豊後竹田《たけた》駅でバスに乗り換え登山口へアクセスしていたが、長者原《ちょうじゃばる》（P62コース9の起点）や牧《まき》ノ戸《と》峠の登山口まで車でアプローチできるようになり、大幅な時間短縮が図れるようになった。とくに山群の主峰・久《く》住山《じゅうさん》へは、標高1330mの牧ノ戸峠まで行けることにより、登山口から最初のピーク沓掛山《くつかけやま》までのハードな登りさえこなせば、あとはゆっくりと高度をかせいで標高差約450m・2時間ほどで大展望が広がる頂に立てるようになった。

牧ノ戸峠から沓掛山（1503m）にいたるまではコンクリート舗装がなされており、道中の展望所や沓掛山山頂手前の広場は15分ほどで行け展望がよいため、軽い散策がてらに登る観光客もいる。しかし、実際に歩きはじめると斜面を歩くことに慣れていない体にはきつめの傾斜道だけに、息が切れる。歩幅を小さくして歩こう。また、雪の季節には舗装路の表面が凍りつき、気を抜くと転倒してケガをするおそれがあるので、脇の土の道を中心に登っていくとよいだろう。

沓掛山からは石と粘土質の道となるため、やはり足もとをとられないように気をつけなければならない。しかし道の左右を見れ

沓掛山から扇ヶ鼻分岐へと続く尾根道

登山者でにぎわう牧ノ戸峠登山口

くじゅう連山の盟主・久住山。西面からはきりっとした姿を見せる

御池畔からはくじゅう連山最高点の中岳が頭をのぞかせる

ば、リンドウやシモツケソウ、サイヨウシャジンなど、季節ごとにさまざまな植物を観察することができる場所でもある。

休憩ポイントの**扇《おうぎ》ケ《が》鼻《はな》分岐**を過ぎると砂礫の道へと変わっていき、その後は西千里《にしせんりが》浜《はま》とよばれる開けた道を東へと進んでいく。徐々に久住山の山体が近づいてくる。星生《ほっしょう》崎《ざき》下の岩場はところどころ狭い場所があるので、通過時に膝を打ちつけたりしないようにしたい。

避難小屋とトイレのある窪地を過ぎると**久住分《わ》かれ**で、右に大きく弧を描きながら進むと**久住山**山頂へといたる（久住分かれ～久住山間はP62コース9参照）。

山頂からは久住分かれまで戻らず、手前の中岳《なかだけ》方面への分岐から正面の中岳方向へ進もう。道なりに行き、斜面を登りきると正面に御《み》池が現れる。池の南岸を巻くように進んでいくと、30分ほどで九州本土最高峰の**中岳**山頂（1791m）に着く。東西南北どの方向にもくじゅうの山々が足もとに収めることができ、切り立った山頂であるため展望は抜群によい。

中岳からは**久住分かれ**に戻るが、御池南岸経由と**天狗《てんぐ》ヶ城《がじょう》**経由の道があり、後者のほうが10分ほど短い。

巨岩の星生崎。その大きさにしばし見とれる

プランニング&アドバイス

6月上旬～中旬のミヤマキリシマの時期には、朝の5時ごろには駐車場が満車になる日も少なくない。駐車場に停められなければ、1日のコーススケジュールの変更を余儀なくされるので要注意だ。駐車場には国土交通省のリアルタイムカメラが設置されているので、登山口付近の現在の状況が把握できる。コース中に水場はないので、出発前に充分用意しておくこと。

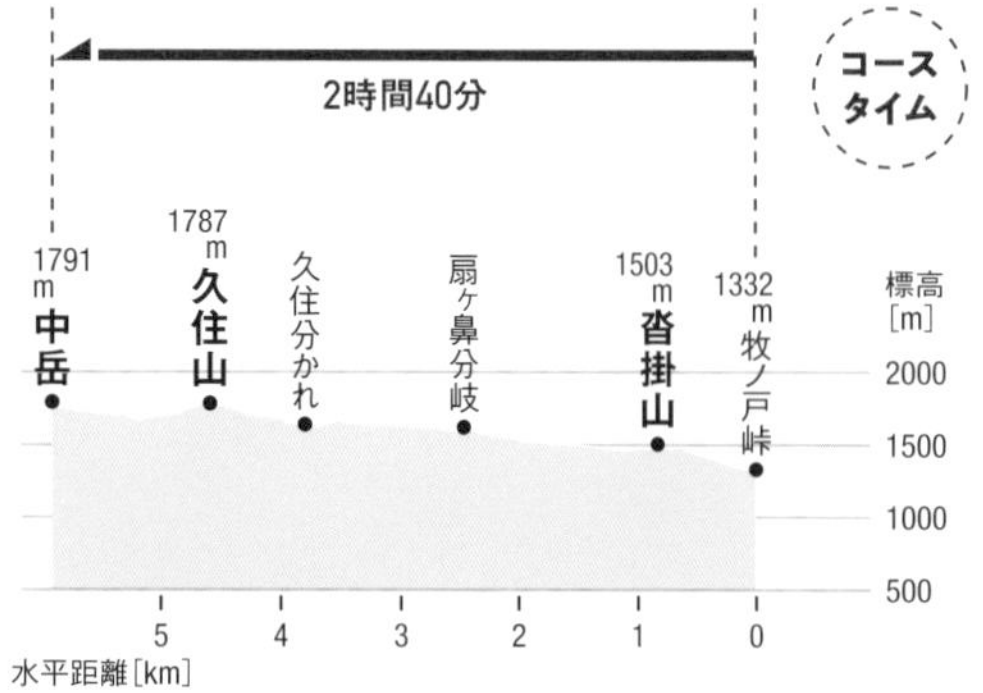

サブコース

久住山のその他のコース

Map 5-4B 赤川登山口
Map 5-4C レゾネイトクラブくじゅう登山口
Map 5-4C 沢水展望台
Map 5-2B 大曲

コースグレード	中級
技術度	★★★☆☆ 3
体力度	★★☆☆☆ 2

❶赤川コース

赤川登山口《あかがわ》から道なりに進むとすぐに標識が現れるので、分岐を左にとる。最初の30分くらいは林のなかゆるやかに登っていくが、時期によっては枯葉で道がわかりづらいこともあるので、踏み跡やカラーテープを参考にするとよいだろう。その後開けた場所に出るが、そこからはしだいに傾斜が急になり、道も直線的になっていく。

再び林の中に入っていくと、本コースでいちばんの傾斜が待ち構えている。さらに足もとは基本的に黒土となっておりひじょうに滑りやすいので、樹木なども補助に使いながら登っていこう。

登りきるとすぐ左手に**扇ヶ鼻**《おうぎがはな》の山頂（1698m）が見える分岐に出るので、立ち寄るのもよいだろう。

分岐を右に進むと、土の道は徐々に砂礫の道へと変わっていく。下る箇所では足をとられないように注意しながら進もう。10分ほど行けば、牧ノ戸《まきのと》コースが左から合流する（**扇ヶ鼻分岐**）。以降はP66サブコースで**久住山**《くじゅうさん》山頂へ。復路は来た道を引き返すか、直接赤川登山口に下る道（P62コース9参照）を通る。

（**コースタイム＝2時間55分／コースグレード＝中級**）

❷朽網分れコース

本コースは多くの箇所に2020年の七月豪雨の被害が見られ、登山道の浸食や土石流が確認されている。鉾立峠《ほこたて》までは登ることが可能であるが、そこから白口岳《しらくちだけ》のあ

扇ヶ鼻から望む肥前ヶ城の斜面（コース①）

くじゅうの春を告げるマンサク（コース②）

写真・文／弘蔵岳久・弘蔵勝久

いだに関しては登山道の崩落が発生しているため、2021年2月現在通行不能となっている。そのため、**レゾネイトクラブくじゅう**〜**朽網分れ**《くたみわ》〜**鉾立峠**経由で**久住山**に登る場合は**法華院温泉山荘**《ほっけいん》へ迂回する形となる。鉾立峠から山荘へは、30分ほどガレ場と林内の一本道を下っていく。

法華院温泉山荘からは、P62コース9を参照のこと。（コースタイム＝4時間35分／コースグレード＝中級）

❸沢水コース（本山登山道）

2021年2月現在、本コースは2016年熊本・大分地震の影響で七合目付近にて山腹崩壊が起こり、落石などの危険があるため、通行が禁止されている。看板も立てられているが、気づかずに登ってしまう登山者もいるので要注意。

沢水展望台《そうみ》から登る場合は**朽網分れ**のほうへ進んだあと、地形図に記載のない道で鳴子山《なるこやま》（1643m）に登り、**稲星越**《いなぼしごし》を経由するか、**朽網分れ**〜**法華院温泉山荘**を経由して**久住山**へというコースとなる（朽網分れ〜法華院温泉間はサブコース②を参照）。（コースタイム＝2時間30分／コースグレード＝中級）

❹三俣山コース

法華院温泉の西にある三俣山《みまたやま》（標高1744m）は、三つ又のように見えることからその名がある。しかし実際は本峰《ほんぽう》・西峰《せいほう》・北峰《ほっぽう》・南峰《なんほう》の4つの頂をもっており、九重《くじゅう》と久住を隔てる山となっている。ミヤマキリシマや紅葉のシーズンは人気が高く、多くの登山客でにぎわう。大鍋《おおなべ》・小鍋《こなべ》とよばれる大小2つの爆裂火口跡は、お鉢巡りや底まで下りていき自然を満喫する絶好の場所となっている。紅葉は、くじゅうのなかでもとくに早く10月上旬ころからはじまり、中旬にはピークを迎えることが平均的。そのほかにも5月のツクシシャクナゲや6月のドウダンツツジ、コケモモなど、美しい植物たちを観察できることがこの山の魅力といえる。

沢水展望台。駐車場がある（コース③）

白口岳を背にする鉾立峠（コース②）

やまなみハイウェイ上の大曲《おおまがり》周辺は花や紅葉のピーク時には各駐車場が埋まり、路上駐車や登山道をめざす歩行者が多い道となるため、車で来る際は時期によっては注意を要する。

大曲の小規模な駐車場から道を渡り、登山道に入ってしばらく登ると舗装された道に出る。硫黄山《いおうざん》の旧鉱山道路で、この道をたどっていくと砂防ダム、そしてガレ場が見えてくる。看板も立っているが、このあたりからは火山性のガスによる事故の危険性があるため、途中の休憩は推奨されていない。

旧採掘場を右手に見ながら涸れた沢を越えると大小の岩が転がる斜面となっており、ペンキを目印に登っていく。浮石も多いため、落石には要注意である。登りきると**諏**《す》**峨守峠**《がもり》の避難小屋が右手に見えてくるので、そこで小休止するとよいだろう。避難小屋の正面に急斜面があり、そこから三俣山へと入っていく。

最初にたどり着くのが西峰、そして分岐を左に行くと**三俣山**本峰にたどり着く。**南峰**もすぐの距離なのでコースを引き返して行くもよし、もしくは北峰〜南峰と経由して1時間ほどのお鉢巡りを楽しむのも一興である。（**コースタイム＝1時間50分**／**コースグレード＝中級**）

飯田高原からの三俣山。右奥は硫黄山（コース④）

三俣山のミヤマキリシマ（コース④）

九重山のコケモモは国の天然記念物

日帰り

九重山

大船山

大船山山頂より望む米窪のミヤマキリシマ群落。「花の百名山」にふさわしい光景だ

九重山群の東の盟主
山中を彩るミヤマキリシマと
紅葉を求める山旅

日帰り 大曲→ 諏議守峠→ 法華院温泉山荘→ 坊がつる→ 大船山→ 坊がつる→ 雨ヶ池→ 長者原　計6時間55分

コースグレード｜**中級**

技術度｜★★★☆☆ 3

体力度｜★★★☆☆ 3

写真・文／弘蔵岳久・弘蔵勝久

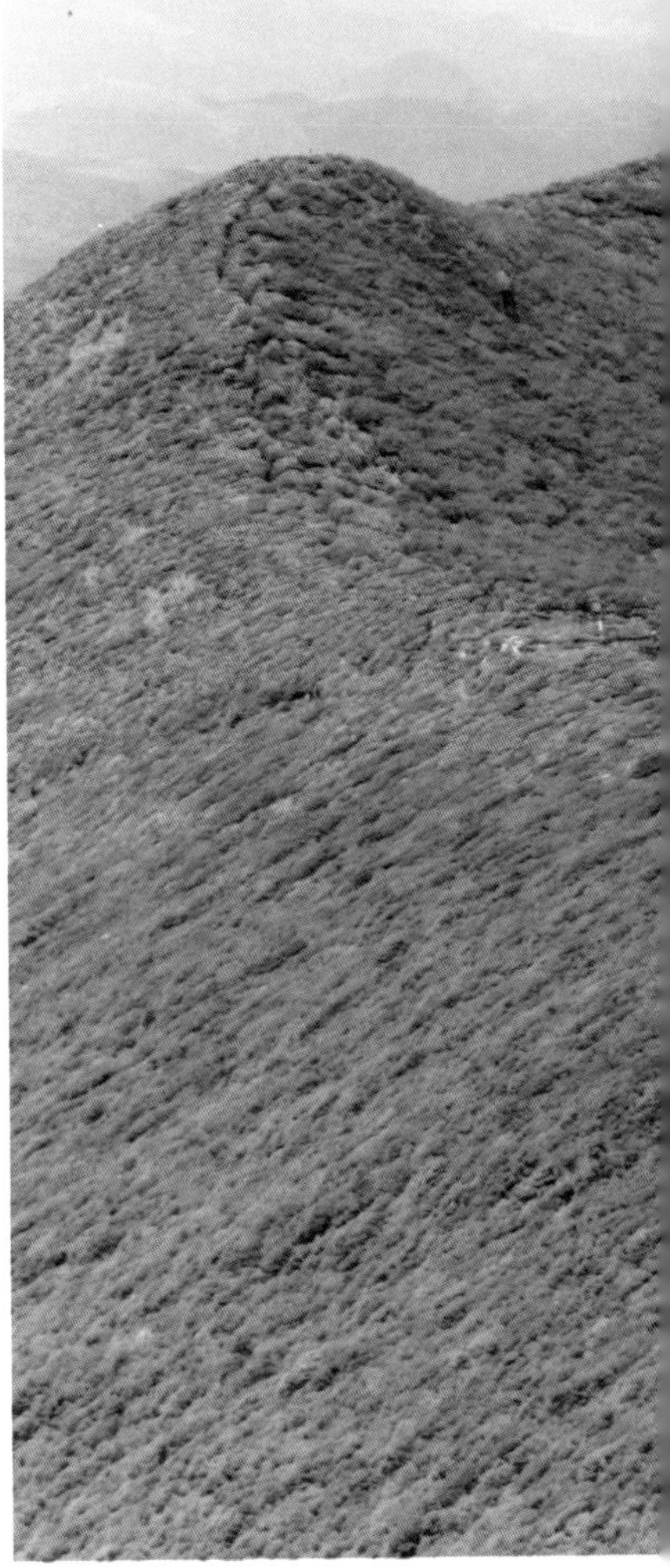

大船山《たいせんざん》（1786m）は九重山群《くじゅうさんぐん》の東側に位置する山で、山群で唯一のコニーデ型であり、山頂付近の御池《おいけ》や段原《だんばる》、米窪《こめくぼ》といったかつての火山活動がうかがえる場所が各所に点在する、ミヤマキリシマと紅葉、ともに名所とよぶにふさわしく、前者は国の天然記念物となっている。最盛時には段原から山頂にかけての登山道は行き来する人々で長蛇の列ができるほど。ミヤマキリシマの時期は山体が桃色と薄紫を混ぜたようなやわらかな色合いが緑の下地の上に広がり、紅葉の時期はドウダンツツジやコミネカエデが山頂周辺をあざやかな紅に染める。山頂付近の火口湖は周囲の紅葉が水面に映り、美しいコントラストをつくり出す絶景の撮影スポットである。

日帰り

長者原から諏蛾守峠、坊がつるを経て大船山へ

長者原《ちょうじゃばる》から坊原《ぼうばる》を経て諏蛾守峠《すがもり》に向かうコースは2020年の七月豪雨により複数

段原への登路に咲くツクシドウダン

三俣山を背にする諏蛾守峠

●本コースは2021年2月現在、長者原から鉱山道へ向かう道が土石流により通行止め。

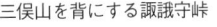

箇所で土石流が発生して登山道が埋没したため、２０２１年2月現在でも通行止めなっている。そのため、長者原から南に車で5分ほど進んだ**大曲**《おおまがり》を起点に歩くことになる（大曲～**諏訪守峠**間はＰ71サブコース④三俣山《みまたやま》を参照のこと）。

避難小屋がある諏訪守峠から**北千里浜**《きたせんりがはま》へと下り、分岐を左へ進む。岩場、灌木林と抜けていくと、1時間ほどで**法華院**《ほっけいん》**温泉山荘**に下り着く。山荘の横を通り抜け、さらに進むとラムサール条約登録湿地である**坊**《ぼう》**がつる**へ入っていく。右手に大きな岩がポツンとあり、それを目印に右折し木道をキャンプ場へと向かう。途中水場があるので、必要に応じて給水していこう。

キャンプ場の奥へ進むと**避難小屋**が建ち、その先から登山道となる。段原までは樹林のなかを1時間半ほどかけて登っていくが、急登や大きな段差が多く、黒土で滑りやすいので注意が必要だ。

段原が近づくにつれて視界が開け、砂礫

北千里浜から法華院温泉への下りからの大船山。中景は坊がつる湿原

まじりの道になる。火口縁上の**段原**の分岐を右にとり、20分ほどで尾根上の細い道となって最後に急斜面を登りきると**大船山**山頂にたどり着く。かつては「国観岳《くにみだけ》」ともよばれていたほどその眺望はすばらしく、空気の澄んだ晴れの日であれば３６０度の大パノラマが展開し、遠く大分市の方まで見渡すことができる。

凛とした冬の大船山

復路は登って来た道を慎重に下り、**坊がつる**へ。目印の大きな岩のところまで引き返して、往路の法華院温泉山荘と逆方向となる右手へ進む。10分弱で雨ヶ池《あまがいけ》へ向かうルート標識が左手に見えてくるので、そちらへ進もう。

1時間半ほど森林のなかを道なりに進めば、**長者原**へと戻って来ることができる。

プランニング&アドバイス

休憩時間を含めると約8時間の行程となっているので、体調や準備はしっかりと行ってから挑戦してほしい。無理をせず法華院温泉山荘に1泊すれば安全かつ余裕を持った登山ができる。起点の大曲にはバス停がなく、公共交通機関利用の場合はタクシーで直接大曲に行くか、バスの場合は九重町コミュニティバスを牧の戸温泉で下車し、大曲まで20分強歩く。ミヤマキリシマのピークは例年5月下旬〜6月上旬、紅葉は10月上旬には色づきはじめ、中旬ごろにピークを迎える。ミヤマキリシマの花期なら、段原から北大船山、大戸越を経て平治岳（P78参照）とセットで登ってもいい（1時間）。

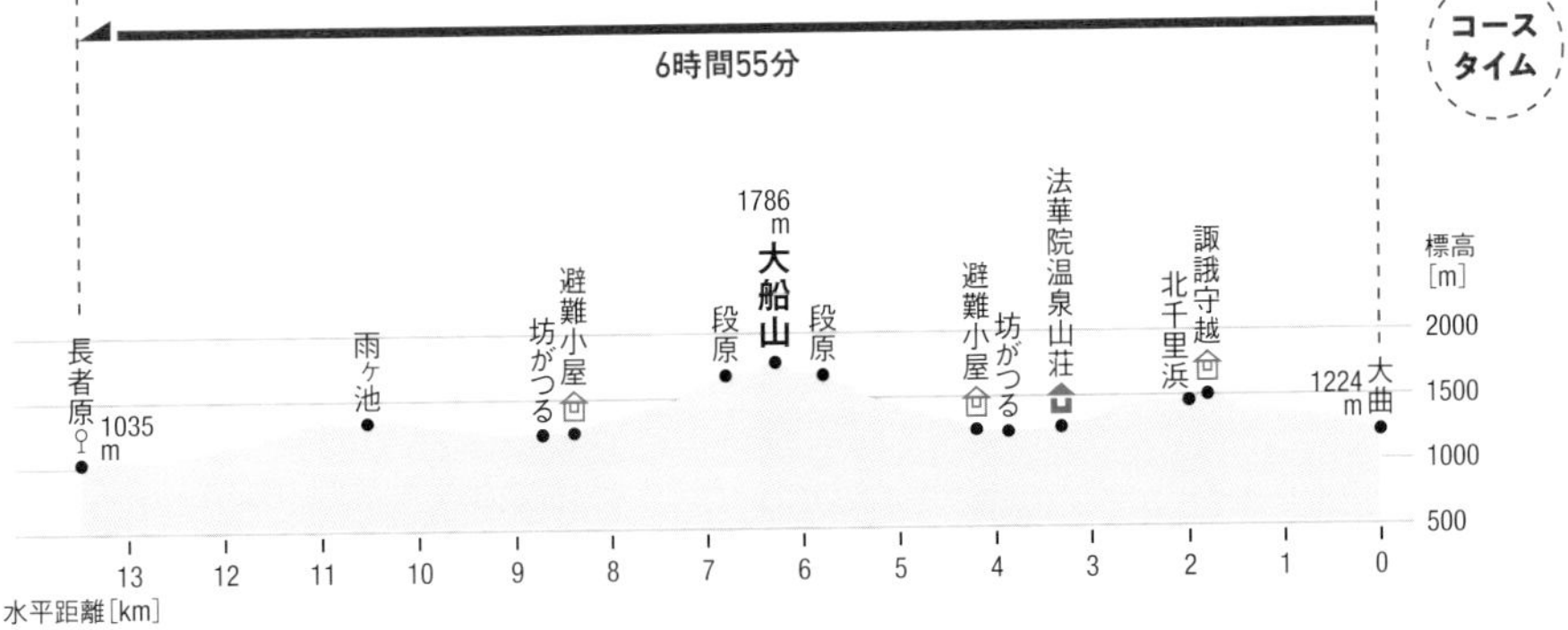

サブコース

岳麓寺コース

岳麓寺登山口↓柳ヶ水分岐↓入山公廟↓大船山　3時間20分

Map 5-3D 岳麓寺登山口

Map 5-3C 大船山

コースグレード	初級
技術度	★★☆☆☆ 2
体力度	★★☆☆☆ 2

久住《くじゅう》高原の竹田《たけた》市岳麓寺《がくろくじ》から大船山《たいせんざん》へのコース。ここでは集落奥の登山口から歩く設定としているが、近年、竹田市観光ツーリズム協会により、4～11月のあいだは標高1200m地点の池窪《いけくぼ》登山口まで登山バスが運行されるようになった（2020年は運休）。くじゅう連山は東南にすそ野が広いので、東や南の登山口を利用するとどうしてもアクセスが長くなるが、登山バスが池窪まで入るようになったことで、短い時間で山頂に立てるようになった。

大船山はその昔は岡《おか》藩（現竹田市）の三代目藩主であった中川久清《なかがわひさきよ》公も愛され、何度も登山したと記録が残っており（登山といっても自らの足で登るのではなく、人鞍とよばれるものに乗り、それに担がれての登拝であったとされている）、山中の鳥《とり》居窪《いくぼ》とよばれる場所を見下ろせる地点には墓所（入山公廟《にゅうざんこうびょう》）が設けられている。

くじゅうが修験の場であったことは久住《くじゅう》山《さん》の項で述べた通りであるが、大船山も修験の行場であったのか、滋賀の園城寺《おんじょうじ》の僧が興したとする国恩院《こくおんいん》なる寺院が存在し、大船山大明神や馬頭《ばとう》観音が祭祀されていたといわれている。しかし現在ではその痕跡も確認できず、本コース入口の来田見《くたみ》神社と先述の鳥井窪などの名称が、かすかにその痕跡を残す程度となっている。

岳麓寺登山口から、まずは柳ヶ水《やながみず》の分岐までの一本道を進む。大半はススキ野原のなかの舗装路のゆるやかな登りだが、登山

振り返れば緑の久住高原が広がる

標高約1300mの山中にある入山公廟

道に入ってからは急な登りとなる。**柳ケ水分岐**を左の大船山方向へ進むが、カラーテープなどの目印は少なく、わかりづらい箇所もあるので、踏み跡を参考にしながらコースどりをしていくとよいだろう。

30分ほど登り続けると、石階段と山道に分かれる地点に出るので、階段のほうへ進む。すると目の前に石垣が現れ、開けた場所に出る。そこが先述の岡藩主の墓所、**入山公廟**で、休憩がてら見学していこう。眺望もよく、雄大な久住高原や祖母《そぼ》・傾《かたむき》、阿《あ》蘇《そ》の山々が見渡せる。

大船山頂直下・御池の錦絵

墓所の脇にある道を抜けると先ほど分岐した山道と合流し、鳥居窪とよばれる場所にたどり着く。そこはかつて大船山の揺拝所であり、鳥居が立てられていたといわれるが、現在ではその面影すら見られない。

鳥居窪からは、再び森林のなかをひたすら登っていく。土が深くえぐられたような道を進むが、冬は吹き溜まりとなるため、その脇を通るようにして登るとよいだろう。

山頂が近づくにつれてミヤマキリシマの株が増えていき、場所によっては身をかがめながら通るような箇所もある。入山公廟から1時間半弱の登りで**大船山**山頂へとたどり着く。山頂手前で御池《おいけ》方向へ降りる分岐があるので、とくに紅葉のころなら立ち寄ってみるのもおすすめだ。

プランニング&アドバイス

当コースも2020年の七月豪雨による被災があったが、2021年2月現在通行可能。駐車場も利用可能だが、すぐそばに土砂崩れの跡が残っており、以前ほどの広さではなくなっている。付近に別の駐車場は存在しないので、通行の妨げにならないよう配慮が必要だ。パルクラブ発の登山バスは2021年度運行未定。バスの詳細は竹田市観光ツーリズム久住支部へ。

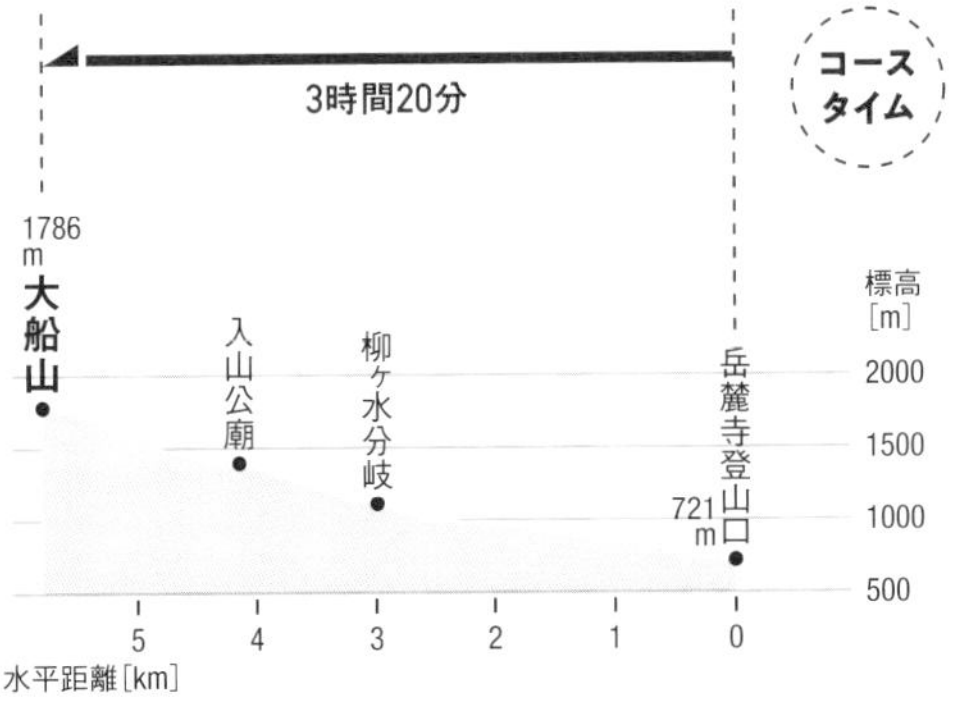

サブコース

平治岳

長者原↓雨ヶ池↓坊がつる↓平治岳　3時間35分

Map 5-2B 長者原

Map 5-2C 平治岳

コースグレード	中級
技術度	★★★☆☆ 3
体力度	★★★☆☆ 3

大船山《たいせんざん》の北にある平治岳《ひいじだけ》（標高1643m）もミヤマキリシマの名所として知られる（見ごろは年にもよるが5月下旬から6月の頭にかけて）。山頂は南北に分かれ、ピークは北峰《ほっぽう》。その形状からかつては狩又《かりまた》（狩猟に使われた二股の矢）の名前でよばれていたが、猟の言葉が信仰の地にはふさわしくないとして、山腹の「ヒイジの野《の》」から名をとり、平治の字を当てたとされている。

長者原《ちょうじゃばる》から**坊《ぼう》がつる**までは、P62コース9を参照のこと。

坊がつるキャンプ場奥の**避難小屋**の先に大船山の登山口（P72コース10）と別れる形で平治岳の登山口があり、そこから平治岳分岐点となる大戸越《うとんごし》までは1時間ほど樹林のなかを登っていく（2021年2月現在、坊がつる〜大戸越間で七月豪雨による浸食がみられる箇所が残っており、通過の際は慎重に行動する）。

急登をがまんして**大戸越**にいたり、左の平治岳方面へ。山頂への道は視界こそ開けているが、群生するミヤマキリシマの株により道が細くなっており、ロープを使う箇所もある。また、登り下りでコースが分かれているので、間違えて入りこまないこと（右が登り、左が下り）。花や紅葉の時期は、行動計画を通常のコースタイムよりも長めに設定しておいたほうが安心だ。

平治岳の山頂部分は比較的広く、眺望もよい。九州電力を中心としたボランティアグループのミヤマキリシマ保護活動が景観維持に一役かっている

満開のミヤマキリシマに彩られる平治岳

北峰からの飯田高原・千町無田

サブコース

吉部コース

吉部登山口↓暮雨の滝分岐↓大船林道↓坊がつる　1時間45分

坊《ぼう》がつるへの北からの登山道が吉部《よしぶ》コースだ。登山口へのバス路線こそないが、メインコースの長者原《ちょうじゃばる》からの道よりアップダウンが少なく、若干短い時間で到達できる。ただし吉部登山口から滝にかけての区間では、一部土砂崩れが発生している。

吉部登山口付近の駐車場は2カ所あり、比較的広い。登山口は、そこからしばらく林道を進んだ先の右手だ。登山届を提出し、スギ林のなかをしばらく行くと、黒土の急登に差しかかる。木の根などを足がかりにして、慎重に登っていく。

1時間ほどで**暮雨《くらぞめ》の滝への分岐**があるので、見学してこよう。滝へは50mほど急な道を下っていく。ロープが張ってあるので補助に使いながら降りていくと、目の前に暮雨の滝が現れる。厳冬期には氷結することもあるため、その姿を観賞するために足を運ぶのもおすすめだ（ただしスリップなどに注意）。

再び元のルートへ戻ったあとはしばらくゆるやかな登りが続く。やがてササの茂った道となり、**大船《たいせん》林道**に出る。そこから道なりに進んでいくと、**坊がつる**へいたる。以降はキャンプ場奥からのルートをとろう（P72コース10、P78サブコース参照）。かつては林道の終点とよばれる広場の付近から平治《ひいじ》ルートに入り大戸越《うとんごし》～大船山へ向かったり平治岳に一本道で登ることもできたが、現在その登山道は利用不可となっているため、間違って侵入しないこと。

Map 5-1C　吉部登山口

Map 5-3C　坊がつる

コースグレード	初級
技術度 ★★☆☆☆	2
体力度 ★★☆☆☆	2

吉部登山口。登山届を出して出発する

暮雨の滝の氷瀑。新緑や紅葉のころもはずせない

写真・文／弘蔵岳久

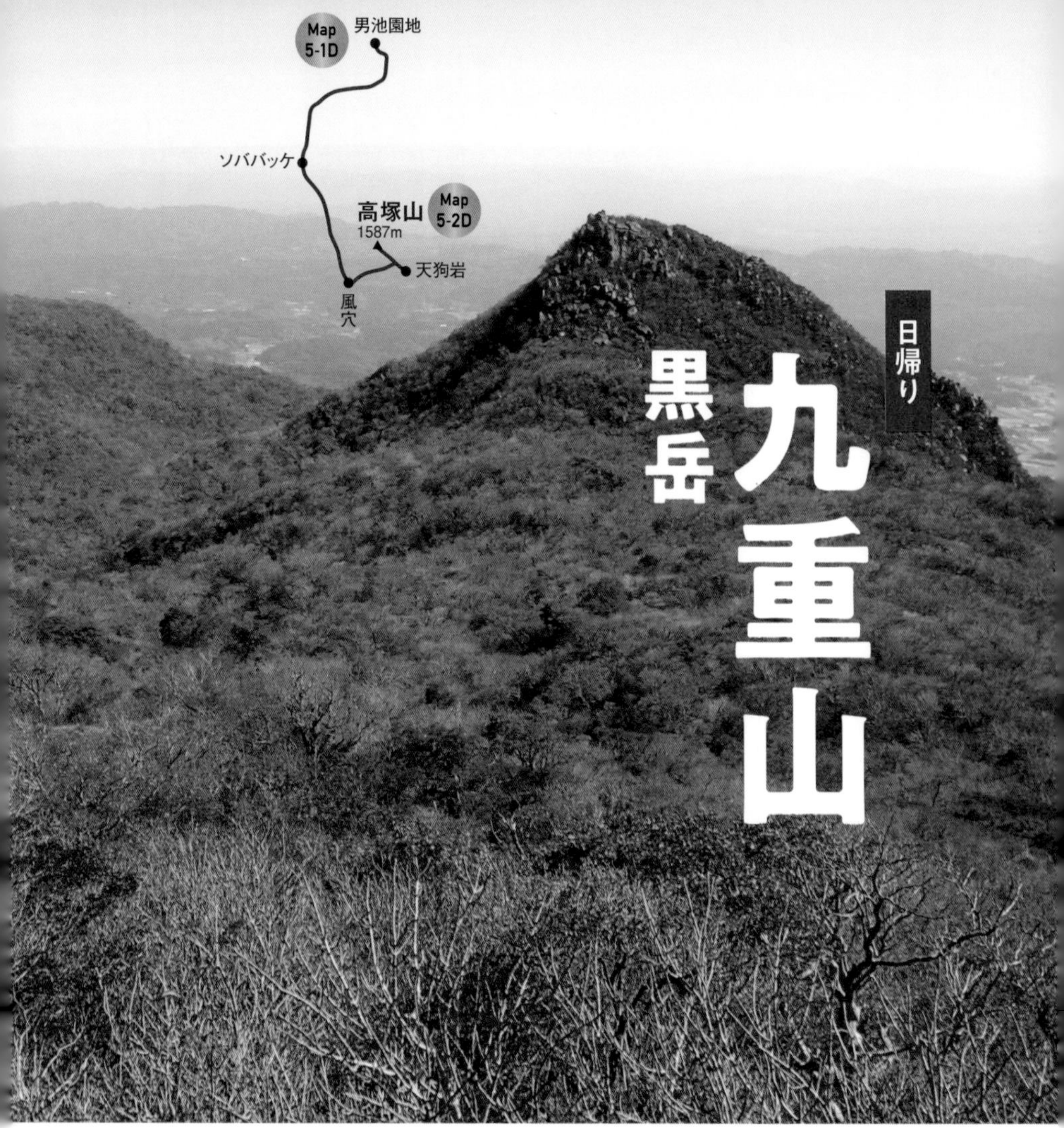

高塚山から見た紅葉の天狗岩（右）と荒神森

山群の他の山々とは趣の異なる原生林と湧水の山

日帰り 男池園地→かくし水→ソババッケ→風穴→高塚山→天狗岩→風穴→男池園地　計6時間20分

コースグレード｜中級

技術度｜★★★☆☆ 3

体力度｜★★★☆☆ 3

写真・文／弘蔵岳久・弘蔵勝久

くじゅう山群の東端にある黒岳《くろだけ》は、山頂付近の「みいくぼ」とよばれる火口跡を中心に最高点ピークの高塚山《たかつかやま》や、前岳《まえだけ》、天狗岩など周辺の山々を総称したものである。ほかに竹田《たけた》市側からは横顔に見えることから、お多福山《たふくやま》ともよばれている。

この山の魅力は原生林であり、紅葉とツクシシャクナゲの群落はみごとだが、一方で砂礫と草原が大半のくじゅうにおいては少々異質な山となっている。そのため豊《ぶん》後国《ご》（現在の大分県）の地誌である『豊後国志』に「四面の絶壁は栝柏蒼蔚として、遠望せば常に黒し。故に名づく。神山にして人の能く攀じるもの無し。適躋《たちまちのぼ》る者有らば必ず途《みち》に迷いて還らず。或いは神怪に遇うならん（柏などがうっそうと茂り、遠望するさまはつねに黒く、故に名付ける。神の山であり登る者はおらず、ひとたび登れば道に迷ったまま帰らず、神怪に遭遇することもある）」との記述がある。ほかにも民話が残っており、この山がかつて畏怖の対象であったことがうかがえる。

冠雪した黒岳。黒岳が白岳に変わる

こんこんと水が湧出する男池湧水（名水百選）

日帰り

男池園地から高塚山を往復

本コースは2020年の七月豪雨により、複数箇所で登山道の浸食や土砂流入が発生した。登山の際は慎重な行動をとりたい。**男池園地**《おいけ》から歩きはじめる。清掃協力金100円を支払って入園し、園地内の登山道へ入る。男池は日本名水百選にも選ばれている場所であり、ここで水を補給をしていくのもよいだろう。

しばらくは苔むした樹林のなかのゆるやかな登りだが、**かくし水**《みず》に近づくにつれてしだいに傾斜が急になっていき、大きな段差も増えてくる。さらに30分ほど登っていくと、**ソババッケ**とよばれる窪地の分岐があり、正面に進む（右の道は大戸越《うとんごし》へ）。

ソババッケからはセリグチ谷内のきつい登りとゆるやかなアップダウンを繰り返しながら登っていく。奥ゼリとよばれるあたりからは極端な登りは少なくなるが、転がっている岩の上をつたう箇所が増えてくる。雨後や積雪時には滑りやすいので、慎重に通過する。また、岩どうしの隙間に足をとられないようにしたい。

ソババッケから1時間弱で**風穴**《ふうけつ》へとたどり着く。山中の見どころのひとつである風穴は火山活動によりできた岩塊の隙間で、夏でも氷が見られることがあるほどに涼しい。大正期までは養蚕に利用されていたといわれている。

風穴から左の道へ入るが、かなりの傾斜に加え、足もとの石が転がりやすいので、スリップだけでなく、落石にも細心の注意をはらおう。ロープなども使いながら急斜面を1時間ほどかけて登ると、ようやく高塚山と天狗岩の分岐となる天狗分れ《てんぐわかれ》に出る。めざす**高塚山**へは左に進み、10分ほどの登りでたどり着く。

復路は来た道を戻る形となるが、天狗分れから往復30分の**天狗岩**まで行ってこよう。岩をよじ登る少々きつい箇所もあるが、眺望は高塚山以上だ。

プランニング&アドバイス

コースは全体を通して少々わかりにくいためか、目につく範囲にカラーテープが設けられている。しかし退色や葉の陰に隠れたりしていたりすることもあるので、見落とさないこと。おすすめの登山シーズンは全山が萌黄色に染まる4月中旬〜下旬。新緑とツクシシャクナゲの花の競演は5月上旬〜中旬。全山の紅葉は10月中旬〜下旬で、冬枯れの山も味わい深い。

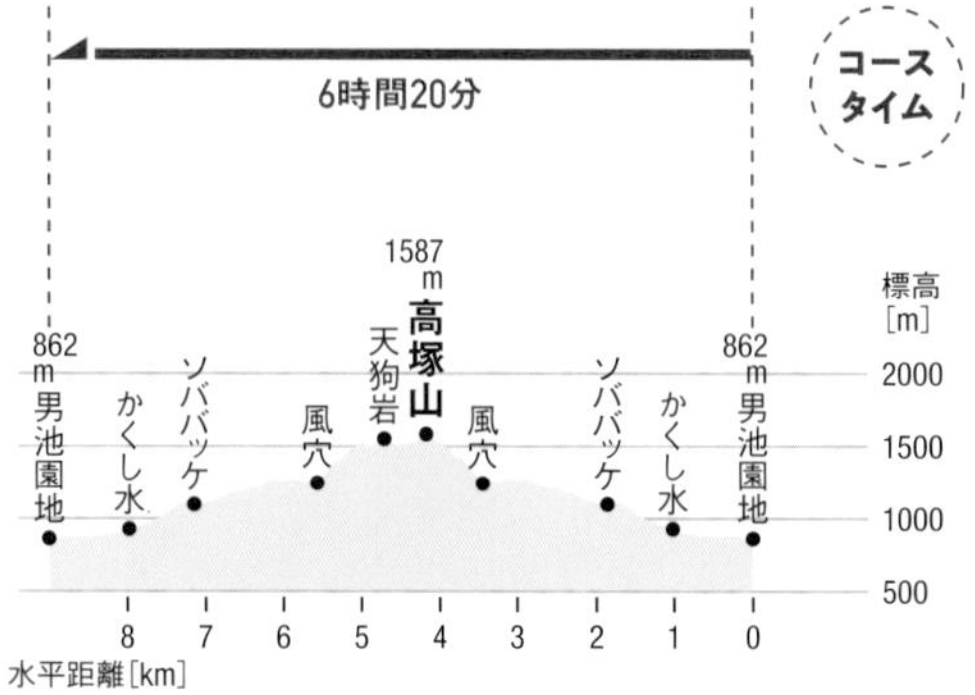

サブコース

白水鉱泉コース

白水鉱泉↓前岳↓高塚山↓風穴（往復）　9時間10分

Map 5-1D　白水鉱泉

コースグレード	上級
技術度	★★★☆☆ 3
体力度	★★★★☆ 4

当コースは今回掲載している九重山《くじゅうさん》の登山コース中最も難易度が高く、所要時間もかなり長い。さらに当コースも七月豪雨により複数箇所で土石流や登山道の浸食が生じており、事前準備や登山計画を入念に行ったうえで入山すること。2021年2月現在でも麓の塔《とう》の原《はる》から今水《いまみず》にいたる車道が通行止めで、駐車場も利用できない。そのため本コースをとる場合は風穴《ふうけつ》から引き返すか、今水への分岐から上峠《うえん》の方向へ抜けて白水鉱泉へ戻るルートをとることになる。

日本では珍しい純粋な天然炭酸水の鉱泉として知られる**白水《しらみず》鉱泉**が起点。前岳《まえだけ》への登路は道こそ比較的しっかりしているものの急登の連続で、黒土や落ち葉で足をとられやすい。だがシャクナゲの群生地が各所にあるので、花期の登山道は華やかだ。

前岳から黒岳《くろだけ》最高点の高塚山《たかつかやま》へは、全般的にアップダウンと急登を繰り返す道が続く。とくに中間点の上台《うわだい》うつし〜上台間はかなりきつく、長めの急登が待ち構える。

高塚山をあとに天狗分《てんぐわか》れまで下り、右にとる。ここから風穴へはかなりの急坂だけに、細心の注意をはらって下りたい。

風穴から往路を引き返すのであれば、当然ながら急な下り道が多いだけに、滑落には要注意。別ルートとして、風穴から前《まえ》セリ方向に進み、2つ目の分岐を左にとれば黒岳の南東面を巻くようにしながら**白水鉱泉**へと帰ってくることができる（ただしルート不明瞭箇所あり）。

紅葉の上台。大戸越の奥に三俣山を望む

黒岳の山中を彩るツクシシャクナゲ

写真・文／弘蔵岳久・弘蔵勝久

日帰り

涌蓋山

八丁原コース

涌蓋越の先からの女岳と涌蓋山（正面奥）

展望に花、名物の温泉まで
登山の魅力がつまった
「ふるさと富士」

日帰り 筋湯バス停→登山口→一目山→
涌蓋山→ひぜん湯バス停　計4時間15分

コースグレード	初級	
技術度	★★☆☆☆	2
体力度	★★☆☆☆	2

写真・文／弘蔵岳久・弘蔵勝久

大分・熊本県境の涌蓋山《わいたさん》は、九重山群《くじゅう》の西はずれにある独立峰。円錐形の美しい山容から大分側からは「玖珠富士《くすふじ》」、熊本側からは「小国富士《おぐに》」と称され、日本三百名山や九州百名山などにも選ばれている。名前の由来として、北方の万年山《はねやま》（1140m）が背比べに負けて腹を立てたため跳ね飛ばされ、湧いたようにできた山であるといった民話など理由は定かではないが、万年山とからめて語られることが多い。眺望は独立峰ゆえ広範囲を見渡すことができ、くじゅう連山はもとより、阿蘇山《あそさん》や由布岳《ゆふだけ》、さらには天候がよければ祖母山《そぼさん》や雲仙《うんぜん》・普賢岳《ふげんだけ》まで見渡すことができる。

日帰り

筋湯から一目山経由で山頂に立ちひぜん湯へ下山する

筋湯《すじゆ》バス停から登山口に向かう場合は県道40号に沿い、アスファルトの道を歩いていく。冬にこの区間を歩く場合、近接のスキー場へ向かう人が多く利用する道だけに、

県道脇の一目山への登山口。ゲートを越えていく

牛の通り道が模様になる

日本最大級の八丁原地熱発電所の蒸気を背に一目山へ

事故や立ち往生の発生しやすいポイントであるため注意を要する。車の場合には、一目山《ひとめやま》の**登山口**前に駐車スペースがあるので、そちらを利用するのも手である。

駐車スペースからスキー場方向へ向かうとすぐ右手にゲートが設置された舗装路があるので、そちら側へ登っていく。最初の分岐を左にとり、きつめな傾斜の草原内の道を15分ほど登っていくと**一目山**の山頂に出る。ちなみに最初の分岐でもう一方のルートをとった場合は一目山に登らず涌蓋山へと向かう短縮ルートとなるので、その時の状況によって選ぶとよいだろう。

一目山をあとにやや急な傾斜道を下り、県境に沿うようにして1時間ほどゆるやかに上下しながら進んでいく。**ミソコブシ山《やま》**を越えて20分ほど進んだ分岐は左の牧柵を越え、その後再度現れる分岐（**涌蓋越《わいたごし》**）では標識にしたがい涌蓋山方向へ向かう。

草原の道からは行く手に2つの峰が見える。手前が女岳《めだけ》、奥が涌蓋山だ。この2峰への登りが本コース最大の傾斜となる。およそ40分ほどだが、樹林がなく日差しが強いので、バテないようペース配分したい。

女岳から尾根を過ぎて、石が多く転がる急斜面を登れば**涌蓋山**山頂となる。山頂は広々とした台地状になっており、2つの石祠が出迎えてくれる。

下山は牧柵のあった分岐まで戻り、元来た方向ではなく正面のひぜん湯コースへと進む。途中わずかに林道を歩いたりしながら下ると、**ひぜん湯《ゆ》バス停**にたどり着く。

プランニング&アドバイス

6月上旬からミヤマキリシマが咲き、美しい景色が見られるが、それ以外のシーズンも野焼き後の風景に咲く春の花々、初夏の緑、秋口の紅葉やリンドウとさまざまな草花が登山者を楽しませてくれる。起点の筋湯温泉は打たせ湯が名物。終着点のひぜん湯バス停からは徒歩10分ほどなので、ぜひ立ち寄りたい。山中には水場がないので、出発前に充分用意しておこう。

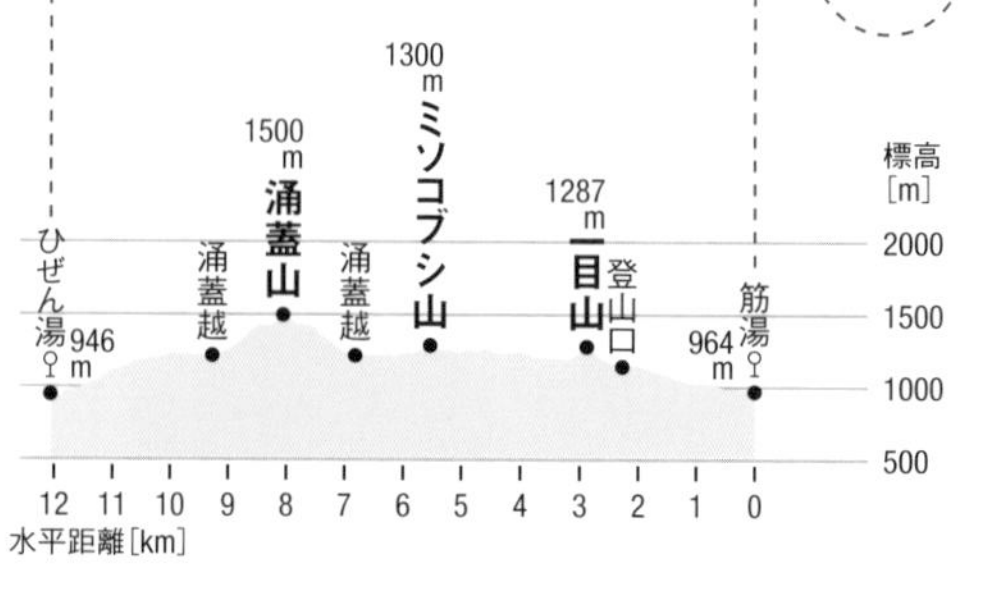

サブコース

はげの湯コース

峠湯↓牧野入口↓涌蓋山登山口↓涌蓋山　2時間10分

熊本県側の涌蓋山《わいたさん》への代表コースを紹介する。基本的に急坂を登り続ける少々きついルートで、全体的に黒土で滑りやすい登山道だけに、とくに下山時は足もとに注意をはらいたい。

峠湯《はげのゆ》の温泉施設を通り過ぎ、しばらく道なりに行くと、左手に駐車スペースが現れる。登山道はその正面にあり、看板が立てられているのですぐにわかるだろう。

舗装路をしばらく登ると要所にルートを示す看板が立てられており、それにしたがって進んでいく。**牧野入口**《ぼくや》で舗装路からはずれるとコースは全体的に細くなり、ススキ野原のなかの急登を進んでいくが、カラーテープなどの目印はなく、踏み跡を頼りに登っていく。また遊牧地内を通るので、いたるところに牛糞が落ちている。

1時間ほど登っていくと林道に出るのでこれを道なりに進み、**涌蓋山登山口**で再び山道に入る。今度はササが生い茂る森林のなかを抜けていくが、こちらも道が細く、コースがササに隠されてわかりづらくなっている箇所もある。加えて、急斜面や大きな段差も増えてくる。

3分の2程度登りきると視界が開けてきて、振り返れば峠湯の蒸気や地蔵原《じぞうばる》方向の景色などが見渡せるが、一方でルートが直線的になってくるので、傾斜が増して登るのもよりきつくなっていく。登山口から1時間ほどで**涌蓋山**山頂に到着する。

下山時は温泉が待っている。

Map 4-1C 峠湯
Map 4-2C 涌蓋山

コースグレード	初級
技術度 ★★☆☆☆	2
体力度 ★★☆☆☆	2

涌蓋山山頂からのくじゅう連山の壮観な眺め

写真・文／弘蔵岳久・弘蔵勝久

広大なカルデラと活火山を有する唯一無二の山へ

コースグレード	中級
技術度	★★☆☆☆ 2
体力度	★★★☆☆ 3

日帰り 阿蘇山上→砂千里登山口→中岳・高岳・高岳東峰周回→砂千里登山口→阿蘇山上　計5時間

阿《あ》蘇山《そさん》は世界有数のカルデラと南北約25km、東西約18km、周囲約128kmにもおよぶ外輪山から形成され、カルデラ内部には中央火口丘群と火口原が存在する。火口丘群の主な峰は東西に列を成し、高岳《たかだけ》を最高峰に、今も周辺火口で活発な火山活動を続けている中岳《なかだけ》、独特な山容をもつ根《ね》子岳《こだけ》、草千里《くさせんり》ヶ浜《がはま》をはさんで対峙する烏帽《えぼ》子岳《しだけ》と杵島岳《きしまだけ》、これらを総称し阿蘇五岳とよぶ。外輪山から阿蘇五岳を眺めると釈迦《しゃか》が横たわっている（涅槃《ねはん》）ように見え、古来より畏敬の対象として人々に崇められている山でもある。

2012年の九州北部豪雨災害および2016年の熊本地震による斜面の崩落や土砂流出などの発生に加え、2016年10月の中岳の爆発的噴火以降、断続的ながらも活発な火山活動により規制と規制解除が繰り返されている。2020年8月の噴火警戒レベルの引き下げに伴う火口周辺立入規制解除を受け、9月に中岳・高岳へ向かう登山道規制も解除となった。

写真・文／吉田泰仁

日帰り

阿蘇山
高岳・中岳

中岳山頂から見た噴煙を上げる第一火口

中岳山頂への稜線岩壁に露出する横縞の地層

砂千里に生息する数少ない植生のイタドリ

日帰り

砂千里コースで中岳と高岳へ。火口跡の大鍋の周回もプラス

阿蘇山上のドライブイン脇を抜けて火口西展望所に向かう遊歩道を20分ほど進むと、右手に登山届記帳台のある**砂千里《すなせんり》登山口**がある。中岳火口の南面に位置する砂千里《すなせんり》ヶ《が》浜《はま》は植生がほとんど育たず、火山灰でおおわれた無機質な砂地がえんえんと広がり、まるで地球外の惑星に降り立ったような感覚を覚える。

砂千里ヶ浜を過ぎていったん**涸れ谷**を渡ると、玄武岩質の岩谷の急登となる。浮石が多く、足もとに注意を要する。標高を上げるにしたがい、噴煙を上げる中岳第一火口や中岳に向かって南北にのびる稜線が近くなってくる。

稜線に出合うと、正面に根子岳や祖母山《そぼさん》がすぐに顔を出す。火山灰まじりの砂礫の稜線をゆるやかな傾斜のアップダウンを繰り返しながら進むが、正面には中岳、北東には高岳、北西には中岳火口群が目前に眺められる、心地よい稜線歩きだ。

三叉路に出たら、阿蘇谷や北外輪山、右奥にくじゅう連山などの姿が飛びこんでくる。**中岳**山頂は三叉路を左手に進むとすぐにあるが、直下に見える第一火口からの絶え間ない噴煙を瞰視すると、地球の息吹を体感できるであろう。

火口見学を堪能し、振り返ると阿蘇山最高峰である高岳が目前に迫る。中岳から東進し、**月見《つきみ》小屋分岐**まではゆるやかな登り道を行く。分岐から傾斜はやや強まるが距離が短いため、さほど苦もなくさえぎるもののない大展望が広がる**高岳**に到達する。周囲を取り囲む南北の外輪山を眺めているだけで、自分自身が広大なカルデラの中心にいることを強く認識させられる。

高岳からは大鍋《おおなべ》といわれる東西７５０ｍ、南北５００ｍの半円形の高岳火口跡を周回し、高岳東峰《とうほう》や月見小屋に向かう。火口北縁を進むが引き続き眺望がよく、くじゅう

特異な山容をもつ根子岳（高岳東峰から）

高岳山頂から見たくじゅう連山と阿蘇谷

連山、英彦山《ひこさん》、大観峰《だいかんぼう》などが望まれる。

仙酔峡分岐《せんすい》を過ぎると、左前方に鷲ヶ峰《わしがみね》、虎ヶ峰《とらがみね》の連なる高岳北尾根が近づく。その風貌が故にクライマーの登攀意欲を駆り立て、そして多くの命を奪ってきた岩峰だ。浸食の進んだ岩肌は熊本地震でさらに崩落し、異様な佇まいを見せている。

高岳東峰方面へは、「天狗《てんぐ》の舞台」とよばれるテーブル状の岩棚の基部を右に巻きながら向かう。一帯はミヤマキリシマの群落地となっている。

高岳東峰からは、独特の山容をもつ根子岳を正面に俯瞰できる。分岐よりミヤマキリシマとヤシャブシの群落を通り抜け火口底へ下る。火山灰におおわれ荒涼とした火口底のなかで、半球体状のコイワカンスゲがあちこちに生息し、愛らしく感じる。

中央に位置する月見小屋（避難小屋）でひと息ついたあと、高岳の南西側のトラバース道を**月見小屋分岐**まで進み、往路をたどって**阿蘇山上**へ下山する。

ミヤマキリシマ満開のころの天狗の舞台
（写真／山野昭男）

プランニング&アドバイス

コースを彩るミヤマキリシマの開花期は年によるが5月下旬～6月にかけて。阿蘇山上～旧火口西駅間はシャトルバスが運行しており、下山時の天候悪化時に利用価値がある（詳細はP214参照）。中岳の噴火警戒レベルは2020年8月に1に下がったが、日本屈指の活火山であるため、火山活動にはつねに注意をはらう必要がある。紹介ルートの一部も噴火警戒レベルにより登山規制がかかるため、あらかじめ関係機関の情報を確認したうえで登山に臨んでほしい。また火口周辺は常時有毒な火山ガスが流れているため、噴火警戒レベルに関わらず風向きやその時の体調に応じ安全な登山を心がけたい。

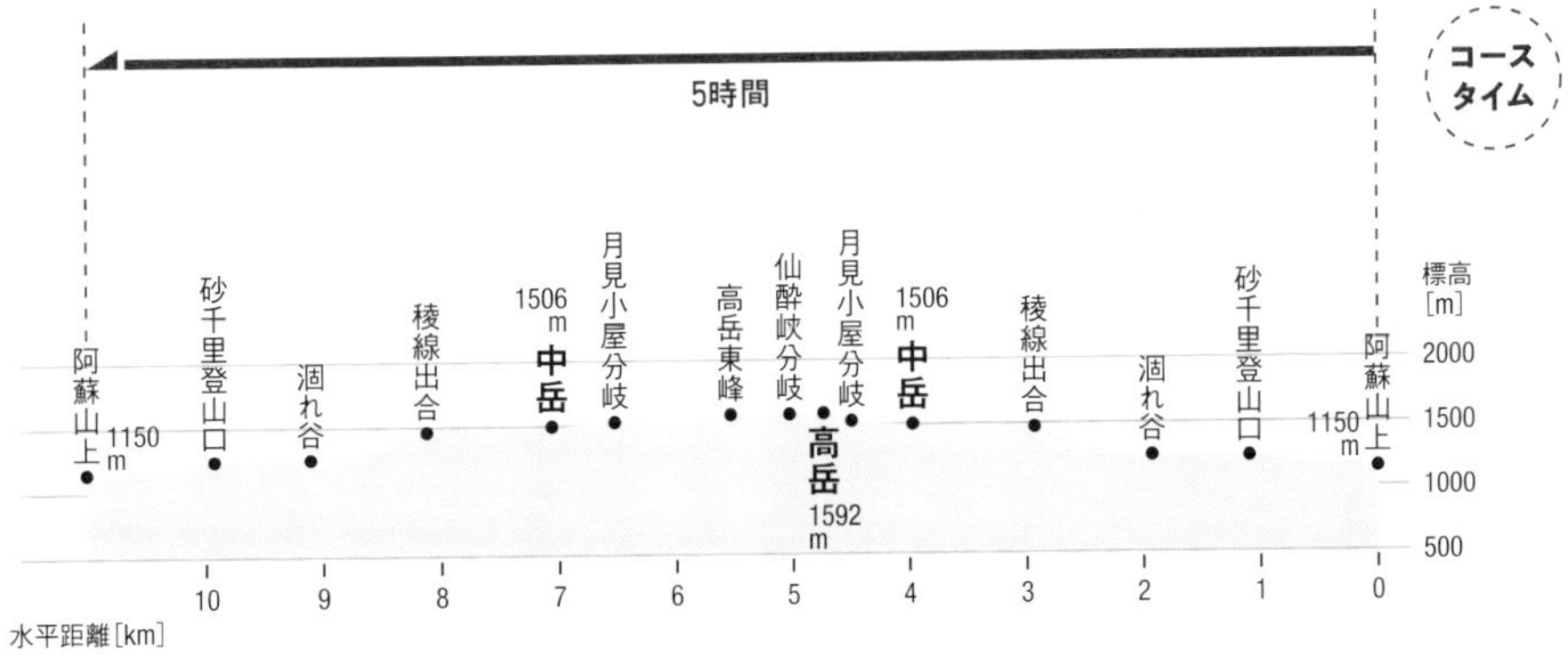

仙酔尾根から見た高岳北尾根の鷲ヶ峰・虎ヶ峰

サブコース

仙酔峡起点の周回

仙酔峡↓高岳↓中岳↓旧火口東駅↓仙酔峡　3時間40分

Map 6-2B　仙酔峡駐車場

コースグレード｜中級

技術度｜★★★☆☆　3

体力度｜★★☆☆☆　2

仙酔《せんすい》尾根の登山口は、**仙酔峡駐車場**東側の花酔《はなよ》い橋のたもとにある。そこから続く遊歩道は約5万本が自生するミヤマキリシマの群落地内を通り、開花の時期に合わせると歩きはじめは花を愛でながらの登山となる。展望所である**鷲見平**《わしみだいら》からは北面には阿蘇《あそ》谷や北外輪山、くじゅう連山を一望でき、振り返り仰視すると高岳北尾根の鷲ヶ峰《わしがみね》と虎ヶ峰《とらがみね》が際立ってそびえる。一帯にある数多の慰霊碑や地蔵尊は、かつて多くのクライマーの挑戦と落命を物語っている。

取り付き直後は下草とミヤマキリシマにヤシャブシまじりの茂みを進むがそれもすぐに終わり、あたりは鷲ヶ峰の噴火による噴出物が卓越した尾根道に変わる。浮石も少なく、短いピッチで記されたペンキを目印に進めば歩きやすい道ではあるが、北側の尾根だけに仙酔峡分岐まで晴天であっても日の差す時間が限られ、とくに厳冬期登山は凍結やルートはずれに注意したい。

中間点を過ぎると成層火山の特徴でもある山体傾斜が段々と急になっていく。たまに振り返り阿蘇谷や北外輪山を俯瞰し、高度を増すにつれ正対するようになったくじゅう連山を眺めながら息を整えるのもよい。

しばらくすると唯一のクサリ場である集塊岩の岩壁が現れる。慎重に足場を確保し

噴煙上げる第一火口を間近にする火口東展望所

仙酔尾根中間点を過ぎると徐々に傾斜が増す

写真・文／吉田泰仁

ながらひと登りすると、右手に中岳《なかだけ》山頂、その奥に第一火口からの噴煙が見えはじめ、高岳《たかだけ》の山頂が近いことを悟る。最後は滑りやすい火山灰まじりのザレ場をつづら折りに登ると**仙酔峡分岐**にたどり着く。

分岐は大鍋《おおなべ》といわれる半円形の高岳火口跡の火口縁にあるが、東側にテーブル状の岩棚である天狗の舞台のある高岳東峰《とうほう》がすぐそこに見える。この一帯にもミヤマキリシマの群落があり、開花の時期を迎える初夏は美しい景観が広がる。西側に目を向けると小高い峰が目立って見える。そこが阿《あ》蘇山《そさん》最高峰の**高岳**山頂である。

高岳から中岳までは距離も短く、正面に中岳山頂や烏帽子岳《えぼしだけ》、左手に南郷谷《なんごう》や南外輪山を眺めながら下る。**中岳**山頂から火口東展望所へは北西にのびたザレ場を進むが、他の山でこれほど間近に噴煙を上げる火口やダイナミックな火口壁を見ることはないだろう。ただし、途中にある玄武岩質のガレ場を下る箇所では、浮石や落石に注意すること。

火口東展望所から第一火口はひじょうに近く、その距離はわずか300mほど。風向きや避難壕の位置を確認したうえで火口見学を楽しんでもらいたい。

展望所から舗装道を下り、瞰視すると登山口のある駐車場と白い仏舎利《ぶっしゃり》塔がはっきりと見える。廃墟化したロープウェイと平行してつくられた道をたどると**旧火口東駅**の脇を通り、ロープウェイと平行してつくられた道をたどると**仙酔峡駐車場**に戻ってくる。

仙酔峡を俯瞰すると仏舎利塔と駐車場が見える（奥はくじゅう連山）

プランニング&アドバイス

本コースはメインコース（P88）同様に中岳の噴火警戒レベルに影響されるが、登路の仙酔尾根はレベル2でも規制区域からははずれている。ただし状況によっては立入禁止になることもあるので、登山前に関係機関で情報を入手しておくこと。ミヤマキリシマの開花は仙酔峡駐車場付近がゴールデンウイークごろで、ひと月かけて山頂部へと上がっていく。

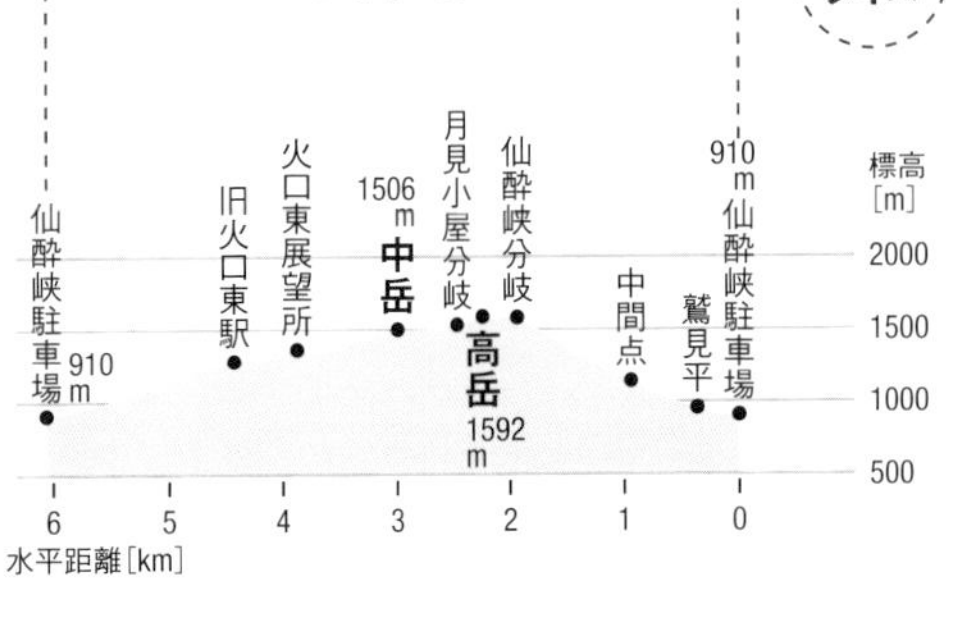

サブコース

烏帽子岳・杵島岳

草千里ヶ浜→烏帽子岳→杵島岳→草千里ヶ浜　3時間50分

Map 6-2A 西回りコース登山口
Map 6-2A 駐車場

コースグレード｜初級
技術度｜★★☆☆☆ 2
体力度｜★★☆☆☆ 2

阿蘇山《あそさん》の象徴的な場所のひとつとして多くの観光客でにぎわう草千里ヶ浜《くさせんりがはま》を取り巻くように鎮座する山が、阿蘇五岳の烏帽子《えぼし》岳《だけ》と杵島岳《きしまだけ》である。

烏帽子岳へは**西回りルート登山口**より火口縁の平坦な道を進み、正面に烏帽子岳、左に草千里ヶ浜を望む。足もとには季節ごとにさまざまな野花が見られる。いったん下って登り返すが、一帯はミヤマキリシマの群落地で、満開の初夏なら薄紅色の絨毯の上を歩くかのような道が山頂手前まで続く。

烏帽子岳山頂は南面の南郷谷《なんごう》や南外輪山の山並み、西面の熊本平野、有明海《ありあけ》を眺める特等席だが、直下に目をやると熊本地震の影響で切れ落ちた山肌が露わになっており、さほど広くない山頂では足がすくむ。

下山は北東にのびた尾根を下る。比較的傾斜もゆるやかで歩きやすい。まっすぐ下るか草千里ヶ浜のなかを抜けて、阿蘇登山道路に向かう。

古坊中《ふるぼうちゅう》側へ進むと遊覧ヘリ乗り場の駐車場脇に「杵島岳・中岳《なかだけ》火口」と書かれた**道標**があり、遊歩道を1225mピークまでジグザグに登る。**古御池《こみいけ》火口群入口**まで進み、標識にしたがい火口跡を半周する。夏場は草が茂るため、足もとの灌木に注意。

杵島岳へは北側から取り付き、途中右に往《おう》生岳《じょうだけ》へのトラバース道が現れるが、そのまま直登し、**火口跡**を西縁に沿って米塚《こめづか》を俯瞰しながら進むと**杵島岳**山頂にたどり着く。

山頂からはコンクリート道と階段を下り、遊歩道合流後もそのまま舗装道にしたがうと**駐車場**へ戻る。

草千里ヶ浜から見た薄紅色に染まる烏帽子岳

杵島岳火口縁に生じた熊本地震の影響による崩落

サブコース

根子岳東峰・大戸尾根

大戸尾根登山口↓根子岳東峰（往復） 2時間40分

Map 6-3D 大戸尾根登山口

コースグレード	初級
技術度	★★☆☆☆ 2
体力度	★★☆☆☆ 2

一度見たら忘れることのない、異彩を放つ山容の根子岳《ねこだけ》。その生い立ちは阿蘇五岳の他の山より早く、カルデラの一部が侵食し形成された山体や約15万年前に形成された成層火山などの解釈がある。この山の特徴である東西峰に連なる鋸歯状の稜線は、侵食によって薄い板状の岩脈が露出した姿だ。近年の豪雨水害や記憶に新しい熊本地震により崩落が大きく進み、西峰《せいほう》および最高峰の天狗峰《てんぐみね》への登山道も消失している。

広い駐車場、天狗峰をはじめとする根子岳の象徴的な山容を各所から眺望できる。日当たりのよい南面で写真撮影に適しているなどの理由により、**大戸尾根登山口**《おおと》からの登山者が圧倒的に多い。

駐車場のすぐ先にゲートが設けてあるが、放牧地であるためゲートの開閉は責任をもって行うこと。作業道を進んだのち登山届記帳台のある避難小屋からは、冬季以外「あか牛」が放牧されている牧草地に進入する。足もとの牛糞に気をつけながら牧草地を進み、**牧柵**を抜けると細尾根につくられた登山道がはじまる。道は終始黒ボク土の急斜面の直登で、たいへん滑りやすい。とくに下山時は慎重に行動すること。

はじめは左右ともにスギとヒノキの混合植林で、高度を上げるにつれ地獄谷《じごく》側は自然林に変わる。ナラ、カエデなどの落葉広葉樹の木々の隙間から吹き抜ける風や木漏れ日は、急坂歩きでの一服の清涼剤となる。

標高約１１７０m地点にある岩場の裾を左に巻き、木製のハシゴを登ると地獄谷側

標高１１７０m地点にかかる木製のハシゴ

放牧地内から見た天狗峰と地獄谷

写真・文／吉田泰仁

根子岳東峰から見た天狗峰の鋭鋒と阿蘇高岳（右）

高森側から見た異彩の山容の根子岳

の視界が開け、天狗峰がだいぶ近づいて見える。岩峰の中腹から基部にかけては、崩落により白い岩肌の露出した姿が当時の地震の激しさを物語る一方、一帯は紅葉の名所として知られ、晩秋の谷紅葉のあざやかさは「阿蘇山随一」と評される。

標高1200mを過ぎた地点は2012年豪雨水害により右斜面が大きく崩れ、道幅が40cm程度しかない。もっともさえぎるものもなくなったため、北東には九重《くじゅう》・大船山《たいせんざん》、南東には祖母山《そぼさん》をはじめ祖母山系の山々を一望できるようになった。

標高約1300m地点になると周囲は灌木帯に変わり、足もとはスズタケやススキも目立ちはじめる。登ってきた尾根道側を振り返ると、南郷《なんごう》谷や南外輪山を俯瞰できる。前原《まえばる》牧場ルート分岐をやり過ごし、再び右側斜面が崩れた細道を渡る。規制中の天狗峰に続く稜線との分岐を過ぎると、すぐに狭い根子岳**東**《とう》**峰**《ほう》山頂にたどり着く。山頂からは、西方にシンボリックな天狗峰、その背後に阿蘇高岳《あそたかだけ》、北方には阿蘇谷や北外輪山とその奥に英彦山《ひこさん》やくじゅう連山、東方には祖母山系の山々、南方には重なるように南外輪山の山並みと九州脊梁《せきりょう》山地の山並みを見渡せる。

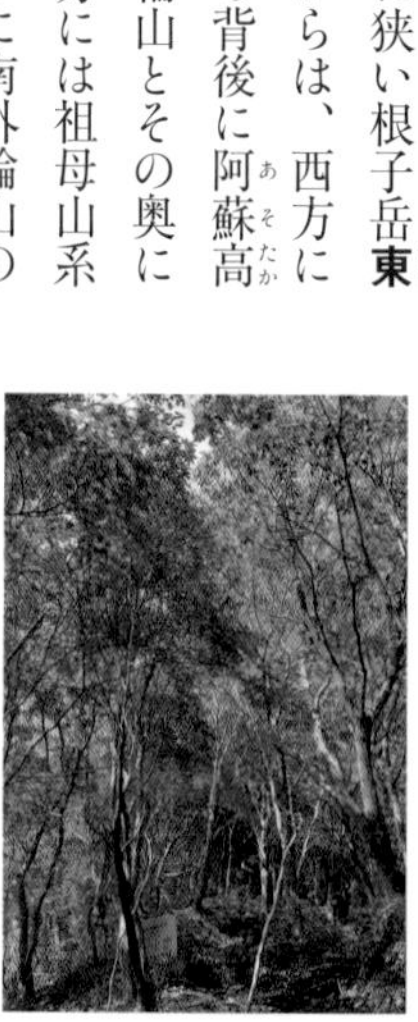

ナラ、カエデなどの落葉広葉樹の細尾根を進む

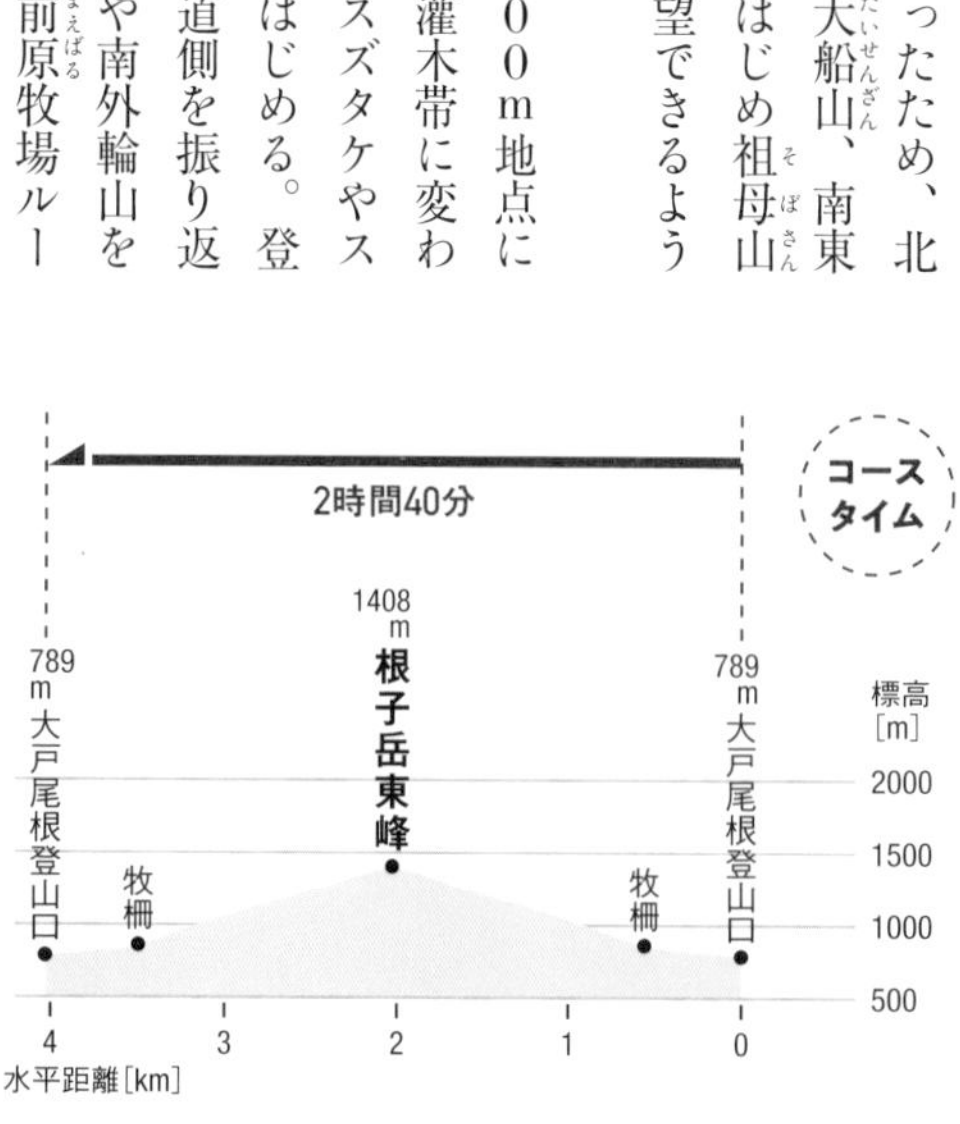

サブコース

根子岳東峰・釣井尾根

釣井尾根登山口↔根子岳東峰（往復）　3時間

Map 6-1D 釣井尾根登山口

コースグレード	初級
技術度	★★☆☆☆ 2
体力度	★★☆☆☆ 2

「箱石釣井尾根《はこいしつりい》」と書かれた標柱と登山届記帳台のある**登山口**は国道265号沿いにある。釣井尾根へはコンクリート道を少し歩いて右手の草やぶが茂った涸れ谷へいったん下り、尾根の起点となる茶色の電波塔を目印に対岸に渡る。尾根に出ても傾斜こそゆるやかだが、しばしのあいだ草やぶ歩きが続くため、がまんを強いられる。

標高1000mを過ぎたあたりで草やぶから解放される。左側は杉植林、右側はノリウツギなどの灌木帯、足もとの植生はコアカソやスズタケへ変わるが、滑りやすい黒ボク土の急坂が断続的に続く。

標高1100m付近の右側に眺望の開けた箇所がある。カガミガウド越しに見晴《みはらし》新道側の尾根を望め、錦秋のころは彩られた山肌の美しさに目を奪われる。尾根の最上部に天狗峰《てんぐみね》、その奥には高岳《たかだけ》も顔を出す。

いったん傾斜がゆるんだ標高1250m付近に**箱石尾根ルートとの分岐**となる道標があるが、箱石尾根ルートは2020年現在規制ロープが張られている。左の開けた箇所から、祖母傾《そぼかたむき》の山々がはじめてはっきりと顔を出す。

小ピークをひと登りすると、根子岳東峰《ねこだけとうほう》と正対するようになる。少し下って急坂を登り返した箇所にある「ガレ場あり進入禁止」の看板を左に進んで短いハシゴを下ると、洞穴のある溶岩質の岩塊が現れる。その裾を左に巻きながらロープ場を3度慎重に登りきり、最後に灌木の急登とスズタケのトンネルを抜ければ、天狗峰を間近に望む根子岳**東峰**山頂に到達する。

国道265号沿いにある登山口。背景は根子岳

目を見張るカガミガウドの谷紅葉

写真・文／吉田泰仁

日帰り

祖母山

黒金山尾根
障子岩尾根

天狗岩（コース外）から祖母山の南面を望む

山系盟主の名に恥じない九州屈指のハードコース

コースグレード	中級
技術度	★★★☆☆ 3
体力度	★★★★☆ 4

日帰り 尾平登山口→黒金山尾根→天狗の分れ→祖母山→宮原→尾平登山口　計8時間25分

写真・文／山岡研一

祖《そ》母《ぼ》傾《かたむき》国定公園の盟主として、大分・宮崎の県境稜線上に威風堂々たる姿で根を張る祖母山《そぼさん》。名前の起源は神武《じんむ》天皇の祖母にあたる豊玉姫命《とよたまひめのみこと》に由来するとされ、古くは姥《うば》ヶ《が》岳《たけ》とよばれていた。山頂には健《たけ》男霜凝日子命《おしもこりひこのみこと》や「神婚説話」で有名な嫗岳《うばだけ》大明神がまつられ、古くから麓地域の信仰の対象になっていたことがうかがえる。豊かな自然が残っていることでも知られ、西南日本における典型的な森林の垂直分布を形成した原生的な自然林のなかには、ニホンカモシカやヤマネ、イワメなどの希少動物が生息しているほか、九州では絶滅したとされるツキノワグマの生存の可能性も残されている。

日帰り 尾平登山口を起点に2つの健脚コースを周回

周回コースの起点は大分県豊後大野《ぶんごおおの》市にある**尾平《おびら》登山口**。20台ほど停められる有料駐車場の東端にある登山口を出ると、すぐ

黒金山尾根取付点。いきなり急登を強いられる

登高欲をそそられる祖母山〜障子岳の稜線

に祖母山と障子岳《しょうじだけ》を結んだ荒々しい稜線が見えてくる。天高く屹立する岩峰を一枚の屏風のように横一直線に並べた姿に登高欲を刺激される登山者も多かろう。道の左手にはトイレが併設された休憩小屋があり、その奥には大量の鉱滓でできた茶褐色の斜面が広がっている。道の右側は奥岳《おくだけ》川だ。

コースは**第一吊橋**のたもとで二手に分かれ、黒金山《くろがねやま》尾根に行くには橋の下をくぐって川の右岸を上流に進む。右手にサマン谷出合を見送り、次に現れる第二吊橋で対岸へ渡ったあと、ウルシワ谷出合に架かる津上橋にて再び右岸に戻る。戻ってすぐに三《さん》枚《まい》谷を徒渉するが、やっかいなのが次の川《かわ》上《かみ》本谷の徒渉ポイントだ。以前架かっていた木製の橋が現在は流失しており、増水時に対岸へ渡るのは困難を極める。悪天時は周回をあきらめ、宮原《みやはら》経由でのピストンに変更したほうが賢明だろう。川上本谷を徒渉すると、すぐに分岐点が現れる。ここを右にとると、黒金山尾根。ちなみに左側の道は渓谷に沿って奥へと続くが、先に進むには沢登りの装備とスキルが必要だ。

黒金山尾根への取り付きから先は、九州屈指のハードコースの名に恥じぬ手強い急登が待っている。両手両足をフルに使って難所を登りきると川上渓谷展望所だ。ひと息入れ、昼なお暗いツガの樹林帯のなかをさらに進むと、標高1200mを超えたあたりからスズタケが現れる。近年は山系のスズタケの枯死が進んでいるが、このあたりはまだ密度が高い。水場のそばにある天《てん》狗《ぐ》の岩屋《いわや》を過ぎると、やがて県境稜線上を走る祖母・傾縦走路と出合う。ここが**天《てん》狗《ぐ》の分《わか》れ**で、祖母山へは北（右）に進む。途中にはウラ谷岩鼻《だにいわはな》など絶景が得られる展望台が複数あるが、稜線上の道は山頂に近づくにつれて険しさを増す。とくに山頂直下の岩場を通過する際は細心の注意をはらおう。

祖母山山頂からの展望は抜群で、北東には復路で通る障子岩《しょうじいわ》尾根の先に大障子《おおしょうじ》岩と前障子《まえしょうじ》の雄姿が連なり、南に目を移せば障

宮原を右に下り、障子岩尾根を離れる

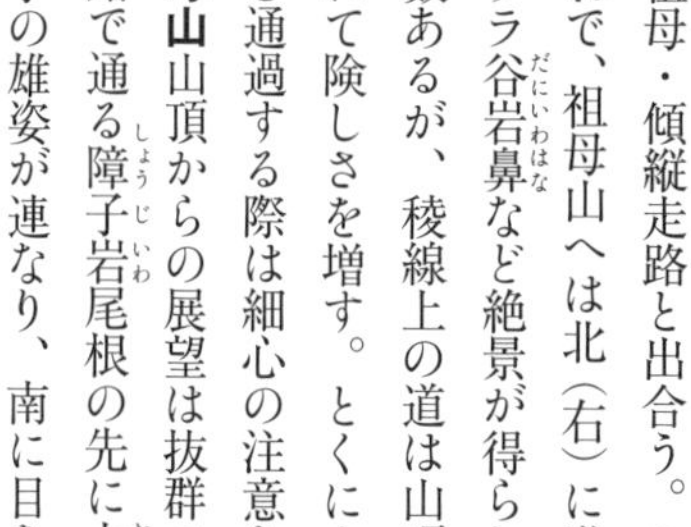

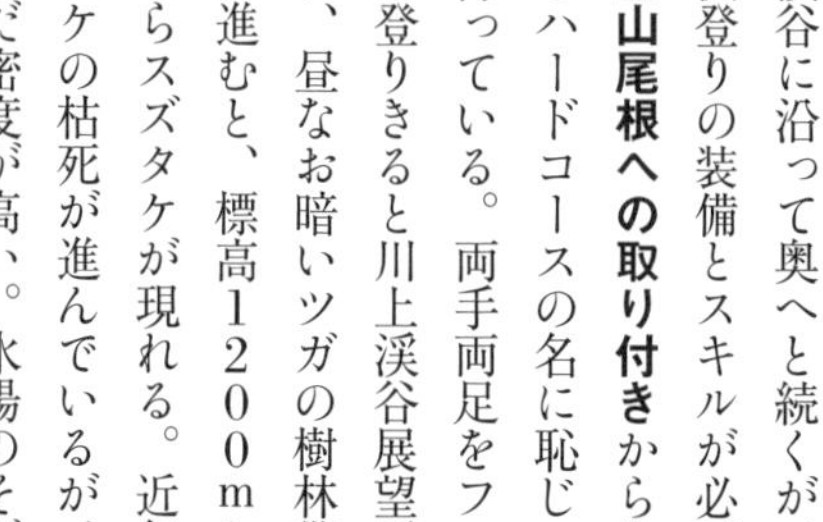

2つの上宮石祠がある祖母山山頂（右奥は傾山）

子岳や古祖母山《ふるそぼさん》からいったん尾平越《おびらごし》に落ち、再び傾山《かたむきやま》へ立ち上がっていく一連の大縦走路が一望できる。遠方には、九重《くじゅう》や阿蘇《あそ》、由布《ゆふ》・鶴見《つるみ》の山々も浮かんでいる。

復路は宮原経由で尾平へ。途中まで神原《こうばる》へ下るコースと同じ道なので、迷わないようにしよう。小屋への分岐を右折してしばらく歩くと、2018年4月から無料となった**祖母山九合目小屋**に出る。小屋にはトイレと、少し離れた場所に水場がある。

コースに戻って**メンノツラ谷に下る分岐**を見送り、馬ノ背《うませ》とよばれるやせ尾根を越えて徐々に高度を下げていくと、やがて**宮原**に着く。ここで尾根から離れて右に折れ、林内の急坂を下りていく。**二合目**まで下ると、道が二手に分かれるが、どちらを選んでもよい。やがて分かれた道が合わさると、往路で下をくぐった**第一吊橋**に出る。橋を渡れば、**尾平登山口**まではあと少しだ。

障子岩尾根上の露岩から祖母山を振り返る

プランニング&アドバイス

尾平登山口を起点とする周回登山は、川上本谷の徒渉が成否のポイントとなる。安全に渡れるかどうかは、天候などの自然条件だけでなく、登山者の力量に負う部分も大きいので、必ず黒金山尾根コースを往路に設定しておこう。また、山頂南面直下の岩場や障子岩尾根の馬ノ背は滑りやすく、悪天時はとくに注意をして通行すること。全体的に急な勾配の多いコースなので、所要時間には個人差が大きく出る。出発時間を含め、早め早めの行動を心がけよう。素泊まりではあるが、祖母山九合目小屋に宿泊すれば行動時間に余裕がもてる。

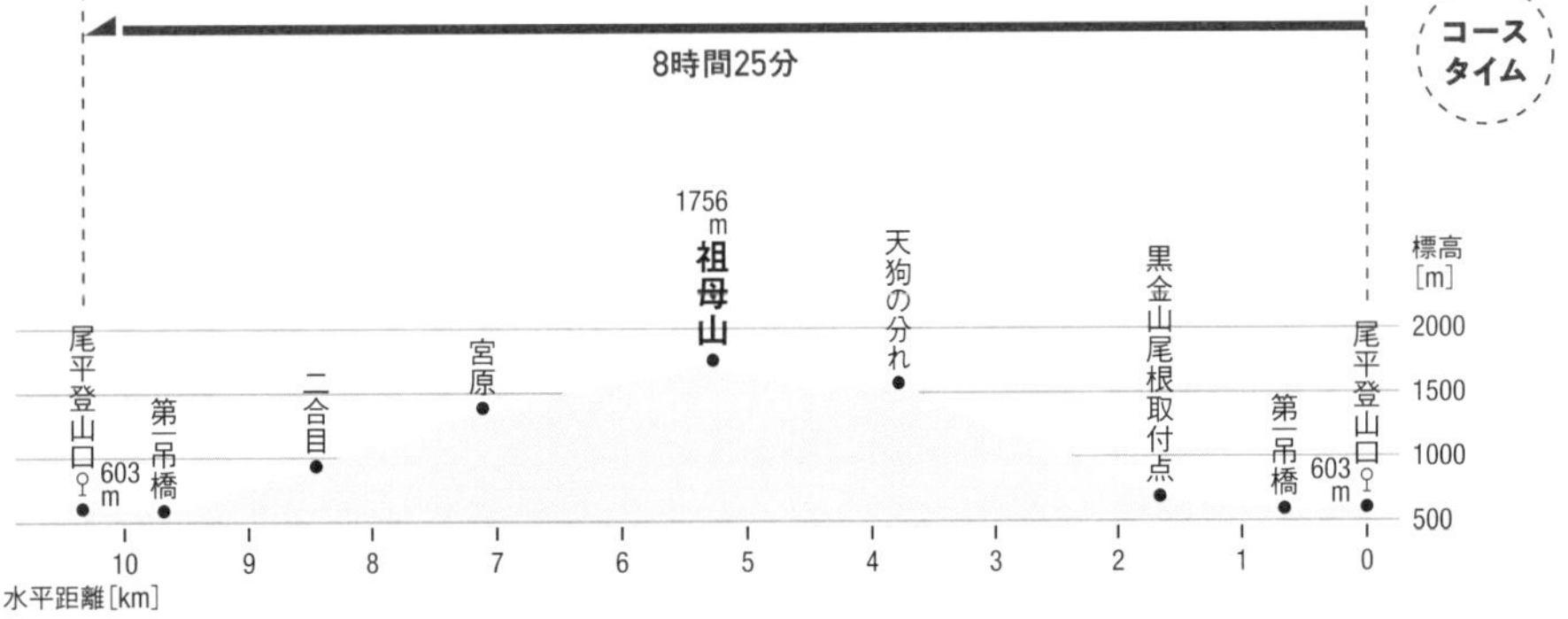

祖母山 小松尾根 神原コース

日帰り

日本百名山の1座に数えられる由緒ある山

神原川から見た祖母山

コースグレード	中級
技術度	★★★☆☆ 3
体力度	★★★☆☆ 3

日帰り　神原登山口→神掛岩→小松尾根→祖母山→国観峠→五合目小屋→神原登山口　計6時間25分

日本百名山の一座、祖母山《そぼさん》——その著者・深田久弥が登路として紹介した祖母山の歴史ある登山道が大分県竹田《たけた》市神原《こうばる》を起点とした神原コースだ。登山口の道標には「本登山道」とあり、コースの一部は九州自然歩道にも指定されている。

登山口の周辺は2017年6月のユネスコエコパークへの指定を機に再整備が進み、2019年には山頂から北北東にのびる小《こ》松《まつ》尾根の突端にある神掛岩《かんかけ》へいたるコースが新しく開かれた。本項ではそのコースから小松尾根を登って山頂に立ち、本登山道を下る周回ルートを紹介する。

高度感抜群の神掛岩

日帰り

神原から小松尾根を登り、本登山道を下る

神原登山口の一合目駐車場から林道を南に向かうと、すぐに渓谷トレッキングコースの入口がある。ここから神原渓谷の右岸を登って、五合目小屋の裏手に出る。

新しく整備された神掛岩トレッキングコースは、ここからさらに南に下った場所で、東にほぼ90度向きを変えて小松尾根へのびていく。取り付きにはコース概要を記した**案内看板**があるので参考にしよう。

小松尾根に上がるまでのルートには、神《しん》仙《せん》滝やヤマシャクヤク自生地など見どころも多い。やがて、ヒメシャラの群生地を抜けると**メンノツラ越**だ。**神掛岩**はここから北東に10分ほど下ったところにある絶景ポイント。岩棚の基部にかぶさる木立を抜けると、目の前に大展望が広がっている。

神掛岩から祖母山の山頂に行くには、一度**メンノツラ越**に戻って、そのまま小松尾

メンノツラ越の先にある岩場を越えていく

五合目小屋の裏手にある新コースの案内看板

写真・文／山岡研一

爽快に水を落とす御社の滝

根を真南に進む。道は最初ゆるやかで歩きやすいが、すぐに険しさを増す。とくにメンノツラ越から380mほど進んだところにある岩壁から先は急登の連続だ。目印となるテープも決して多いとはいえないので、道迷いには充分に注意しよう。やがて、ルートの左手から**メンノツラ谷コースの道**が合わさる。この先も厳しい急坂が続くが、それも障子岩尾根《しょうじいわおね》に上がるまで。**メンノツラ分岐**で尾平《おびら》コースと合流すれば、**祖母山**山頂まではあとひと息だ。

さえぎるもののない360度の展望を満喫したら、本登山道を使って下山しよう。神原コースは祖母山の登山道のなかでは比較的歩きやすい部類に入るが、山頂からしばらくのあいだは滑りやすく注意が必要だ。

林のなかの悪路から広い草地に飛び出ると**国観峠**《くにみとうげ》で、ここで宮崎県高千穂町五ケ所《たかちほちょうごかしょ》に下る千間平《せんげんだいら》コースと道を分ける。

この先、道は少しずつ歩きやすくなる。ブナやミズナラの巨大林のなか高度を下げていくと、やがて**五合目小屋**が見えてくる。20人ほど収容できる小屋の前には新しくトイレが整備され、裏手を流れる清流からは給水も可能だ。

五合目小屋から先は、往路とは反対に神原渓谷の左岸を歩く。御社《おやしろ》の滝など渓谷美を堪能しながら**神原登山口**まで戻ろう。

プランニング&アドバイス

時間があれば、新しく整備された第2駐車場に車を停めて、道の反対側にある登山道の取り付きからスタートするのもおすすめ。コース途中にある一合目の滝（暁嵐の滝）はなかなか見ごたえがある。また、給水ポイントは五合目小屋と九合目小屋そばの2カ所。神原コース七合目付近にある「いのち水」は水量が少なく、水場としてはあてにできない。

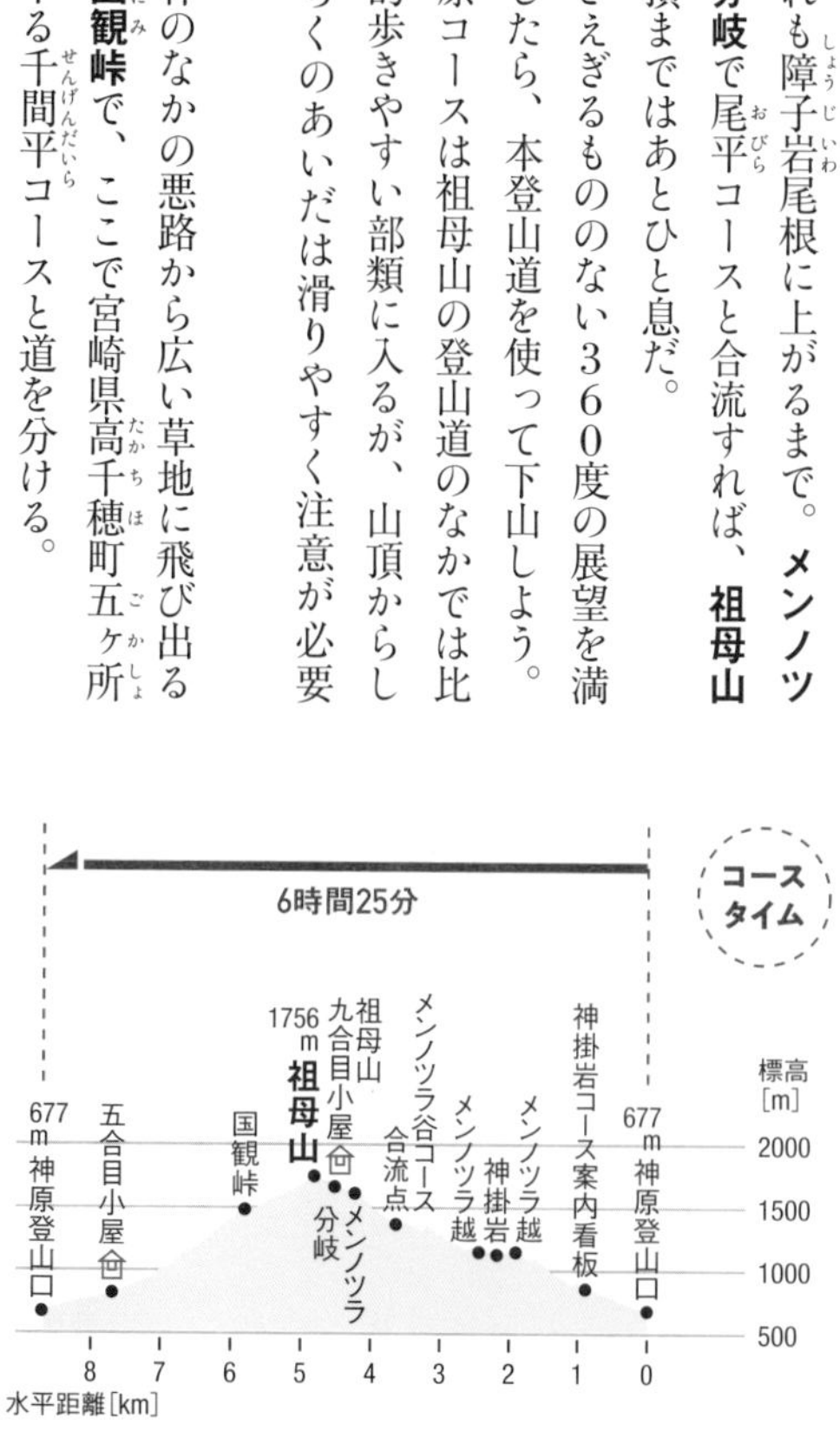

サブコース

北谷登山口から周回

北谷登山口↓風穴↓祖母山↓千間平↓北谷登山口　5時間

Map 7-3A 北谷登山口

コースグレード	初級
技術度	★★☆☆☆ 2
体力度	★★★☆☆ 3

険阻な山として知られる祖母山《そぼさん》だが、西面の宮崎県高千穂《たかちほ》町五ヶ所《ごかしょ》にある北谷《きただに》登山口を起点とした千間平《せんげんだいら》コースは、初心者でも歩きやすいルートとして人気が高い。本項ではその千間平コースを復路とし、同じく北谷登山口からのびる風穴《ふうけつ》コースを往路に設定した周回ルートを紹介する。

北谷登山口には広い駐車場やトイレの併設された休憩舎がある。その休憩舎の左側の道を少し入ったところが風穴コースの入口だ。そこから少し下ると、すぐに北谷の徒渉点がある。さらに上流で2度流れを渡り、ガレた急坂を登りきると、2つの大岩のあいだに架かるアルミ製のハシゴが現れる。ハシゴを登った右手にある洞穴がコースの名称となっている**風穴**だ。

風穴を過ぎ、少し歩くと、大きなハシゴが設置された切り立った岩壁に突き当たる。ハシゴを過ぎると、次にロープの連続だ。ここが本ルートの正念場。登りきった先には二面《にめん》岩とよばれるみごとな展望ポイントがある。二面岩から先、めざす**祖母山**の山頂までは残り30分ほどの行程だ。

復路は難易度の低い千間平コース。とはいえ、**国観《くにみ》峠**までは滑りやすい悪路なので気が抜けない。国観峠から先、五ヶ所方面への道はゆるやかで歩きやすい。

三県境《さんけんざかい》、千間平と通過し、四合目の手前まで下りてくると展望所への分岐がある。**展望所**からは緩木山《ゆるぎやま》、越敷岳《こしきだけ》の稜線がよく見える。展望を楽しんだらコースに戻って、**北谷登山口**まで下ろう。

風穴。冬期に洞内に入るにはロープ等が必携

三県境は文字通り大分・宮崎・熊本3県の境界

写真・文／山岡研一

傾山 九折コース

日帰り

盟主祖母山と双璧をなす
山系屈指の名山

コースグレード | 中級

技術度 ★★★☆☆ 3

体力度 ★★★★☆ 4

センゲン尾根から見た傾山（左が本傾、右が後傾）

日帰り 九折登山口→九折越→傾山（往復） 計7時間30分

大分県の南西部、宮崎県との県境付近にひときわ怪異な岩塊を突き出す傾山《かたむきやま》。山群の他山を圧倒する存在感にあふれた姿は、盟主の祖母山《そぼさん》（P98コース14参照）と人気を二分し、日本三百名山の一座にも選定されている。

傾山という名前は、山頂を構成する本《ほん》傾《かたむき》と後傾、そして前傾の3つの岩峰の西面がそろって切れ落ち、山全体が傾いて見えるためとされており、その名にちなむ伝説も数多い。また、神武東征伝説に由来する「四皇子峰《しおうじがみね》」という別名や、岩茸採りの若者・吉作《きっさく》の悲話を伝える昔話「吉作落とし」の舞台としても有名である。

カンカケ谷に懸かる芥神の滝

日帰り

登山口から九折越を経由して傾山山頂へ

スタートは大分県豊後大野市緒方町の豊《ほう》栄《えい》鉱山跡にある**九折《つづら》登山口**。

JR緒方駅より出ている豊後大野市コミュニティバスの路線図には「傾山登山口」というバス停の記載があるが、日帰り登山では利用しにくく、実際にはマイカーかタクシー頼みのアクセスとなる。登山口には15〜20台程度停められる駐車場とトイレの併設された休憩舎が整備されている。携帯電話の電波は通じないが、休憩舎のそばではは無料Wi-Fiの利用が可能だ。

登山口を出発し、九折川の左岸を道なりに進むと、突き当たりに貯水槽がある。その左側にあるコンクリートの坂道が取り付きだ。ケイセイ谷を横切る青塗りの鉄橋を登るように渡り、軌道跡を少し進むと、右手に九折越《つづらごし》への道標が見えてくる。表示にしたがって林のなかへ。ちなみに分岐を直

カンカケ谷徒渉点〜奥岳林道出合間の岩場

傾山九折登山口駐車場。登山届を出していこう

写真・文／山岡研一

進する道は次頁（P110参照）で紹介する三ツ尾《みつお》コースだ。

深い樹林帯の道を山手谷《やまてだに》の左岸沿いに登っていくと、やがてモミやツガといった樹木のあいだから芥神《あくたがみ》の滝が姿を現す。涼やかな流れを見下ろしながら先に進むと、ほどなく、滝の上流にあたるカンカケ谷の右岸に渡る徒渉点に出る。増水時には徒渉が困難になることもあるので、注意が必要なポイントだ。その後さらに徒渉を2回繰り返して谷から離れると、ハードな急登のはじまりだ。ロープやハシゴが設置されている難所もあるので、慎重に登っていこう。

急坂との格闘を終えると、九折からのびてきた**奥岳《おくだけ》林道**と出合う。合流ポイントから林道を少し下ったところで水が確保できるので、カンカケ谷で補給し忘れた場合は覚えておくとよい。

ひと息つき、次に林道の左斜め向かいにある鉄製の階段を上がって山中に戻る。斜面の角度は相変わらず急だが、ジグザグに切られた道は、林道出合以前の急坂よりは若干登りやすい。標高1000mの標識を過ぎ、さらに高度を上げると、道の右側に熊野《くまの》社の小祠がある。このあたりから樹々のあいだに、めざす傾山の岩峰がのぞきはじめる。やがて、広々とした草原のような場所に飛び出ると、そこが**九折越**だ。

九折越は大分県と宮崎県の県境に沿って東西に走る祖母・傾縦走路との合流点で、南側からは宮崎県西臼杵郡《にしうすきぐん》日之影《ひのかげ》町からのびる見立《みたて》コース（P113参照）が上がってくる。また、縦走路を50mほど西に入った林のなかには九折越小屋がある。

山頂へは九折越から本傾と後傾の2峰を正面に見ながらセンゲン尾根を東進（左）する。ここまでの難路がうそのような明るく開放的な尾根道歩きは、爽快感さえ感じるだろう。

後傾から見る本傾（背景は祖母山）

広々とした九折越はテント場としても使われる

三角点のある千間山《せんげんやま》の鈍頂を越え、なおも進むと、後傾の基部に着く。ここが最後の急登のはじまり。随所に現れるロープや岩のホールドを手がかりに、ぐいぐいと高度を稼いでいこう。やがて、右側から**杉ヶ《すぎが》越《ごえ》コース**（P111参照）が合わさり、後傾に達する。ここからの本傾の眺めはすばらしく、西面が鋭く切れ落ちた岩壁は圧巻の一語に尽きる。

本傾へのルートはいったん鞍部に下りてからの急登だが、距離は短い。途中、大白《おおしら》谷《たに》（冷水《ひやみず》、払鳥屋《はらいとや》コース）から、次に三ツ尾（三ツ尾、官行《かんこう》コース）からの登山道が合流して**本傾**山頂に着く。山頂からの展望は抜群で、とくに西側の崖上からの眺めは何度訪れても見飽きることがない。

復路は往路を戻る。

庭園のような傾山（本傾）山頂。展望は抜群だ

プランニング&アドバイス

山中にトイレはないので、出発前に九折登山口にある休憩舎ですませておくこと。山頂付近は複数のコースが入り混じっているから、下山時に他のルートに迷いこまないように注意しよう。九折越でのテント泊や九折越小屋に宿泊すれば、午後からの入山も可能だ。その際の給水は九折越から見立コース（P113サブコース④を参照）を300mほど下ったところにある水場が便利。また、下山時、天候の急変などでカンカケ谷の徒渉が困難となった場合は、登り返して奥岳林道を下ることも考慮に入れよう（奥岳林道出合から九折登山口へ約2時間）。

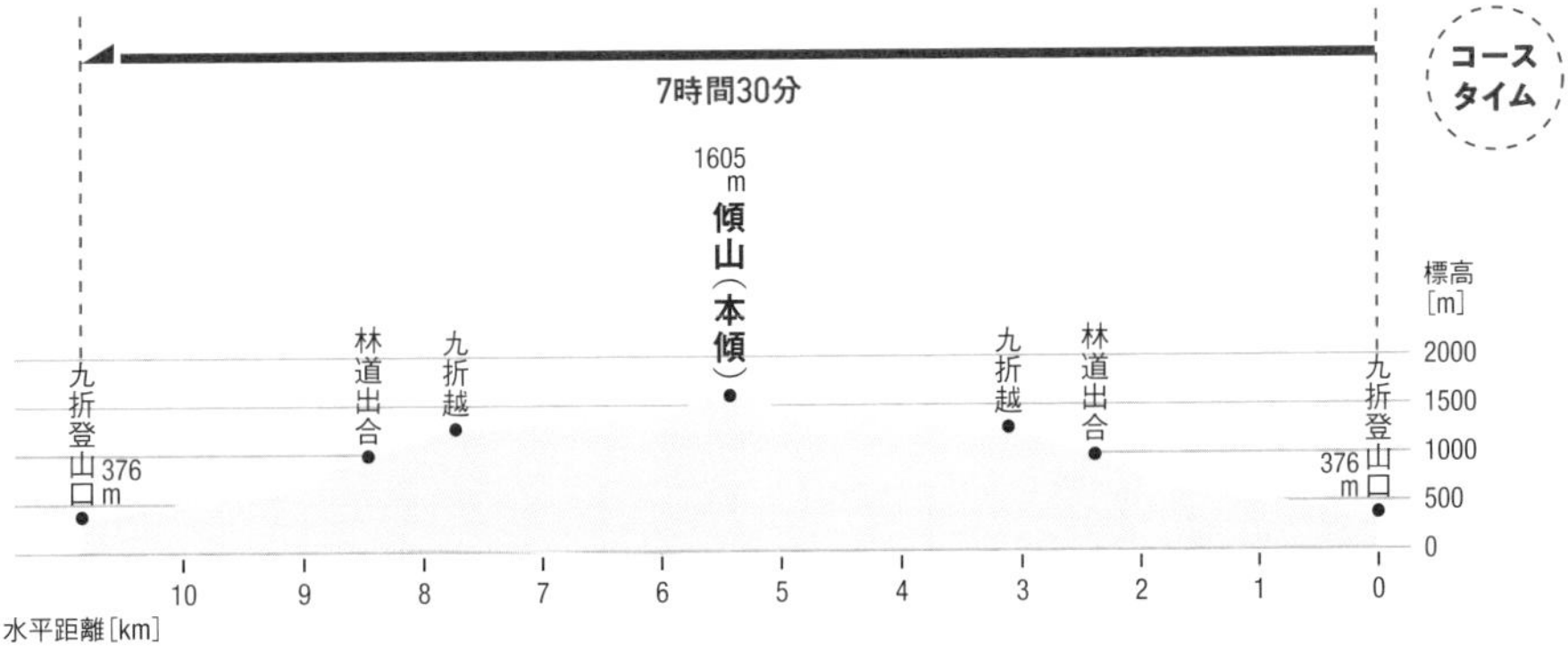

サブコース

三ツ尾コース

九折登山口↓観音滝↓三ツ尾↓坊主尾根↓傾山（往復）　9時間5分

Map 8-2A　九折登山口

コースグレード	中級
技術度	★★★☆☆ 3
体力度	★★★★☆ 4

九折《つづら》コース（P106参照）と同じく、豊栄《ほうえい》鉱山跡地にある**九折登山口**が起点。

前項では軌道跡横の分岐を右折したが、本項ではそのまま道を直進する。鉄橋を渡って山手《やまて》谷の本流を越えると、コンクリ道終点の左側に三《み》ツ尾《お》への道標がある。そこから取り付き、樹林帯をしばらく登ると、左手にドウカイ谷にかかる落差70mの観音《かんのん》滝が見える。滝の上を飛び石で対岸へ。すぐに**奥岳《おくだけ》林道と出合う**が、左斜向かいにある取り付きから再び山中に入り、ヒノキの人工林のなかの単調な登りで**三ツ尾**へ。

三ツ尾は坊主《ぼうず》尾根の肩の部分にあたり、官行《かんこう》コースとの合流点でもある。少し歩くと**分岐**があり、坊主尾根コースと水場《みずば》コースに分かれる。足もとがよいのと、途中で水が得られることから水場コースのほうが難易度は低いが、ここはハードな坊主尾根コースに挑戦してみよう。分岐を右に進み、三《み》ツ坊主《ぼうず》の第Ⅰ峰の基部から東斜面を進む。その後、クサリやハシゴを頼りに三ツ坊主、二《ふた》ツ坊主《ぼうず》のピークを越えると、難所の岩壁に突き当たる。登りきると、やがて先ほど見送った水場コースと**合流**し、五《ご》葉塚《ようづか》のピークにいたる。途中、前傾《まえかたむき》の断崖から得られる本傾の迫力ある眺めはまさに絶景。ぜひとも立ち寄ってほしい場所だ。

山頂へは前傾から一度鞍部に下り、本傾岩峰の東側を巻いて急坂を登る。最後は南側からのルート（九折、冷水《ひやみず》、杉ヶ越《すぎがごえ》コースなど）と合流して**本傾《ほんかたむき》**山頂にいたる。

坊主尾根。左下は吉作落とし、右奥は阿蘇山

二ツ坊主の難所に架かるクサリ場を通過する

●ハードなコースだけに、復路は状況に応じて九折コースや三ツ尾・水場コースの利用も考慮しよう。

写真・文／山岡研一

サブコース

杉ヶ越コース

杉ヶ越登山口（宮崎側）↓鳥屋ダキ分岐↓障子岩↓杉ヶ越・九折コース分岐↓傾山（往復）　8時間5分

Map 8-4B　傾山登山口

コースグレード｜中級

技術度｜★★★☆☆　3

体力度｜★★★★☆　4

傾山《かたむきやま》の山頂から南東にのびる大分と宮崎の県境稜線上を歩くルートが、難路として名高い杉ヶ越《すぎがごえ》コースである。

登山口は大分県佐伯《さいき》市宇目《うめ》と宮崎県西臼杵《にしうすき》郡日之影《ひのかげ》町をつなぐ県道6号の杉ヶ越トンネルのたもとで、マイカーかタクシーを利用してのアクセスとなる。

トンネルの宮崎県側にある**杉ヶ越登山口**からわずかに登ると、傾山と大崩《おおくえ》山群を結ぶ縦走路に出合う。傾山へ向かうには合流点を西（左折）にとるが、東に少し戻ったところに杉園大明神《すぎがこいだいみょうじん》がある。まずは道中の安全を祈願してから出発するようにしよう。

最初のピークである**鳥屋《とや》ダキ分岐**を過ぎ、しばらく進むと、アルミ製のハシゴがある。それを下ると、次は思わず見上げるような急登だ。この繰り返しが難路たる杉ヶ越コースの特徴である。

急坂を登り、さらに2つのハシゴを上がって**障子岩《しょうじ》**を越えると、やがて目の前に「この先登山危険」と書かれた標柱が現れる。この先は**1198mピーク**を含む鋸刃のようなアップダウンの連続だ。急坂を登ってはハシゴで下るというもどかしい行程を6度繰り返したあと、現れる上りのハシゴが最後の急登のはじまりだ。とくに後半の3段ハシゴと、続くロープの連続は本コースの核心部である。

やがてアセビの群落が現れると、**九折《つづら》コースとの合流点**は近い。合流点から**本傾《ほんかたむき》**山頂へは九折コース（P106）を参照。

鳥屋ダキ分岐からの後傾。ここから難所が続く

コースの後半にある3段バシゴ。本コースの核心部だ

写真・文／山岡研一

サブコース

傾山のその他のコース

❶官行コース

大分県豊後大野市清川《ぶんごおおのしきよかわ》から御嶽権現社《みたけごんげん》を経て、中山峠《なかやま》から林道大白谷線《おおしらたに》へ入る。本来なら登山口の少し先に駐車できるが、現在は道が荒れており、車両は登山口手前の第一号橋まで。橋の手前に駐車し、林道を歩いて**大白谷登山口**へ。

登山口から唐突な急登に戸惑うが、しばらく行くとかつてのトロッコ軌道跡と合流する。この先アオスズ谷と出合うまで、道はほぼ平坦となる。しかし、道の状態は決してよいとはいえないから、油断は禁物だ。しばらく歩き**造林小屋跡**を過ぎると、やがてアオスズ谷の徒渉点にいたる。徒渉点から先、谷に沿って奥へとつめ、涸れ沢を登りきると**三ツ尾**《みつお》で、九折《つづら》からの道と出合う。ここから先は三ツ尾コース（P110）を参照のこと。（**コースタイム＝8時間15分／コースグレード＝中級**）

❷冷水コース

コース①でふれた中山峠から、冷水地区《ひやみず》を経て冷水林道へ。終点にある木材集積場には15台ほど駐車が可能だ。

冷水登山口から伐採地を右に見ながら、小さな流れに沿って進む。30分ほどで東尾根への取り付きだ。ここから東傾山《ひがしかたむきやま》までは比較的急傾斜の登りが続く。道の途中には立ちふさがるような大岩があるが、さほど苦労はしないだろう。やがて**東傾山**に登り着くと、道はいくぶんゆるやかになる。少し歩くと南西に次のピークの**ソデ尾**《お》が見えてくる。ソデ尾では左から払鳥屋《はらいとや》から

Map 8-1B 大白谷登山口
Map 8-2B 冷水登山口
Map 8-3B 西山登山口
Map 8-4A 森林管理署案内看板

官行コース序盤はかつてのトロッコ軌道跡を行く

アオスズ谷の徒渉点（官行コース）

の道（コース③）が合わさる。急斜面を下り、ゆるやかに登り返してホトクリ原《はら》へ。めざす傾山《かたむきやま》の山頂手前では、九折越《つづらごし》と杉《すぎ》ケ越《がごえ》、さらに三ツ尾からのコースが合流して**本傾**《ほんかたむき》山頂にいたる。（**コースタイム＝6時間40分**／**コースグレード＝中級**）

❸払鳥屋コース

大分県佐伯《さいき》市宇目南田原《うめみなみたばる》から県道6・613号と進み、さらに西山《にしやま》林道を終点へ。**西山登山口**からさんしょう谷の流れをまたいで取り付きへ。途中、作業道を横切って杉林のなかを登ると、すぐにさんしょう谷吐合《はきあい》に出る。ここからしばらく林のなかの単調な尾根道が続くが、道の真ん中に巨石が現れた途端、登山道の様相が変わり、岩尾根歩きの急登となる。ツガの樹林帯のなか、ぐいぐいと高度を上げると、やがて1392mの**ソデ尾**に達する。ここで右手から冷水からの道（コース②）が合わさる。

ここから先はコース②冷水コースを参照のこと。（**コースタイム＝5時間40分**／**コースグレード＝中級**）

払鳥屋コースから見る傾山南陵新道、新百姓山、桑原山の連なり

❹見立コース

宮崎県日之影《ひのかげ》町から県道6号で見立《みたて》方面へ。さらに奥村《おくむら》林道、黒仁田《くろにた》林道と進んで、**宮崎北部森林管理署の案内看板**の手前に駐車する。この先もしばらく林道は続くが、車両の通行は困難だ。

荒れた林道を歩き、10分ほどで**傾山登山口**。さらに奥に進むと水場がある。ここは祖母《そぼ》・傾縦走時の貴重な水源となる。水場からひと登りすると**九折越**に着く。

ここから先はP106コース16を参照のこと。（**コースタイム＝4時間5分**／**コースグレード＝中級**）

見立コース上部の水場。九折越幕営時の水源になる

冷水コースの途中にある東傾山山頂

2泊3日

祖母山〜傾山縦走

山群の真価を味わう 全長約38kmにわたる 九州第一の縦走路

コースグレード｜上級

技術度｜★★★☆☆ 3

体力度｜★★★★☆ 4

1日目	障子登山口→大障子岩→祖母山九合目小屋　計9時間10分
2日目	祖母山九合目小屋→祖母山→古祖母山→本谷山→九折越小屋　計9時間
3日目	九折越小屋→傾山→三ツ尾→九折登山口　計5時間40分

写真・文／山岡研一

古祖母山〜本谷山をつなぐ気持ちのよい尾根道（ブナ広場）

九州の岳人ならば誰もが一度は成し遂げたいと憧れるのが、祖母《そぼ》・傾山《かたむき》系の名だたる峰々を一本の線で結んだ縦走登山だ。起点となる登山口はいくつかあるが、豊後大野市緒方町上畑《ぶんごおおのおがたうわはた》の障子登山口から大障子岩を経由し、祖母山《そばさん》から傾山《かたむきやま》まで歩き通すいわゆる「完全縦走」は総延長約38㎞のコースとなり、挑戦するには相応の体力と判断力が要求される。

本項ではそのモデルコースを紹介するが、天候やその他の条件によって、所要時間や難易度が大きく異なってくることを充分考慮に入れて計画しよう。

1日目
障子登山口から大障子岩を経て祖母山九合目小屋へ

スタート地点となる**障子登山口**は、上畑集落の健男社《たけおしゃ》の横。そばにコミュニティバスの傾山登山口バス停があるが、マイカーかタクシーの利用が賢明だ。

登山口を出発し、左手に黒谷《くろたに》川砂防ダム

大縦走の起点となる障子登山口そばの健男社

大障子岩の岩場を慎重に下る

本谷山山頂付近のアケボノツツジ

を見ながら舗装道の終端を山中へ。歩きはじめから急坂が続くが、黒岩山《くろいわやま》の山腹に沿ってのびている**尾根道**まで出れば、前障子《まえしょうじ》までのルートは比較的ゆるやかで歩きやすい。ただし、ピークはコース途中にある分岐からナイフエッジのように切り立った岩尾根の先。悪天時は無理をしないほうが無難だ。

前障子の山頂は背の低い灌木に囲まれ、今ひとつの展望だが、ピークの西側にある断崖からの眺めは抜群で、これから歩く縦走路を一望できる。

分岐に戻り、次に大障子岩をめざす。この先もしばらくゆるやかな尾根道歩きが続くが、巨岩の基部を過ぎたあたりから途端に道は険しくなる。いくつもの急坂のアップダウンを経て、ようやく**大障子岩**の山頂へ。ここも前障子同様、ピークの西側に展望のよい岩場がある。

大障子岩の山頂から先も険しいアップダウンが続く。とくに**八丁越**《はっちょうごし》の先、**池の原**《いけばる》の手前にある岩場は両サイドが切れ落ちており、通行には細心の注意を要する。池の原を越え、**宮原**《みやばる》まで来ると、左から尾平登山口からの道が合わさる。宮原から1日目の宿泊場所となる**祖母山九合目小屋**まではP98コース14の逆コースを参照のこと。

熊ノ墓と彫られた小祠がある障子岳山頂

2日目

早朝に祖母山九合目小屋を発ち、九折越小屋へ

初日に続き、2日目の行程も9時間におよぶ長丁場。できれ

天狗岩。岩上からの展望は抜群

ば夜明け前に出発し、祖母山の山頂で朝日を拝みたいところだ。九合目小屋から**祖母山**山頂、**天狗《てんぐ》の分《わか》れ**まではP98コース14の逆コースを参照のこと。

天狗の分れでは黒金山《くろがねやま》尾根コースが左から合わさるが、障子岳《しょうじだけ》へは縦走路をそのまま南へ進む。すぐ先には天狗岩に通じる分岐があるので、時間に余裕があれば立ち寄ってみよう。

障子岳～古祖母山間にある第1展望台から見た障子岳（右奥は祖母山）

コースに戻り、左手に烏帽子《えぼし》岩を見ながらさらに進むと、やがて**障子岳**の山頂に達する。展望のよい山頂には、山頂標識や三角点のほか、熊《くま》ノ墓《はか》と彫られた小祠がある。

この先、縦走路は障子岳の山頂から東にほぼ90度向きを変えて、古祖母山《ふるそぼさん》へのびていく。なお、反対の西側のルートは親父《おやじ》山《やま》へ通じているので迷いこまないようにしよう。

小さな岩場を下り、**土呂久《とろく》方面への分岐**を過ぎると、アップダウンの少ない歩きやすい尾根道が古祖母山まで続く。**古祖母山**の山頂を過ぎると、尾平越《おびらごし》までは長い下り坂。大岩のあいだに架かったハシゴを下り、しば

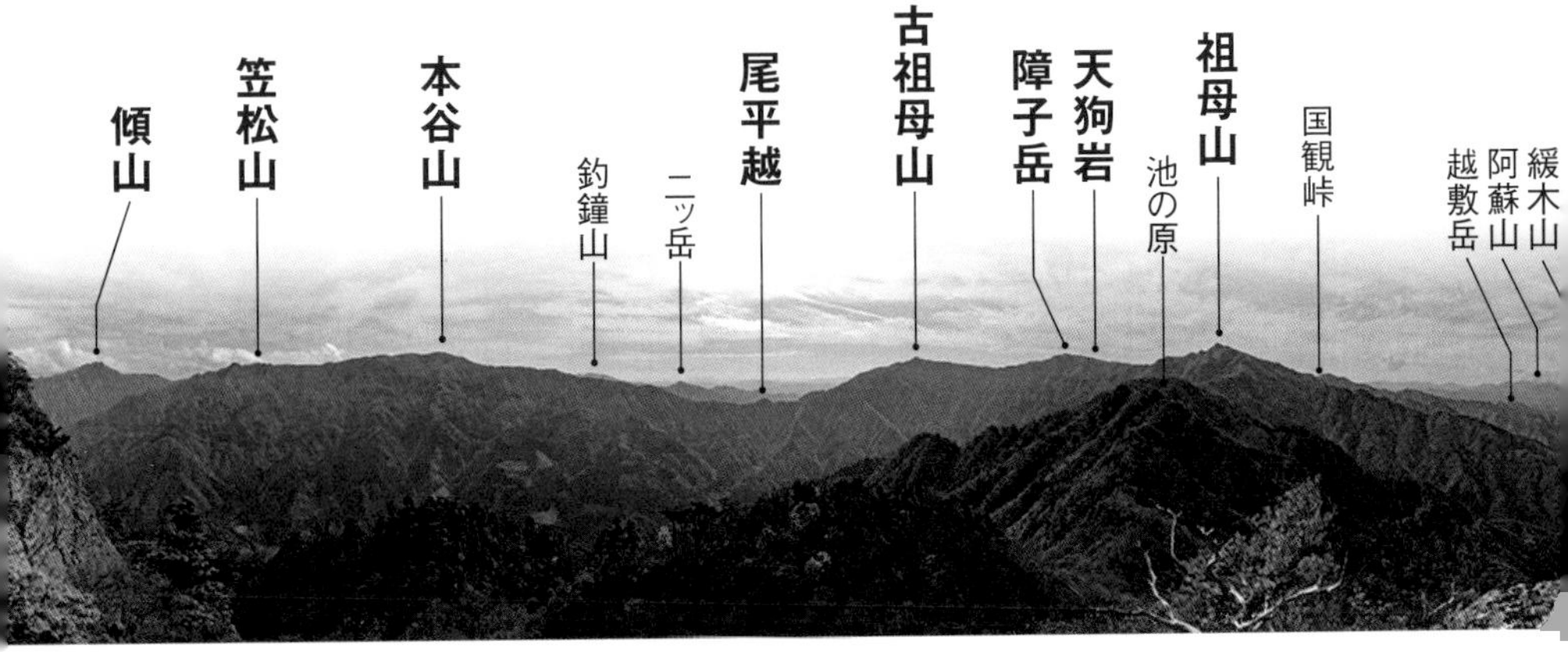

大障子岩からの祖母・傾縦走路上の山々

らく進むと、かつて縦走路全体を色濃くおおっていたスズタケもまばらとなってくる。

尾平越は祖母・傾縦走路のほぼ中間点にあたり、分割縦走の際やエスケープポイントとして重要な場所だ。縦走路はそのまま東にのびているが、分岐を右（南）にとると、尾平越トンネルそばの日向《ひゅうが》登山口に下ることができる。

尾平越から小ピークを越え、しばらく東進するとブナの巨木が立ち並んだ印象的な場所に出る。ここが**ブナ広場**で、広場南側の防獣柵の扉を開けて15mほど下ると水場がある。また、テント泊での縦走時には幕営地としてもよく利用されている。

続く**本谷山**《ほんたにやま》や**笠松山**《かさまつやま》への行程は急な勾配や危険箇所こそ少ないが、いかんせん距離が長い。蓄積された疲労も響いてくる区間なので、あせらずじっくり構えていきたいところだ。2山とも山頂からの展望はないが、ピークを結んだ開放感のある明るい尾根道や途中にある**三国岩**《みくに》やトクビ展望台な

日当たりのよい本谷山稜線の尾根道

どの展望ポイントからは、それを補って余りある喜びが得られるだろう。

この日の宿泊場所は**九折越**《つづらごし》の少し手前にある九折越小屋。水は九折越から南側の見立コース（P113参照）に300mほど下ったところで得る。

傾山山頂。背後に祖母山など来たりし山が望める

3日目 九折越小屋から傾山山頂を経て九折登山口へ

九折越小屋からは傾山（**本傾**《ほんかたむき》）の頂を踏み、**三**《み》**ツ尾**《お》を経由して**九折登山口**へと下る。行程の詳細については、P106コース16およびP110コース16サブコース（三ツ尾コース）を参照のこと。

なお、九折登山口に下山したあと、出発地の健男社まで戻るには、徒歩で約1時間を要する。

プランニング&アドバイス

長時間の行動を強いられるコースだけに、行程時間と飲用水の管理は厳に。早め早めの行動を意識するとともに、できるだけ日照時間の長い時期を選んで計画してほしい。また、天候や体調など状況の変化に対応できるようエスケープルートは確実に押さえておくこと。とくに初日の八丁越から県道7号に下る愛山新道、2日目の尾平越から日向登山口に下るルートは重要。3日目は九折越小屋に荷物をデポして傾山の山頂をピストンしたあと九折コースを下るなど、状況に応じたプラン変更も考慮に入れよう。ゴールデンウイーク前後の花の時期は小屋泊まりの登山者も多い。最低限、ツェルトの準備はしていくほうが安心だ。

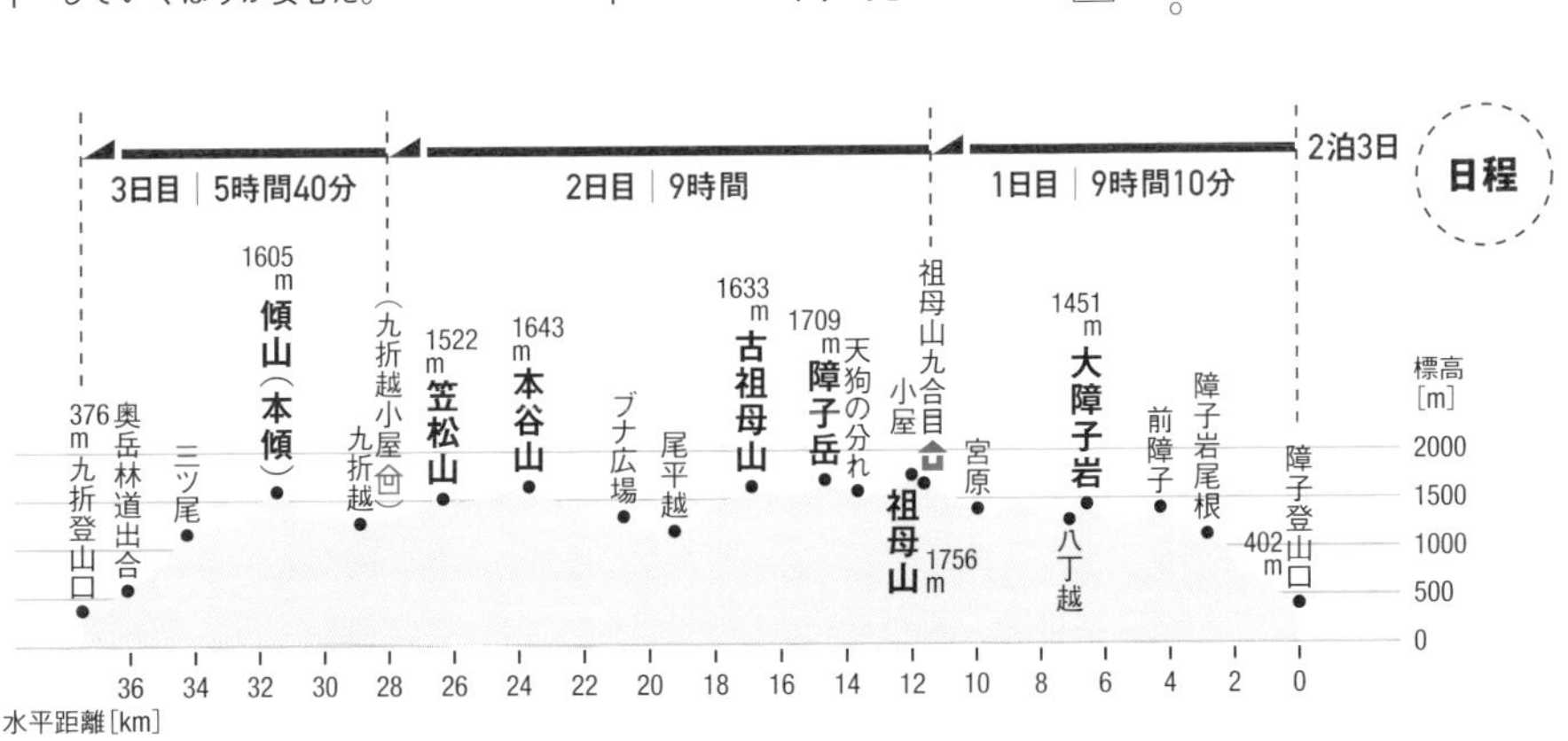

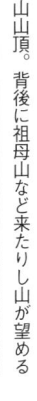

袖ダキ展望所から見上げる下ワク塚岩峰（右）と中ワク塚岩峰（左）

天然の要塞のような花崗岩の岩峰群とツツジが登山者を魅了

コースグレード	上級
技術度	★★★★☆ 4
体力度	★★★★☆ 4

日帰り 大崩山登山口→大崩山荘→ワク塚分岐→大崩山→坊主尾根→大崩山荘→大崩山登山口　計7時間10分

写真・文／緒方 優

大《おお》崩山《くえやま》は、宮崎県北部、大分県境に近い地域にある花崗岩《かこう》の岩峰が特徴的な山である。祖母傾《そぼかたむき》国定公園にも含まれ、2017（平成29）年には祖母・傾・大崩ユネスコエコパークとして登録されている。露出した花崗岩は表面が風化しやすくボロボロと崩れるため、大崩山とよばれるようになった。

深い原生林の中から花崗岩の岩峰を突き上げる荒々しい山容だが、その一方で山中ではアケボノツツジやササユリの花が咲く。そして花崗岩の岩峰から落ちた水は、やがて一枚岩の岩盤を流れて美しい渓谷をつくりだす。

宮崎県内最高峰の祖母山《そぼさん》をはじめとして、国見岳《くにみだけ》や市房山《いちふさやま》、韓国岳《からくにだけ》など大崩山より標高の高い山はあるが、それらの山以上に、大崩山は多くの登山者の心をひきつけている。青空に突き上げる小積《こづみ》ダキ（「ダキ」は岩壁のこと）やワク塚岩峰――。ここでは、祝子川《ほうり》からその岩峰群をめぐるコースを紹介しよう。

下ワク塚へは直下の三叉路からハシゴで登る

アケボノツツジ越しの中ワク塚（右）と上ワク塚

日帰り

ワク塚尾根を登って山頂に立ち坊主尾根を下る

大崩山登山口から祝子川沿いの登山道を進み、ハシゴ場を過ぎ、支流の谷を3回横切ると右手に**大崩山荘**が見えてくる。すぐ先に坊主《ぼうず》尾根との分岐の案内板がある。休憩がてら左折して祝子川の徒渉地点の水位を確認してこよう。ここで徒渉できそうになければ、登山は中止したほうがよい。

三里河原《さんりがわら》方面へ直進し、岩場のトラバースを過ぎるとやがてワク塚ルートと三里河原の**分岐点**となり、左折して河原に下りる。水面上の巨石づたいに祝子川本流を徒渉し、小積谷沿いに進む。小積谷を横切り左岸沿いをたどって2つの巨岩のあいだをすり抜けると、テーブル状の**平らな岩**が現れる。

案内板にしたがって右手へ進むと、ガレ場の急登がはじまる。ハシゴを登り、急登が終わるとやがて袖《そで》ダキ展望所への案内板が見えてくる。案内板にしたがってロープの設置された急斜面を登ると、**袖ダキ展望所**だ。正面には小積ダキの岩壁がそそり立ち、西方向を見上げると、これから行く下《しも》ワク塚、中《なか》ワク塚の岩峰群が空に向かって突き立っている。さらに奥へと進んでいき、崩壊地は目印にしたがって迂回して登山道へ戻る。登山道を横切って直進すると、乳《ち》房《ぶさ》岩とよばれる眺めのよい巨岩がある。

登山道へ戻ってさらに進むと急登となり、ハシゴ場が連続して出てくると下ワク塚直下の**三叉路**だ。直進する道は上《かみ》ワク塚基部へといたる近道だが、ここは案内板にしたがい、左方のハシゴ場をめざす。連続するハシゴを慎重に登りきれば下ワク塚岩峰だ。

眺めを楽しんだらさらに西方向へ進み、中ワク塚へ。上ワク塚へはいったん下り、尾根の北側山腹を巻いていく。ロープ場を下り、トラバース地に設置された橋を渡ると、やがて下ワク塚直下で分岐した道が合流する。ここから登り返すと、じきに**上ワク塚基部**へ達する。岩峰上にも登れるが、

大崩山の花・ササユリ（6月中～下旬）

大崩山山頂の1等三角点。展望は得られない

直登は危険を伴う。ここは基部を奥へ回りこみ、南側から設置されたロープをつたって登ると、爽快な景観が広がる。すぐ西側のにょきっと突っ立った岩峰は七日《なぬか》廻《まわ》り岩とよばれ、大崩山の登山道のなかで唯一、上ワク塚岩峰からだけ見ることができる。

基部に戻ってさらに登山道を進んでいくと、すぐにもちだ谷（七日廻り岩経由）への分岐があり、次にりんどうの丘《おか》への分岐が現れる。少し傾斜も増してくるが、しばらく登ると傾斜もゆるみ、下山路の**坊主尾根ルートと合流**する。ゆるやかに登って行くと、やがて縦走路との**三叉路**に着く。ここから少し行くと展望のよい石塚《いしづか》で、さらに5分ほど進むと**大崩山**山頂にたどり着くが、樹林に囲まれ展望はない。

帰路は**坊主尾根ルート分岐**まで戻り、右手に進んで坊主尾根に入る。しばらく下ると左からりんどうの丘からの道が合流し、傾斜もゆるむ。ワク塚方面の眺めのよい展望所があり、さらに進むと**小積ダキとの三叉路**に出る。50mほど直進すると小積ダキだ。ここもまた絶景ポイントで、これから下る象《ぞう》岩下のトラバース地方面も見える。

三叉路に戻って左方へと下り、ロープをつたって花崗岩のスラブ（表面に凹凸が少ない一枚岩）を下る。スズタケをかき分けて進むと急な下りとなり、象岩下のトラバースへ。ワイヤーロープをつたい、岩場に削られた足場にしっかりと足を置き、慎重に横切っていく。じきにハシゴが現れる。これからが坊主尾根の20数カ所にもお

上祝子地区から望む朝日を浴びる大崩山

ワク塚ルート徒渉点からの小積ダキ

よぶハシゴの連続だ。7つ目のハシゴは岩上への数段の上りで、その後ロープをつたって巨岩の斜面を下っていく。ロープから再度ハシゴに取り付く箇所からが核心部。ミスは致命的だけに、慎重に下ろう。

ハシゴから再度ロープをつたい、巨岩から下る。さらにいくつものハシゴを下っていくと見返《みかえ》りの塔《とう》だ。ロープをつたって岩上に上がって振り返ると、小積ダキ、そしてその奥には下ワク塚がそそり立っている。

さらに下っていくと坊主岩が現れ、その基部を反時計回りに下る。やがて傾斜がゆるむと高木の樹林帯に入り、しばらくすると**林道への分岐**の案内板が見えてくる。

案内板の地点から直進していくと、再度急な下りとなる。ハシゴを降り、木の枝や根っこをつかみながら三点確保で下っていけば、やがて左右の谷から水流の音が聞こえてくる。

最後の急な坂を下れば右側から下小積谷と出合い、左岸を下っていく。やがて祝子川本流に出て、水面上に出た岩をつたって徒渉すると**大崩山荘**前の広場に着く。

ここからは往路を下って**大崩山登山口**に戻る。

プランニング&アドバイス

本コースは所要時間も長く岩場の通過も多くて、コースの難易度も高いため、しっかりと体力をつけ登山経験を積んだ上で臨みたい。とくに下りの坊主尾根ルートは傾斜が急でハシゴ場も20数カ所にもなるため、時間に余裕をもって計画してほしい。また往路・復路とも祝子川を徒渉する必要があり、雨天時はもちろん、晴れていても大雨が降った後の増水時は入山不可。天候の状況をしっかりと確認した上で入山すること。坊主尾根ルートの林道経由の道だと徒渉しなくて済むが、林道を5km歩くことになる。大崩山周辺は森林生態系保護地域に指定され、焚き火やキャンプ等は禁止されている。

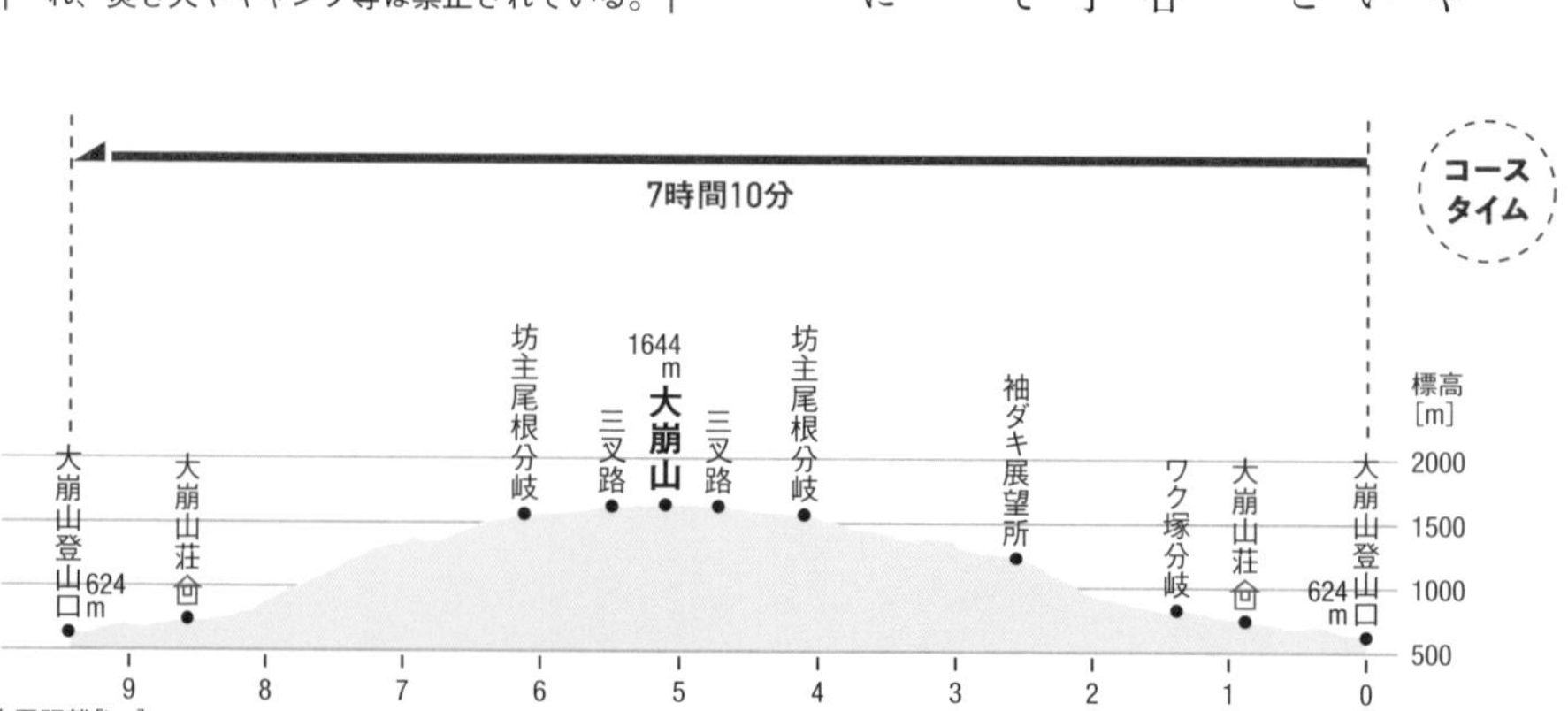

サブコース

大崩山のその他のコース

Map 9-1B 宇土内谷登山口
Map 9-3B 上鹿川登山口

❶宇土内谷コース

宇土内谷登山口《うどうちだにとざんぐち》から荒れた林道をたどり、道が左へ大きく曲がる地点でショートカットして再び林道に出ると、やがて案内板が出てくる（**登山道入口**）。ここから杉林をジグザグに登ると、やがて周りにスズタケが増えて**尾根**に達する。スズタケの密生する自然林内を登っていくとアケボノツツジの木が多くなり、4月下旬には周りはピンクに彩られる。第一ピークを過ぎると右手には大崩《おおくえ》山頂も見えてきて、ほどなく**鹿納《かのう》山《やま》への分岐**だ。中瀬松《なかせまつ》谷への分岐を過ぎると傾斜はゆるんでくる。ほぼ平坦な道になると、左から上祝子《かみほうり》登山口からの登山道が合流する**三叉路**に達し、石塚《いしづか》を経て**大崩山《おおくえやま》**山頂へ。（**コースタイム＝2時間／コースグレード＝初級**）

❷鹿川越ルート

上鹿川今村橋《かみししがわいまむら》から鹿川キャンプ場へと向かい、鬼《おに》の目山《めやま》林道へ入り約3㎞で**上鹿川登山口**。ここからゆるやかな登りで**鹿川越**に出て、分岐を左へ。左側はヒノキの植林地で、1103mピーク先の鞍部まで続く。鞍部からは急登の連続で、ロープ場も10カ所におよぶ。やがて正面に巨岩のある**岩稜**となり、左手の山腹を巻いて登っていく。ところどころ好展望の場所があり、「鹿川キャンプ場まで5㎞」の案内板のある露岩や、さらに上の展望岩では南方向の展望が開ける。やがて稜線へ達し、右折していくと約5分で**1574mピーク**だ。北へ向かって鞍部に下り、登り返すと**大崩山**山頂に着く。（**コースタイム＝3時間30分／コースグレード＝中級**）

宇土内谷登山道沿いはアケボノツツジの群生地（コース①）

鹿川越ルートから見上げる大崩山南面の岩峰（コース②）

写真・文／緒方 優

日帰り

五葉岳

ツツジ類からヤマシャクヤク、タンナトリカブトも咲く花の山

大吹登山口↓お姫山↓乙女山往復↓五葉岳↓兜巾岳↓大吹登山口　3時間35分

五葉岳《ごようだけ》は、大崩山《おおくえやま》から鹿納山《かのうやま》へと続く縦走路のさらに先に位置する。とくに際立った山容ではないが、西側の洞岳《どうだけ》にかけては石灰岩の露岩もあり、大吹《おおぶき》鉱跡や見立《みたて》鉱山など、過去に金属鉱物を産出していた山でもある。石灰岩質の山であることから野草の種類も多く、興味のつきない山だ。

大吹登山口から涸れ谷沿いの登山道を進んでいく。周囲はタンナトリカブトやヤマシャクヤクの群生地だ。やがて案内板があり、左方は五葉岳、右はブナの三叉路となっている。ここは右のルートへ行こう。

しばらく谷沿いを進むと、やがて左岸へと上がり、ブナの三叉路から北西にのびる支尾根をめざして登っていく。周囲はブナやヒメシャラの森が広がる心地よい登りだ。じきに案内板が現れて、支尾根に達する。左折して支尾根をさらに進んでいくと、やがて朽ち果てて枝を落としたブナの枯木が見えてくる。ここが**ブナの三叉路**とよばれている1571m標高点で、右は鹿納山、左はお姫山《ひめやま》を経て五葉岳へと続く道だ。

左にとってゆるやかな稜線を行くと、**お姫山**にたどり着く。展望を楽しんだら五葉岳に行く前に、東側の乙女山《おとめやま》とよばれる1517mピークへ行ってみよう。岩峰の基部から東へと下っていき、鞍部から少しの登りで**乙女山**山頂に達する。鹿納山・五葉岳の稜線より東側に突き出ているぶん、眼

Map 9-1C 大吹登山口

コースグレード	初級
技術度	★★☆☆☆ 2
体力度	★★☆☆☆ 2

五葉岳直下の岩場に咲くヒカゲツツジ。背景は傾山

五葉岳山頂に設置された3等三角点

アケボノツツジやミツバツツジに彩られる兜巾岳への道からの五葉岳

下に広がる原生林の眺めは最高だ。枯木やアケボノツツジのなかに露岩の点在する光景が、なんともすばらしい。

お姫山へと戻り、北進すると瀬戸口《せとぐち》谷分岐のある鞍部へいたる。ここから少しの急登で**五葉岳**の山頂にたどり着く。展望は東方向の一部が見えないだけで良好だ。

ひと休みしたら、山頂から北へ兜巾岳《とっきんだけ》をめざそう。10分ほど下った**夏木山《なつきやま》への分岐**を過ぎると、ミツバツツジやアケボノツツジのトンネルとなる。1488m標高点近くまで来ると右手はシャクナゲの森となり、やがて**兜巾分岐**を経て200mほど進むと**兜巾岳**山頂に着く。

下山は、山頂から引き返した**兜巾分岐**を右にとる。ヒノキの林のなかを下っていくとやがて**兜巾岳登山口**がある林道に出て、5分ほどの林道歩きで**大吹登山口**に帰り着く。

大吹登山口周辺に咲くヤマシャクヤク。花期は5月連休ごろ

プランニング&アドバイス

アケボノツツジは4月下旬から5月連休にかけて、タンナトリカブトは9月はじめから10月初旬まで、紅葉は10月下旬ごろ。大吹登山口への日陰林道は大雨のあとは荒れていることがある。冬期の積雪や凍結にも気をつけたい。天候急変時などのエスケープルートとして、五葉岳から西にのびる尾根を下って大吹登山口に出る道がある（下り1時間）。

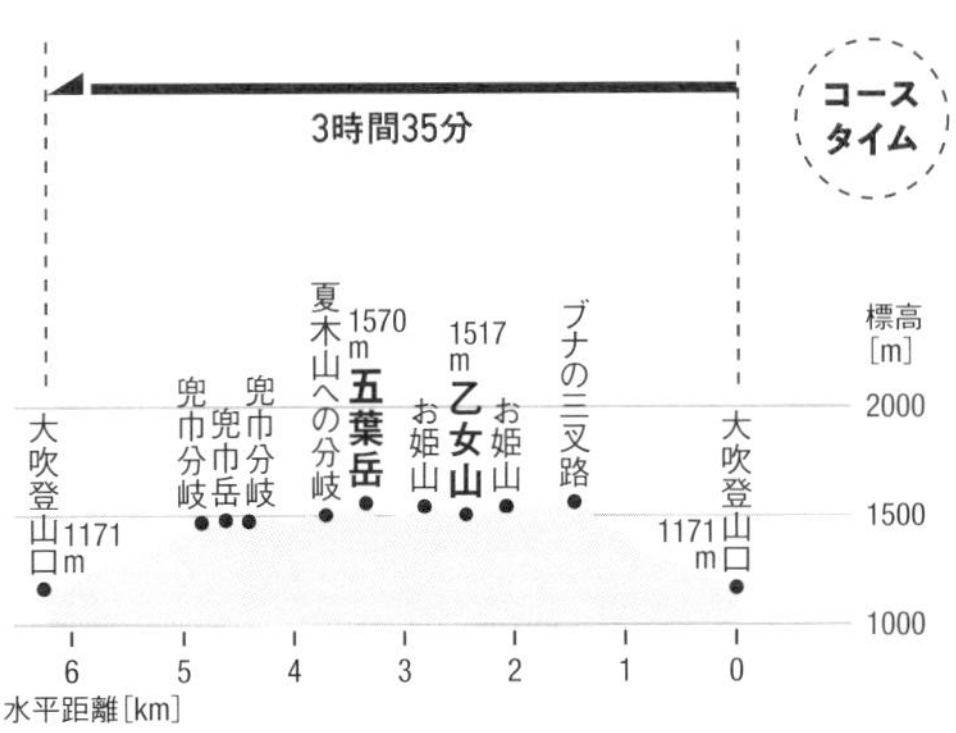

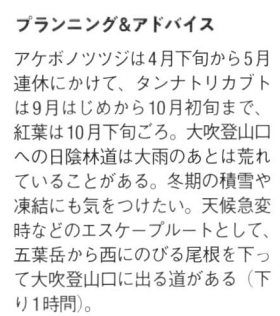

日帰り

夏木山

アケボノツツジ咲く山頂へ 鋸尾根の険路を避けて登る

夏木新道登山口→あけぼの平→夏木山（往復） 3時間15分

Map 9-3D 夏木新道登山口

コースグレード｜初級

技術度｜★★☆☆☆ 2

体力度｜★★☆☆☆ 2

宮崎県日之影町と大分県佐伯《さいき》市の境に位置する夏木山《なつきやま》は、アケボノツツジとシャクナゲの名所として知られている。北へ連なる稜線は東側も西側も険しい谷で、北面の犬流れ越《いぬながれごし》にかけてやせた鋸尾根《のこぎりおね》が続く難路となっている（P129参照）。ここでは、急登こそあるが、さほど険しくない佐伯市側の夏木新道を紹介しよう。

夏木新道登山口からいきなりの急登だが、尾根まで上がってしまえば傾斜も少しはゆるくなる。しばらく行くと、「桧見台《ひのきみだい》」とよばれるひとつ目のピークに出る。

鞍部にいったん下って登り返していくと植林地を抜け、登山道脇にはシャクナゲが多くなってくる。花を眺めながらゆっくり登っていくと、やがて傾斜が急になってくるが、その急登が終わるあたりになるとアケボノツツジが現れる。この傾斜がゆるむ地点が**あけぼの平**とよばれており、ここから山頂にかけては、シャクナゲよりもアケボノツツジが多くなってくる。また右手には、犬流れ越ルートの鋸尾根も時おり垣間見ることができる。

あけぼの平を過ぎると再び急登となるが、長くは続かない。傾斜がゆるむと、細長い大岩が横たわっているのが見えてくる。これは船石《ふないし》とよばれているが、よく見れば確かにそのように思える。

船石から数分で犬流れ越との分岐に達し、左折して最後の急坂を登りきると**夏木山**に

アケボノツツジの多い夏木新道。奥は木山内岳

鋸尾根核心部・鹿ノ背（サブコース）

写真・文／緒方 優

着く。山頂はアケボノツツジやその他の樹木に囲まれて展望はないが、東と西の端にそれぞれ千丈覗《せんじょうのぞき》とよばれる展望所がある。東の千丈覗からは大崩山が望まれる。

　山頂からは、往路を引き返す。

サブコース

●犬流れ越コース

Map 9-3D
夏木新道登山口

　鋸状の岩場が連続する尾根をたどる難コース。アップダウンが連続し、体力の消耗も激しい。

夏木新道登山口からさらに林道を10分ほど歩くと**犬流れ越登山口**に達する。登山道に入るといきなりの急登だが、じきに傾斜はゆるむ。しばらくするとアカマツのある展望所がある。ここからさらに登っていくと道は尾根から右手の鞍部へと向かい、稜線上の**犬流れ越**に着く。

　左へ鋭角に曲がって縦走路を進むと1162mピークがあり、その次のピークの下りから**鋸尾根**がはじまる。要所にはハシゴやロープが設置され、それらを利用して慎重に通過すること。

　やがて狭い岩稜が見えてくる。ルート最大の難所・鹿《しか》ノ背《せ》だ。岩稜の右側に進んでいくと、まさにナイフリッジ（ナイフの刃のように切り立った岩稜）の岩場となる。通過の際は、前半は右側をトラバースし、中間地で左側へ乗り越してトラバースする。ここは絶対にミスできない箇所だ。

　さらにアップダウンを繰り返していくと、やがて左から夏木新道が合流し、**夏木山**山頂への最後の登りとなる。（コースタイム＝2**時間55分**／コースグレード＝**中級**）

犬流れ越ルートの鹿ノ背手前から望む夏木山山頂

プランニング&アドバイス

アケボノツツジやシャクナゲの見ごろは4月下旬、秋の紅葉は10月下旬。サブの犬流れ越コースは、岩場が連続する鋸尾根を行く難コースにつき、初級者は立入不可。大小10ものピークを越えていくだけに体力・集中力も削がれる。夏木新道登山口までの公共交通機関がなく、マイカーかレンタカー利用となる。大雨後などは林道が荒れていることもあり、要注意。

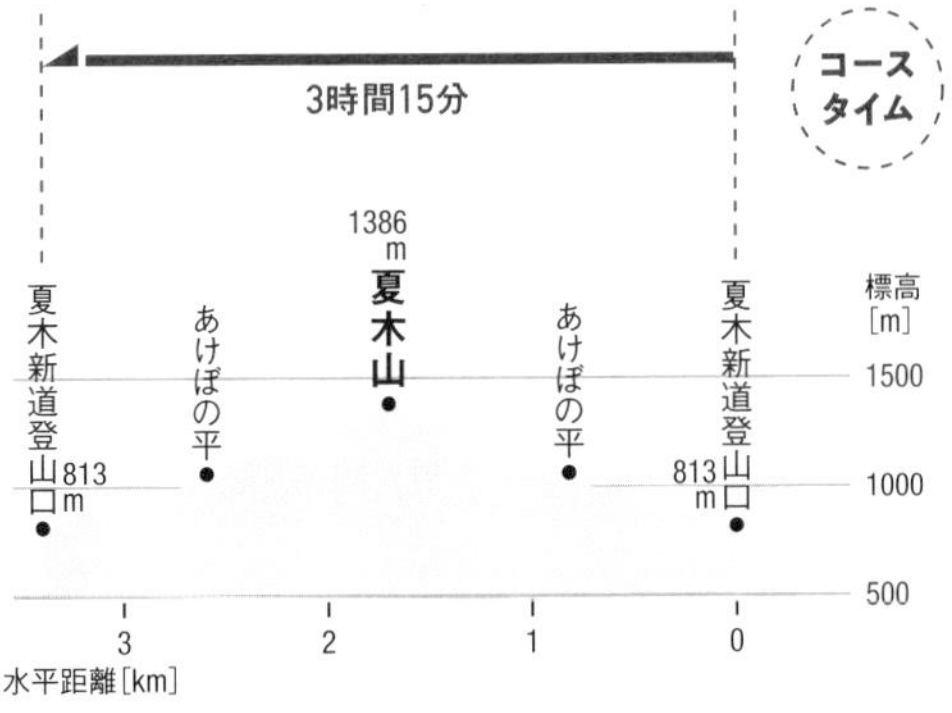

日帰り

鹿納山

アケボノツツジ咲く原生林のなかに突っ立つ岩峰。別名「鹿納坊主」

日隠山登山口→鹿納谷登山口→鹿納谷分岐→鹿納山（往復）　4時間

鹿納山《かのうやま》は大崩山《おおくえやま》の北西にあり、「鹿納坊《ぼう》主《ず》」ともよばれる際立った岩峰をもつ。やせ尾根の連続する稜線上からは祝子《ほうり》川源流域の原生林が一望でき、アケボノツツジの咲く時期だけでなく、新緑や紅葉もすばらしい。

延岡《のべおか》市上鹿川《かみししがわ》地区から比叡《ひえい》山《ざん》林道を進み、大崩山の宇土内谷《うどうちだに》登山口からさらに3㎞ほど進んで鹿納谷の橋を渡ると駐車スペースとなる広場がある。ここには**日隠《ひかくれ》山《やま》登山口**の案内板がある。

林道をさらに奥へ歩くこと約700mで、**鹿納谷登山口**に達する。登山口から尾根へ取り付くといきなりの急登だが、10分も登ればアケボノツツジが現れ、山頂まで続く。中間地点付近でいったん傾斜がゆるくなるが、再び急登が続く。左上方に稜線が近づいてくると再び傾斜もゆるみ、やがて縦走路（**鹿納谷分岐**）に登り着く。右へ行くと大崩山、めざす鹿納山へは左へ進む。

稜線上のアップダウンを繰り返しながら進んでいく。ところどころにある稜線のピークからは鹿納山の岩峰をはじめ、周囲の展望がすばらしい。しばらくすると山頂手

Map 9-1C　日隠山登山口

コースグレード	中級
技術度	★★★☆☆ 3
体力度	★★☆☆☆ 2

鹿納山山頂、狭い場所だが展望はすばらしい

鹿納谷登山口。駐車スペースやトイレはない

前の鞍部で、ここはちょっとした広場になっている。東側に下っていくと権七小屋谷《ごんしちこや》だ。さらに北進するとじきに岩峰の基部に達する。ここは直登せずに西側を巻き、岩峰の北側から岩場を登ると**鹿納山**の山頂に出る。周りをさえぎるものは何もなく、山頂からの展望は最高である。ただし山頂は狭い岩峰の上だけに、慎重に行動したい。

　下山は、往路をそのまま戻る。

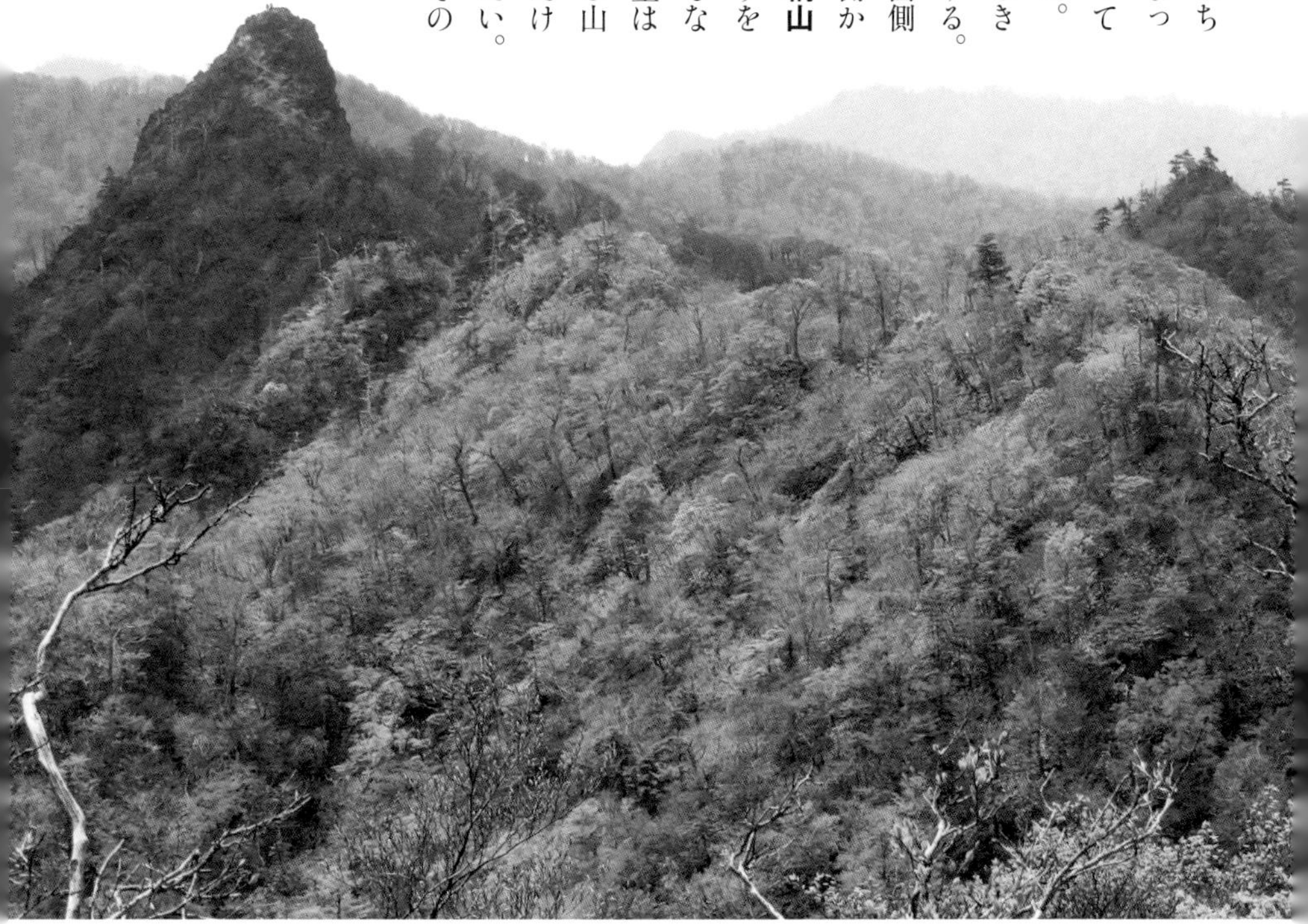

ブナの三叉路近くから望む鹿納山へと続く稜線

プランニング&アドバイス

登山適期は3～11月。アケボノツツジの見ごろは4月下旬～5月初旬にかけて、紅葉は10月下旬ごろ。延岡市鹿川地区へは公共交通機関がないため、マイカーあるいはレンタカー利用となる。比叡山林道は、宇土内谷登山口までの道が荒れていることがあるので、注意して走行したい。冬期は積雪があると、登山口までたどり着けない場合もある。

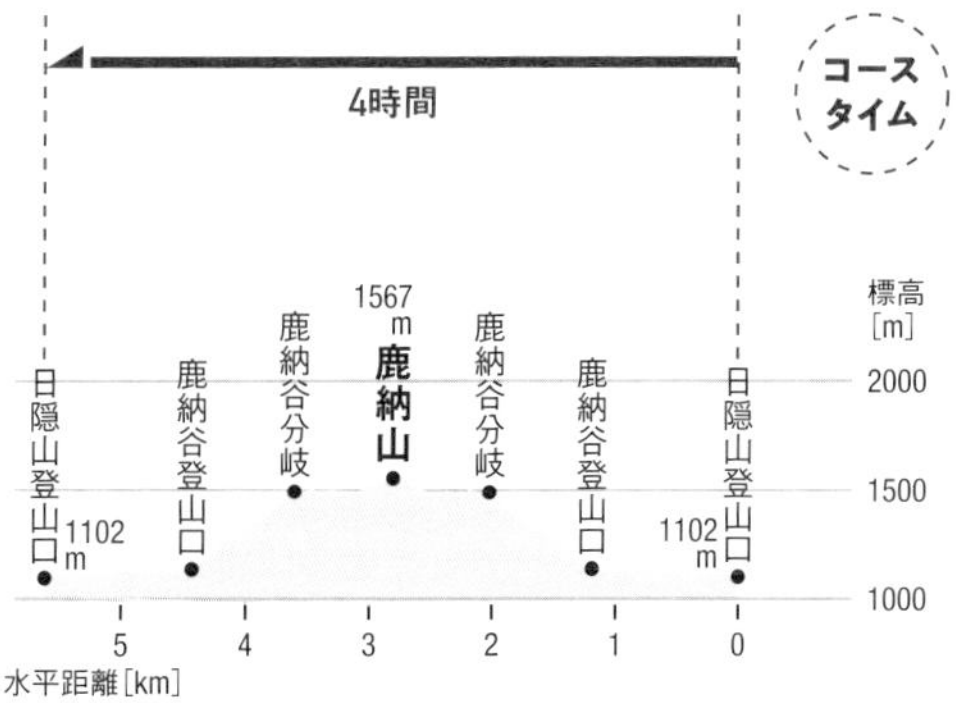

サブコース

お化粧山コース

お化粧山登山口↓ブナの三叉路↓鹿納山　2時間35分

Map 9-1C お化粧山登山口
Map 9-2C 鹿納山

コースグレード｜中級
技術度｜★★★☆☆　3
体力度｜★★☆☆☆　2

日隠《ひがくれ》林道の**お化粧山《けしょうやま》登山口**から植林地に入ってしばらく山腹を登っていくと、涸れ谷となる。以前はヤマシャクヤクの群生地だったが、かなり少なくなってしまった。

谷沿いに進み、正面が立ちふさがってきたら右へ回りこんで、尾根へ上がる。ちょっとしたピークが**お化粧山**で、標示板と山名の由来を書いた案内板がある。

お化粧山から鞍部へわずかに下り、ゆるやかな尾根を歩いていくと、やがて1571mピークに達する。以前ここには枝を大きく広げたブナが立っており、**ブナの三叉路**とよばれていた。現在は枯れて朽ち果てた姿が残っている。この三叉路を左へ行くと五葉岳《ごようだけ》（P126コース[19]参照）、めざす鹿納山《かのうやま》へは右に行く。

三叉路を右折してゆるやかに下ると、金《かな》山《やま》谷への分岐がある。さらに進んで巨岩の西側を巻きながら下り、鞍部から登り返すと**鹿納《かのう》の野《の》**に着く。ここは三叉路となっており、右へ進むと日隠山へといたる。鹿納山へは左へと進む。ここから登山道は東寄りに向きを変える。

尾根のアップダウンを繰り返しながら、鹿納山へと進んでいく。4月下旬には登山道脇でアケボノツツジやミツバツツジ、シャクナゲの花を楽しみながら歩いていける。

やがて山頂手前の大きな岩峰にたどり着くが、ここは直登が厳しく、西側を大きく巻くことになる。いったん西側へ大きく下って登り返し、さらに次のピークも巻いていくと、鹿納山の岩峰の基部に達する。岩場を慎重に登りきると、**鹿納山**の山頂だ。

アケボノツツジ咲く鹿納山北稜線（左は鹿納坊主）

「ブナの三叉路」のブナは近年枯れてしまった

サブコース

大崩山・鹿納山縦走コース

宇土内谷登山口→大崩山→最低鞍部→鹿納山→鹿納谷登山口→宇土内谷登山口　6時間35分

Map 9-1B 宇土内谷登山口

コースグレード | 中級

技術度 | ★★★☆☆ 3

体力度 | ★★★☆☆ 3

春の山中を彩る、アケボノツツジ満喫コースである。

宇土内谷登山口《うどうちだに》から**大崩山**《おおくえやま》へ登り、縦走路入口となる**鹿納山分岐**《かのうやま》まで戻ったら、縦走路へと右折する（宇土内谷登山口〜大崩山間はP125サブコース①を参照）。

ブナが林立する森のなかを、ゆるやかに下っていく。以前はスズタケが密生していて歩きにくかったが、すっかり枯れてしまい快適に歩ける。1444mピーク手前の鞍部からピークを過ぎて次の鞍部（**最低鞍部**）までは、左手がヒノキの植林地になっている。

登山道はここで西寄りに向きを変える。2度ゆるやかなピークを越すと急登となり、このピークを登りきると登山道は北へと向きを変える。次の1457mピークを過ぎると**鹿納谷分岐**で、下山で利用する鹿納谷登山口からの登山道（P130コース21参照）が左から合流する。

ここから**鹿納山**を往復して、**鹿納谷分岐**から**鹿納谷登山口**へ下る。あとは比叡山林道を**宇土内谷登山口**まで歩く。

アケボノツツジ越しに縦走路から望む鹿納坊主

最低鞍部。森林管理署の標示がある

岩場に咲いていたヒカゲツツジ

写真・文／緒方 優

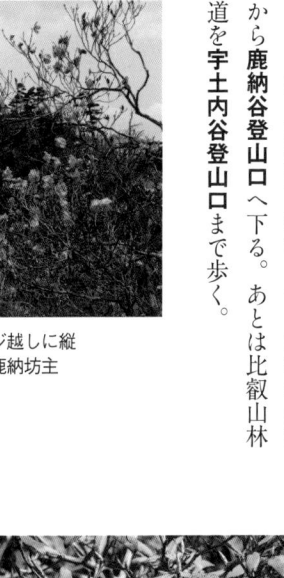

日帰り

鉾岳

この山にだけ自生する貴重な花とクライマーを魅了する圧巻のスラブ

鹿川キャンプ場↓徒渉点②↓展望所↓徒渉点②↓雄鉾↓雌鉾↓徒渉点②↓鹿川キャンプ場　3時間30分

Map 9-2A 鹿川キャンプ場

コースグレード	中級
技術度	★★★☆☆ 3
体力度	★★☆☆☆ 2

大崩山《おおくえやま》の南部に鹿川峠《ししがわ》をはさんで対峙する山が鉾岳《ほこだけ》である。大崩山と同じ花崗岩《かこう》で形成され、際立った岩峰は強烈な存在感を誇示している。雄鉾《おんぼこ》・雌鉾《めんぼこ》の2つの岩峰に分かれ、雌鉾は幅400m、高さ200m以上の壮大なスラブを鉾岳谷に落としている。日本一といわれる圧倒的なスケールを誇るスラブを求めて、全国各地から多くのクライマーが訪れている。その山中にはツチビノキなどの希少な植物が生息し、他の山では見られない独特のものである。

鹿川キャンプ場の管理棟と駐車場のあいだの林道を進んでいくと、10分ほどで右側に**鉾岳登山口**の案内板が出ている。登山道に入るとしだいに傾斜も増してきて、右下には鉾岳谷が見えてくる。急登が終わると雌鉾スラブの岩場への分岐があり、さらに進んでいくと徒渉地点（**徒渉点①**）に着く。

岩づたいに左岸へ渡り、滝見《たきみ》新道の案内板にしたがって山腹の急斜面を登っていくと、やがて左から大滝からの水流が出合う。滝直下から見上げると、白い糸を束ねたような水流がすばらしい。さらに登っていくと従来の登山道と合流し、やがて傾斜もゆるんでナメの谷となる。**徒渉点②**の手前に展望所の案内板があり、右手に続くスズタケの切り分けられた道を登っていく。**展望所**の岩場からの眺めは正に絶景で、広大な雌鉾スラブを一望できる。

徒渉点②へ戻り、徒渉して案内板にしたがって進んでいくと林道に出る。左折して

世界でもここだけに自生するツチビノキ

天然杉コースの二本杉（サブコース）

豪快な雌鉾スラブに圧倒される（天然杉コースから）

少し林道を歩き、案内板から谷へ下ると**徒渉点③**となる。徒渉してゆるやかに登っていくと、やがて**雄鉾**の山頂に達する。

徒渉点③へ戻って谷沿いにしばらく下り、右岸から雄鉾との鞍部へ登る。左方へ進んで岩場を登ると雌鉾の基部に出て、**雌鉾**に立つ。

下山は往路を下るが、滝見新道へは下らず、従来の登山道を利用しよう。

サブコース

●天然杉コース

Map 9-2A 鹿川キャンプ場

鹿川キャンプ場の駐車場から鉾岳への道を進むと、5分ほどで「天然杉」と記された案内板がある。案内板にしたがい右折して進んでいくと、やがて鉾岳谷の**徒渉**となる。大岩の横を通り過ぎしばらく行くと、道は右へと折れ最初のハシゴに差しかかる（**ハシゴ場①**）。２つ目のハシゴ場を過ぎると、天然杉の巨木が現れる。しばらく進むと**展望のよい場所**があり、鉾岳山頂や大崩山、日隠山《ひがくれやま》などが望める。

さらに進んでロープ場を過ぎると天然杉の案内板があり、右手に少し下ると二本《にほん》杉だ。登り返して**巨岩**の横をさらに進んでいくと、やがて**1264mピーク**だ。ここで進路を北に変えてゆるく下っていくと、メインコースの**展望所**の岩場にたどり着く。（**コースタイム＝2時間30分／コースグレード＝中級**）

雌鉾から水を落とす大滝

プランニング&アドバイス

鹿川キャンプ場への公共交通機関はなく、マイカーまたはレンタカー利用となる。タクシー利用の場合、延岡市または日之影町からの出発となり、費用も高額となる。登山適期は3～11月。アケボノツツジは4月下旬、ササユリは5月下旬～6月初旬。鉾岳のみに生息する貴重な花であるツチビノキはジンチョウゲ科ガンピ属の低木で、花期は6月下旬～7月初旬。

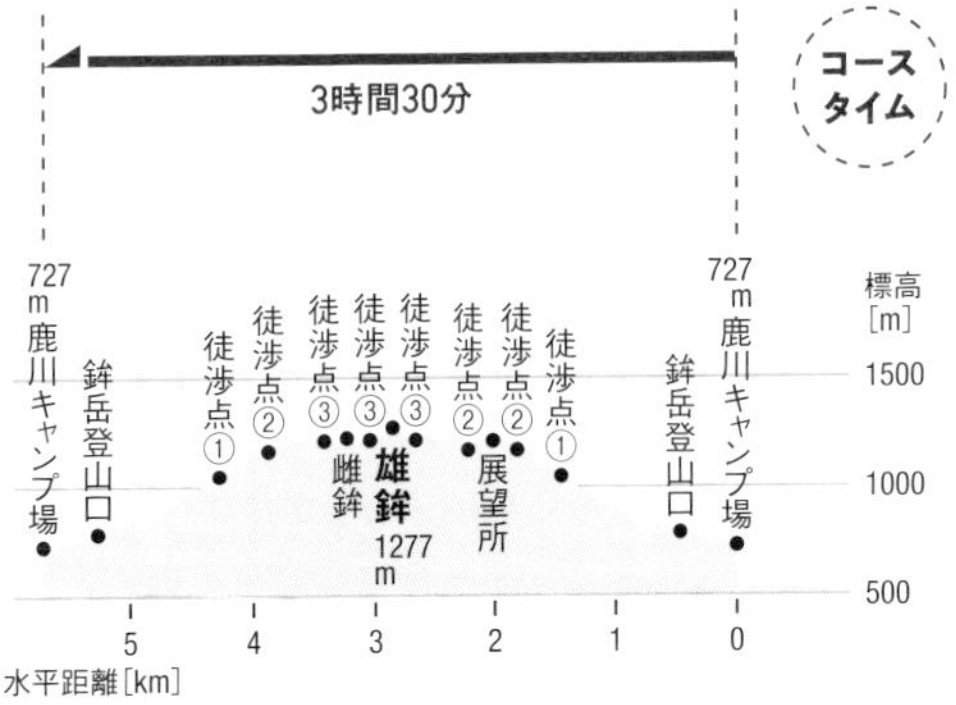

コラム3

九州の山に咲く花

本書で紹介した各山域の花を集めた。特質する花としては、世界中で他に類のない鉾岳（大崩山地）のツチビノキやえびの高原（霧島山地）のノカイドウなど。花の種類が豊富な平尾台（P25）とくじゅう連山（P140）は別コーナーを設けている。

赤色系の花

ベニシュスラン
8月／多良岳

オオマルバノテンニンソウ
（ツクシミカエリソウ）
9月／矢岳

オキナグサ
4月／根子岳

ヤマジノホトトギス
9月／矢岳

ササユリ
6月／大崩山

黄色系の花

キレンゲショウマ
8月／向坂山

ヤマホトトギス
9月／九千部山

コオニユリ
7月／井原山

キツリフネ
9月／雷山

オオバウマノスズクサ
5月／大幡山

ツチトリモチ
10月／烏帽子岳
（霧島山地）

オオキツネノカミソリ
7月／多良岳

キバナノツキヌキホトトギス
10月／尾鈴山

キンラン
5月／大幡山

写真／池田浩伸・内田益充・緒方 優・川野秀也・松本高志

白色系の花

イヌホオズキ
9月／雷山

イチリンソウ
5月／井原山

トウゴクサバノオ
4月／井原山

カシワバハグマ
9月／九千部山

ウメガサソウ
6月／多良岳

ギンリョウソウ
5月／矢岳

セリバオウレン
2月／経ヶ岳

ダイモンジソウ
9月／韓国岳

シギンカラマツ
7月／白岩山

フモトスミレ
5月／えびの高原

ホソバナコバイモ
3月／多良岳

モミジガサ
9月／九千部山

コウスユキソウ
8月／白岩山

ニリンソウ
5月／井原山

ユリワサビ
3月／多良岳

ツメレンゲ
10月／多良岳

アケボノシュスラン
9月／多良岳

ワチガイソウ
5月／雲仙

ツクシショウジョウバカマ
3月／羽金山

紫・褐色系の花

ヤブラン
9月／雷山

レイジンソウ
8月／五葉岳

サイハイラン
5月／多良山地

カンアオイ
10月／雲仙

シュスラン
9月／九千部山

ハナシノブ
6月／阿蘇外輪山

クサヤツデ
3月／多良岳

アキチョウジ
10月／経ヶ岳

ソバナ
9月／多良岳

カンザシギボウシ
7月／経ヶ岳

ハルリンドウ
4月／杵島岳

ハナカズラ
11月／烏帽子岳
（霧島山地）

タンナトリカブト
9月／五葉岳

ヤマアジサイ
7月／多良岳

ラショウモンカズラ
5月／井原山

ヤッコソウ
11月／刀剣山
（高隈山地）

ツルニンジン
9月／多良岳

ツクシクサボタン
8月／白岩山

コケイラン
5月／多良岳

樹木の花

ベニドウダン
6月／大浪池

ツクバネウツギ
5月／大幡山

サラサドウダン
5月／脊振山

ヤクシマシャクナゲ
6月／投石平

ノカイドウ
5月／えびの高原

キリシマミツバツツジ
5月／大幡山～矢岳

キリシマミズキ
4月／霧島山

カイモンツツジ
6月／開聞岳

ウリノキ
6月／九千部山

ヒカゲツツジ
5月／えびの岳

ホオノキ
4月／井原山

ツチビノキ
7月／鉾岳

ヒコサンヒメシャラ
6月／英彦山

ヤマツツジ（ピンク）
5月／大幡山～矢岳

コバノミツバツツジ
4月／井原山

ヤクシマホツツジ
8月／扇山

ベニヤマボウシ
6月／九千部山

ムシカリ（オオカメノキ）
5月／雲仙

アケボノツツジ
5月／夏木山

くじゅう連山・由布岳の花

黄＝黄色系の花　赤＝赤色系の花　白＝白色系の花　紫＝紫・褐色系の花（樹木の花は各色の花に含んでいます）

マンサク 黄
3月／佐渡窪

キスミレ 黄
4月／下泉水山

リュウキンカ 黄
5月／タデ原

サワオグルマ 黄
5月／坊がつる

アキノキリンソウ 黄
9月／沓掛山

タカネコウリンギク 黄
4月／合頭山

ベニバナヤマシャクヤク 赤
5月／黒岳

ツクシシャクナゲ 赤
5月／三俣山

ヨウラクツツジ 赤
5月／三俣山

イワカガミ 赤
5月／三俣山

ミヤマキリシマ 赤
6月／北大船山

ツクシフウロ 赤
8月／飯田高原

エヒメアヤメ ㊕
5月／由布岳

マイヅルソウ ㊀
6月／坊がつる

サバノオ ㊀
4月／九重・下湯沢台

ヤマオダマキ ㊕
6月／大船山・鳥居窪

ウメバチソウ ㊀
10月／大船山

ヤマシャクヤク ㊀
4月／黒岳

イワタバコ ㊕
8月／鳴子山※

タチツボスミレ ㊕
4月／黒岳

オオヤマレンゲ ㊀
6月／北大船山

マツムシソウ ㊕
8月／雨ヶ池

リンドウ ㊕
10月／坊がつる

コケモモ ㊀
6月／星生山

※＝2021年2月現在登路の白口谷は通行禁止

九州脊梁

ブナ林が続く霧立越の登山道（写真／内田益充）

熊本と宮崎の県境に
重畳な山を連ねる「九州の背骨」
豊かな自然形態も魅力

縦走路上の見晴しの岩からはめざす扇山が望める

歴史のロマンを秘めた霧立越を歩いて扇山へ

日帰り カシバル峠→日肥峠（杉越）→白岩山→見晴しの岩→馬つなぎ場→平家ブナ跡→扇山山小屋→扇山（往復）　計7時間55分

コースグレード｜**中級**

技術度｜★★☆☆☆　2

体力度｜★★★★☆　4

写真・文／内田益充

熊本・宮崎県境の霧立越《きりたちごえ》（「きったちごえ」ともいう）は、現在の熊本県上益城郡山都町《やまと》馬見原《まみはら》から宮崎県東臼杵郡椎葉村《しいば》尾前《おまえ》まで馬で物資を輸送し、賃銭を受け取るかつての「駄賃付け《だちん》」の道である。1933（昭和8）年に椎葉への車道が開通してから、霧立越を通行する「駄賃付け」はしだいに利用されなくなり、やがて途絶えてしまった。

霧立越の歴史にまつわる話は多く、1185（寿永4）年に壇《だん》ノ浦《うら》の戦いに敗れた平家一門が椎葉に逃れ、その後を討伐のため那須大八郎《なすだいはちろう》が追ったという有名な伝説が残っている。また、1877（明治10）年には、西南戦争の田原坂《たばるざか》の戦いに敗れた薩《さつ》摩《ま》軍が西郷隆盛とともに人吉《ひとよし》に逃れた道としても知られている。

現在の霧立越とは、向坂山《むこうざかやま》から扇山《おおぎやま》にいたる霧立山地のトレッキングコースを指している。部分的に逆戻りコースとなる向坂山は除外して、カシバル峠から扇山までの縦走コースを紹介する。

霧立越縦走の起点となるゴボウ畠登山口

水呑の頭に群生するツクシシャクナゲ

二本ブナと間違えるほど立派なブナの巨木

日帰り

カシバル峠から白岩山、霧立越を経て扇山へ

五ヶ瀬《ごかせ》ハイランドスキー場のある**カシバル峠**から白岩《しらいわ》林道に入り、登山口の**ゴボウ畠**へ。ここで林道と離れ、木製チップ材を敷いた登山道を登っていく。稜線が近づくと平坦になり、扇山と向坂山との分岐である**日肥《ひひ》峠**（杉越《すぎごえ》）に着く。霧立越関所と書かれたユニークな登山届があり、霧立越の歴史が漫画でわかりやすく説明してある。

左手にある巨岩のかめ割りを過ぎ、ブナ林の快適な道を進むと案内板のある白岩山の直下に着く。鹿防止柵を開けて、石灰岩の岩場を登れば露岩の**白岩山**山頂である。脊梁《せきりょう》山地最高峰・国見岳《くにみだけ》の展望は抜群。この先は良好な展望が期待できる場所は少ないので楽しんでおこう。縦走路に戻り先へ進むと今度は**水呑《みずのみ》の頭《かしら》**の入口があり、山頂まで片道5分程度なので往復してみよう。展望はよくないが3等三角点がある。山頂東側にはツクシシャクナゲの大群生地があるので、開花期には散策してみたい。

縦走路に戻ると、やがて平坦だった登山道はゆるやかな下りになる。樹間から時おりなだらかな扇山も垣間見えてくる。注意しながら進むと、足もとに小さな標示板のある「小屋場《こやば》古道分岐点」が現れる。周辺の樹種はブナなどが少なくなり、ミズナラなどが目立ってくる。さらに進むと右側に**見晴《みはら》しの岩**の小さな標示板があり、登ると露岩になっている。国見岳の展望はもとより、扇山も望まれるようになる。

道はやがて平坦になり、**馬つなぎ場**へ。

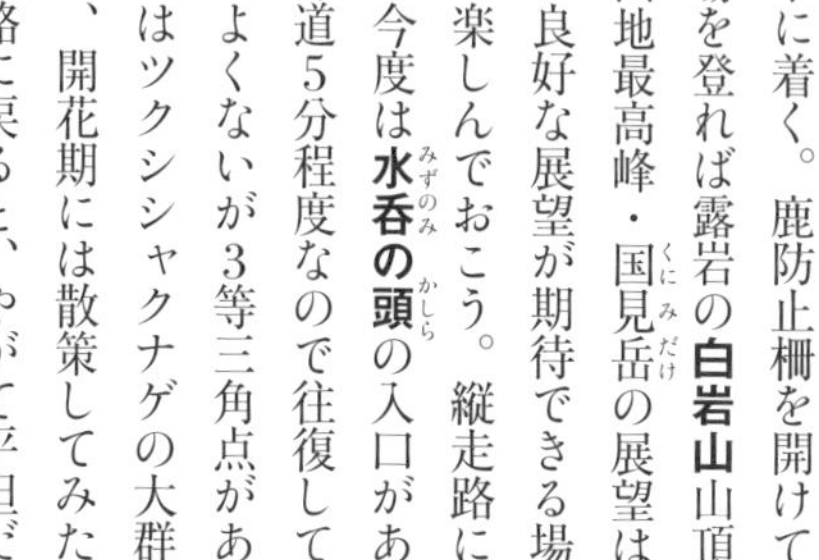

扇山山頂の山名標柱

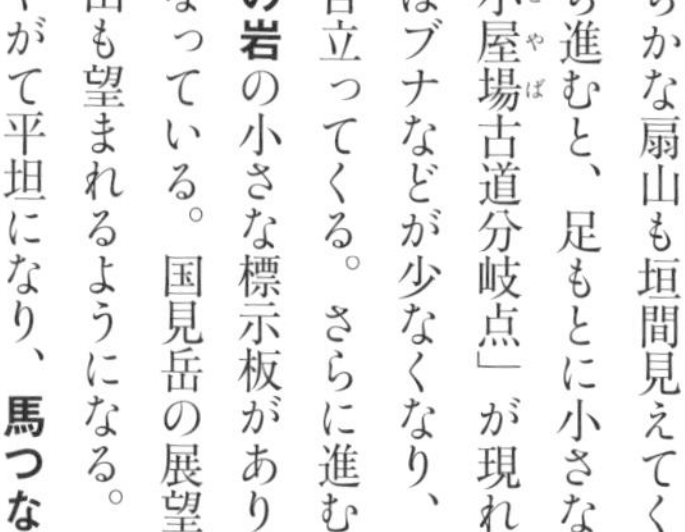

扇山の山小屋が見えてくる

このあたりが縦走路の中間点で「カシバル峠550m、扇山山小屋3900m」の標示がある。この先はゆるやかに下り、その後短い間隔で小さな登降を繰り返す。

稜線に再びブナの巨木が目立つようになると、コース中最大の二本ブナが現れる。すぐ先の「三方界《さんぼうかい》古道分岐点」の小さな標示板を過ぎると徐々に登りとなる。**平家ブナ跡**はすでに枯れており、倒れて案内板が残るのみ。「滝《たき》・尾前古道分岐」の標示板を過ぎるとアセビが点在する見晴しの丘で、縦走路有数の眺めだ。再び樹林の平坦な道を行くと、前方に**扇山山小屋**が見えてくる。

山小屋から標識に沿って左側の斜面を登り、稜線に取り付く。右側の巨岩の横を通過するあたりからシャクナゲ群生地になる。山頂手前のツツジ岳（通称）とよばれる巨岩のピークからは、市房山《いちふさやま》など東側の展望がよい。いったん鞍部に下り、露岩のあいだを縫って登り返すと**扇山**山頂に着く。

下山は往路を戻るが、**水呑の頭**に寄らなければ10分ほど時間短縮ができる。

白岩山山頂から脊梁最高峰・国見岳方面の展望

プランニング&アドバイス

新緑の美しい4月下旬からツクシシャクナゲが開花する5月中旬ごろが最適で、紅葉の季節もおすすめ。長時間のコースであるが、できるだけ軽装備で縦走して往路を戻ろう。体力に自信のある人は、早朝出発すれば日帰り可能である。日帰りが困難であれば、扇山山小屋で1泊するのも無理のない計画である。数人で登山する場合はマイカー2台を用意し、1台を下山時間の短い松木登山口（P148参照）に駐車しておく方法もある（ただし2021年2月現在松木登山口への林道が通行止めになっている）。

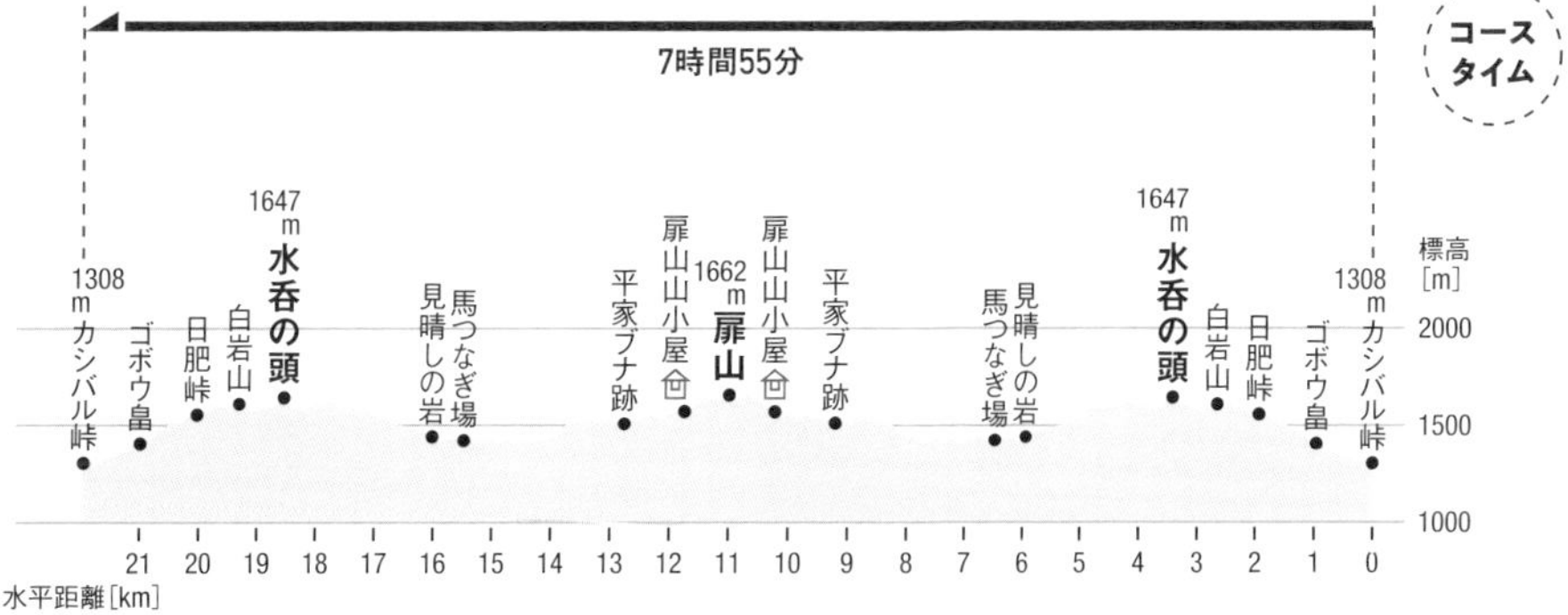

サブコース

松木登山口コース

松木登山口↓扇山山小屋↓扇山（往復） 2時間25分

●本コースは2021年2月現在、下の平地区～松木登山口間の林道が通行止め。詳細は椎葉村地域振興課℡0982-67-3203へ。

Map 10-4C 松木登山口

コースグレード	初級
技術度	★★★★★ 2
体力度	★★★★★ 1

扇山《おうぎやま》南西にある松木《まつき》登山口は、山頂までの歩行時間が短いことから、いちばん利用者の多いコースである。展望抜群の広い駐車場があり、脊梁《せきりょう》山地の主峰が一望できるのも利用者が多い理由と思われる。その駐車場にはバイオトイレが設置され、登山道の横には水場もある。

松木登山口から、自然林のなかをゆるやかに登っていく。1409mピークの山腹を巻くため樹間越しに左側の展望しか見えないが、右側にブナの巨木が現れると樹間の奥に扇山が望まれるようになる。ここを過ぎると傾斜が増し、続く1439mピークも山腹を巻いて進む。

1518mピーク付近に達するとゆるやかな登山道に変わり、左手にある露岩の周辺ではシャクナゲが見られるようになる。少し行くと樹間から左右の展望が得られるようになり、その先に水源かん養保安林の朽ち果てた標識の残る旧道分岐がある。旧道は荒れていて通行できない。

わずかな登りのあとは再びゆるやかな道となり、右手に水場が見えると**扇山山小屋**に着く。以前は使用禁止となっていたが、修復されてきれいな小屋になっている。5人程度は宿泊可能で、小屋の下にはトイレも設置されている。小屋を通過して直進する道は白岩山《しらいわやま》へ続く縦走路（P144コース23参照）である。

扇山へは、指導標に沿って右の登山道に取り付く。この先の詳細はP144コース23を参照のこと。

コバノミツバツツジの咲く登山道を行く

松木登山道の樹間から扇山を望む

写真・文／内田益充

サブコース

内の八重コース

内の八重登山口→烏帽子岩→不動冴山分岐→扇山（往復） 2時間40分

Map 10-4D 内の八重登山口

コースグレード	初級
技術度	★★★☆☆ 3
体力度	★★☆☆☆ 2

山頂東側にある内《うち》の八重《はえ》登山口は、アプローチである林道の路面状況が悪いだけに、オフロードタイプなど最低地上高が高い車でないと通行が困難である。このため3カ所ある登山口のなかでは、最も登山者が少ないコースとなっている。

内の八重登山口から谷沿いに右側（左岸）を進み、途中で谷を離れて山腹をジグザグに登っていく。急斜面に刻まれた歩きにくい登山道が終わると、右手に**烏帽子岩**《えぼし》が現れる。烏帽子岩は簡単に登れ、しかも岩上からの展望もよいので、休憩を兼ねて寄り道をしてみたい。

ここから植林帯のなかを登っていくと、水流のある小さな谷と、続いてガレの谷を横切る。右側を注意して進み、重ね岩《かさ》と呼ばれる亀裂のある岩が見えるようになると植林帯も終わる。

しばらく登るとヤマグルマの根がからんだ岩が現れ、山頂から北東にのびる稜線上の**不動冴山**《ふどうざえやま》**分岐**に着く。ここの分岐は下山の際に見落としやすいので要注意。この先は急な登りもなく、ゆるやかな稜線歩きとなる。

みごとなブナの巨木の横を通り、左右に見える巨岩を過ぎると登山道の右手にイチイの古木が現れる。イチイの古木は縄文時代から生きているとの説があるが、樹木のなかは空洞化している。少し傾斜が増すとシャクナゲの群生地があり、その中をかき分けて進むと**扇山**《おうぎやま》の山頂に着く。

●本コースは2021年2月現在、内の八重地区〜内の八重登山口間の林道が通行止め。詳細は椎葉村地域振興課☎0982・67・3203へ。

縄文時代から生き延びたと説があるイチイの古木

歩きはじめは涸れた谷を登っていく

写真・文／内田益充

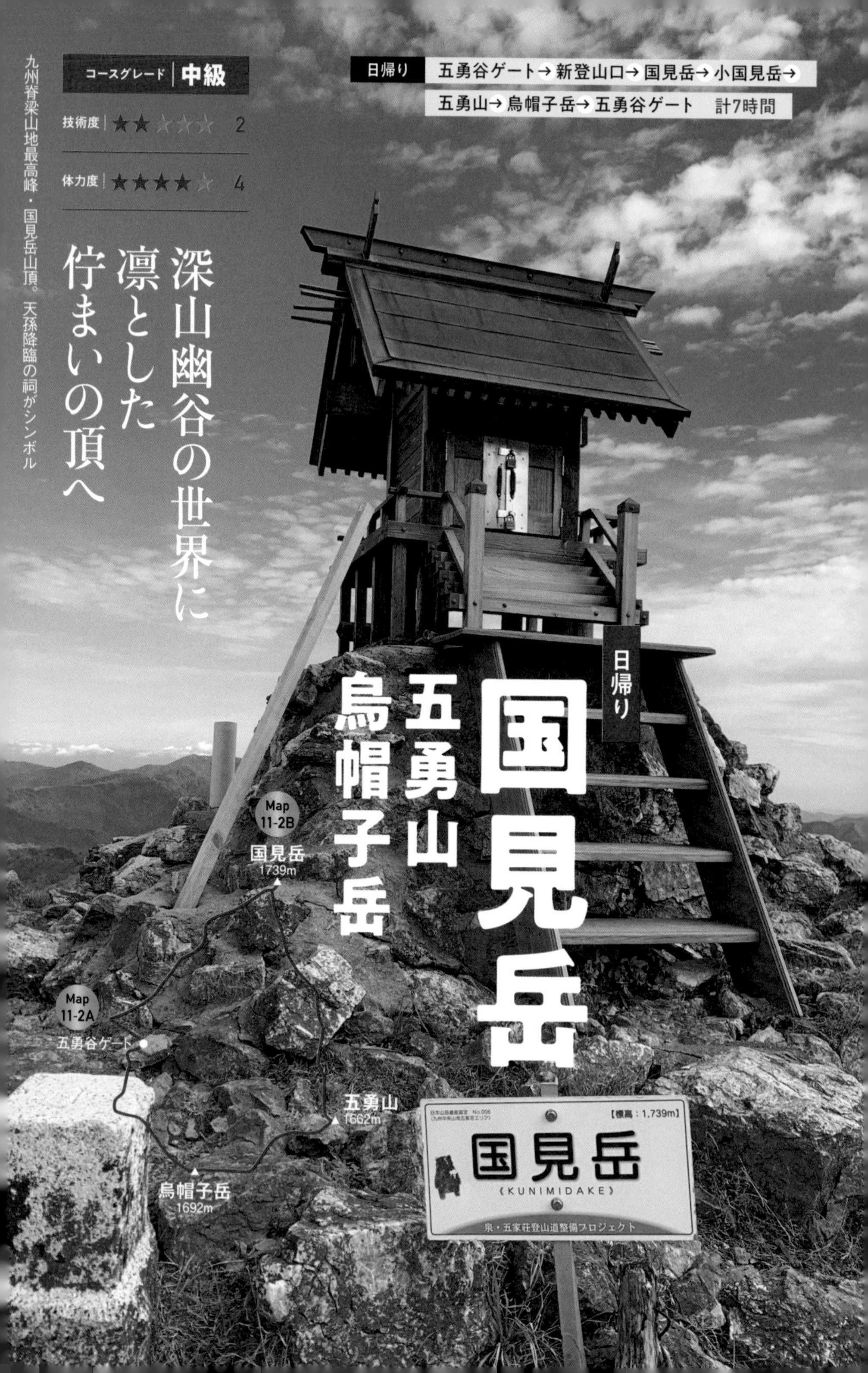

日帰り

国見岳 五勇山 烏帽子岳

日帰り　五勇谷ゲート→新登山口→国見岳→小国見岳→五勇山→烏帽子岳→五勇谷ゲート　計7時間

コースグレード｜中級

技術度｜★★☆☆☆ 2

体力度｜★★★★☆ 4

深山幽谷の世界に凛とした佇まいの頂へ

九州脊梁山地最高峰・国見岳山頂。天孫降臨の祠がシンボル

急峻な山が連なるさまを「分け入っても分け入っても青い山」。かつて俳人・種田山頭火が九州中央山地の山々を見てこう詠んだ。ふもとを流れる球磨《くま》川、耳《みみ》川、五ヶ瀬《ごかせ》川などの水源も多くあることから「九州の背骨（九州脊梁《せきりょう》山地）」ともよばれている。その中央に鎮座する主峰が国《くに》見岳《みだけ》（標高1739m）である。四方をさえぎるものがない山頂からは、その名にふさわしく九州本土各県の山々を見渡せる。また登山口のある熊本県八代《やつしろ》市泉《いずみ》（五家荘《ごかのしょう》）、宮崎県椎葉《しいば》村にはともに平家の落人伝説が数多く残されており、そのこと自体が九州の最深部であることを物語っている。

日帰り

五勇谷ゲートを起点に国見岳、烏帽子岳を周回する

県道159号から林道樅木《もみき》線に入り、約8km進んだ箇所に**五勇谷《ごゆうだに》ゲート**があり、それ以上先に車は進入できない。道路脇に車を駐車し、ゲートの横を抜け林道を10分ほど進むと国見岳登山口の標識があるが、登山道は崩落により通行できない。**新登山口**は林道をさらに5分ほど進んだ箇所にある。

歩きはじめは西斜面のヒノキの植林帯を尾根沿いに登るが、夏でなくとも汗が流れるほどの急坂だ。標高1200mを過ぎると傾斜がいったんゆるみ、周囲にはブナやヒメシャラ、ツガなどがところどころに群生する。左手がスギの植林に変わると再び急登で、登りきると**三叉路**と出合う。左手は旧登山口からの道で、傾斜がゆるやかなため遠回りにはなるが雨天時や国見岳往復登山時の下山ルートとして利用価値がある。

1409mの鈍頂を過ぎると植林帯も終わり、主に落葉広葉樹林歩きとなる。左右の視界が徐々に開け、枝の隙間から左側に後平家山《うしろへいけやま》から樅木富士《もみきふじ》へ連なる尾根を、右側に小国見岳《こぐるみだけ》から連なる稜線を望める。

植生が灌木と下草に変わる標高1650mあたりから再び急登になる。防獣ネット

●2020年12月現在アクセス路の林道樅木線。法面崩落により、五勇谷ゲート約2km手前の道路脇に駐車し、五勇谷ゲートまで約30分歩く。復旧は2021年秋ごろの見込み。

林道樅木線終点にある五勇谷ゲートの脇を抜ける

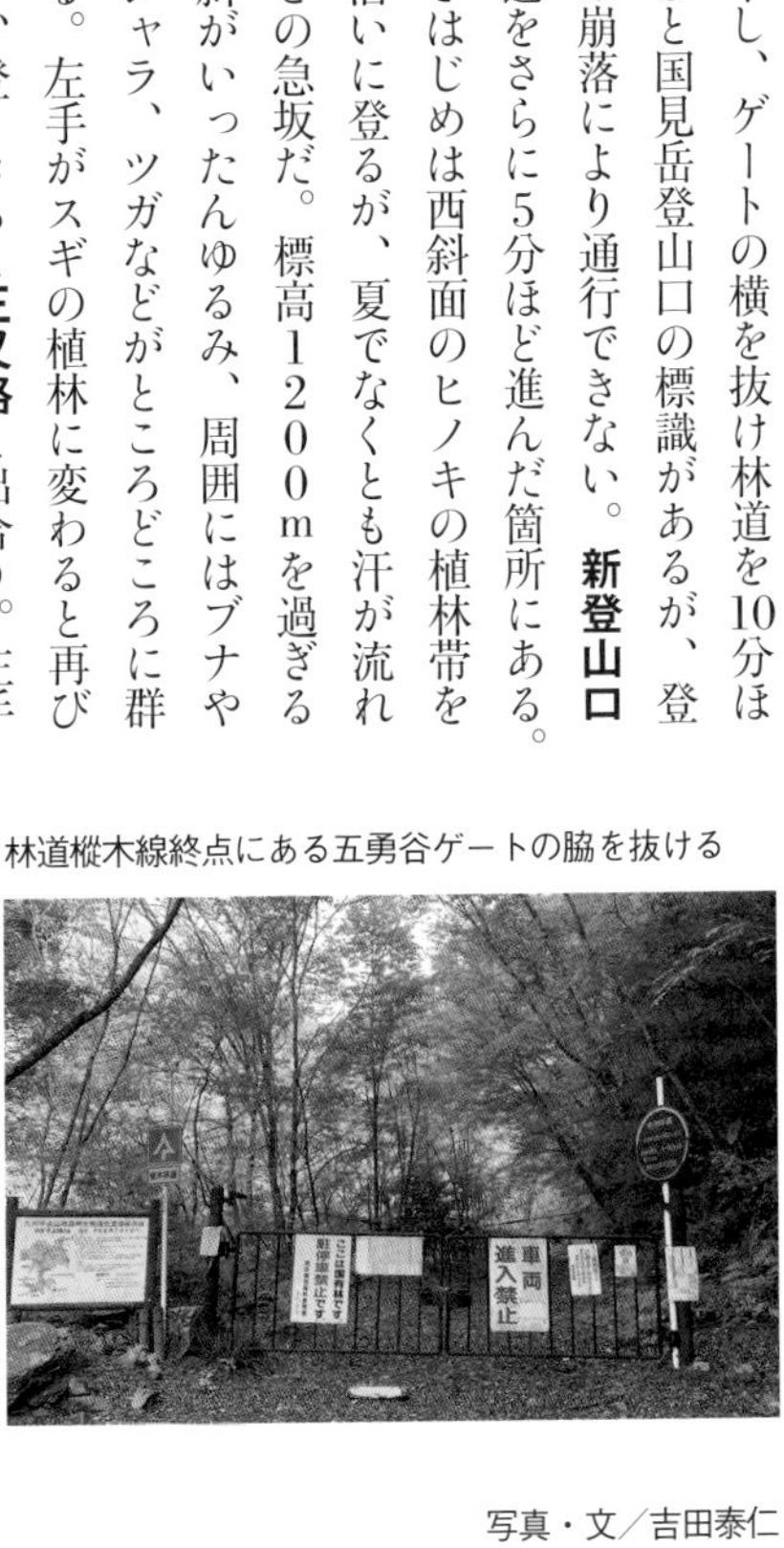

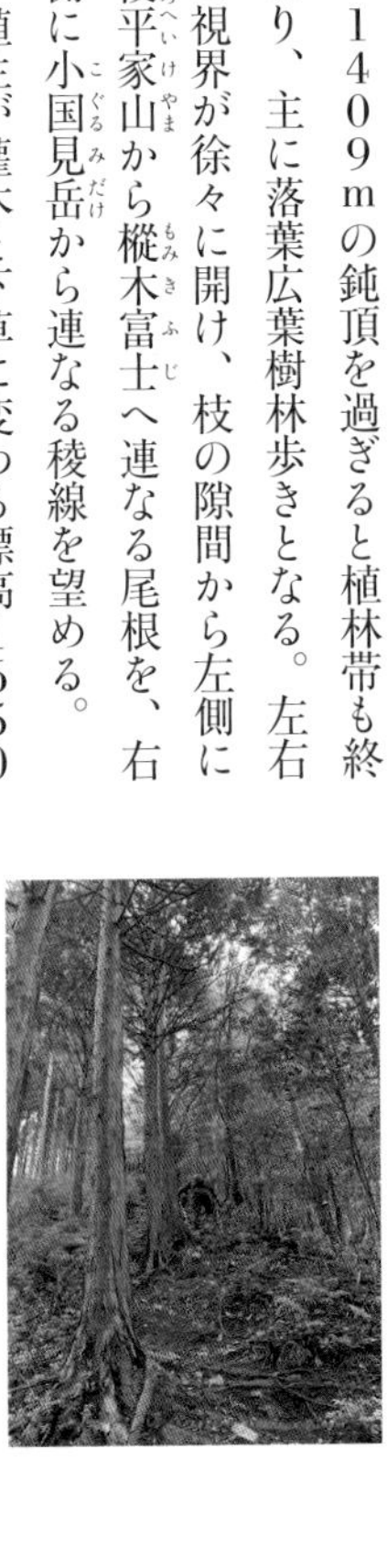

新登山口からはヒノキの植林内の急登

写真・文／吉田泰仁

標高を上げると晩春にはミツバツツジとシャクナゲが競演

の脇を抜け、シャクナゲ特有の固い枝をかき分けながら群生地を進むと目前に祠が急に現れる。登り着いた**国見岳**山頂では、九州屈指の大パノラマが待ち受けている。これからたどる烏帽子岳《えぼしだけ》までの稜線や九州脊梁山地の他の山々はもとより、北側に熊本平野と阿蘇山《あそさん》、北東にくじゅう連山、東に祖母《そぼ》・傾山《かたむき》系、南東に尾鈴山《おすずやま》、南に米良《めら》三山、西に八代海と天草《あまくさ》諸島、北西奥に雲仙岳《うんぜんだけ》などを眺望できる。

縦走路を進むには今登ってきた道を引き返し、シャクナゲ群生の切れ間にある分岐標識にしたがい鞍部まで標高差100mほど下る。本来の縦走路は小国見岳の東斜面を巻くようにあるが、近年は道をふさぐようにブナの倒木が点在し、その都度迂回を強いられるため、踏み跡は薄いが**小国見岳**経由で歩くことをおすすめする。

小国見岳から尾根を南に下って縦走路に戻り、ブナの巨木に囲まれた心地よい稜線歩きを満喫する。五勇山《ごゆうざん》に近づくにつれ、刈り払われたスズタケの登坂となる。**五勇山**の山頂標識は地形図上の1662mピークではなく、その先の三叉路から20mほど萱野登山口に向かった箇所にある。標識すぐ脇の刈り払われた道をわずかに進んだ露岩からは、霧立の山並みを眺められる。

烏帽子岳へは何度か小ピークを越えるが、しばらくスズタケがうるさい。やがて再びブナなどの広葉樹が目立ちはじめ、1654mピークの手前では国見岳からここまで歩いてきた稜線を振り返れる。一度鞍部に下って石灰岩質のピークへ登り返すと**展望**

脊梁山地は西日本屈指のブナの原生林地帯

石灰岩質の岩峰の上にある烏帽子岳山頂

岩と書かれた道標があり、岩上に立つとこれから向かう烏帽子岳をはじめ尾手納《おてのう》の集落や白鳥山《しらとりやま》、市房山《いちふさやま》などが眺められる。

展望岩を過ぎるとシャクナゲの茂る道となり、椎葉越《しいばごえ》との三叉路（**新椎葉越ルート分岐**）を直進すると左手に岩峰が見えてくる。その最高点が**烏帽子岳**の山頂だ。断崖の烏帽子岩からは、ここにいたるまで眺めてきた山々に加え、南西に上福根山《かみふくねやま》や山犬切《やまいんぎり》などの山並みの展望に卓越している。

山頂をあとに烏帽子岳登山口へはテープに導かれながら下る。標高約１６００ｍまではシャクナゲとスズタケの茂みのなかを、１４２８ｍ三角点まではブナなどの落葉広葉樹林帯を行く。最後はヒノキとスギで交互に変わる植林帯の作業道を10回ほど横切りながら下ると、烏帽子岳登山口に出る。林道のすぐ右手が**五勇谷ゲート**だ。

烏帽子岳に向かう縦走路から見た国見岳（左）と小国見岳（右）

プランニング&アドバイス

公共交通機関の運行はなく、登山口へのアクセスはマイカー使用以外の方法はない。いずれの登山口もたどり着くまでの道路状況はよいとは言い難く、時間を要する。近年の豪雨水害や台風による影響で法面崩落が頻繁に発生しているため、あらかじめ道路情報等を入手しておく。遠方からこの山域の登山を計画する場合は運転後の登山の負担の軽減のためにも、選択肢のひとつとして周辺民宿でも前泊も検討したい。登山道は「泉・五家荘登山道整備プロジェクト」の道標設置などにより明確ではあるが、一帯は携帯電話の電波が入りづらい圏域であることに留意が必要。安全対策を心がけてほしい。

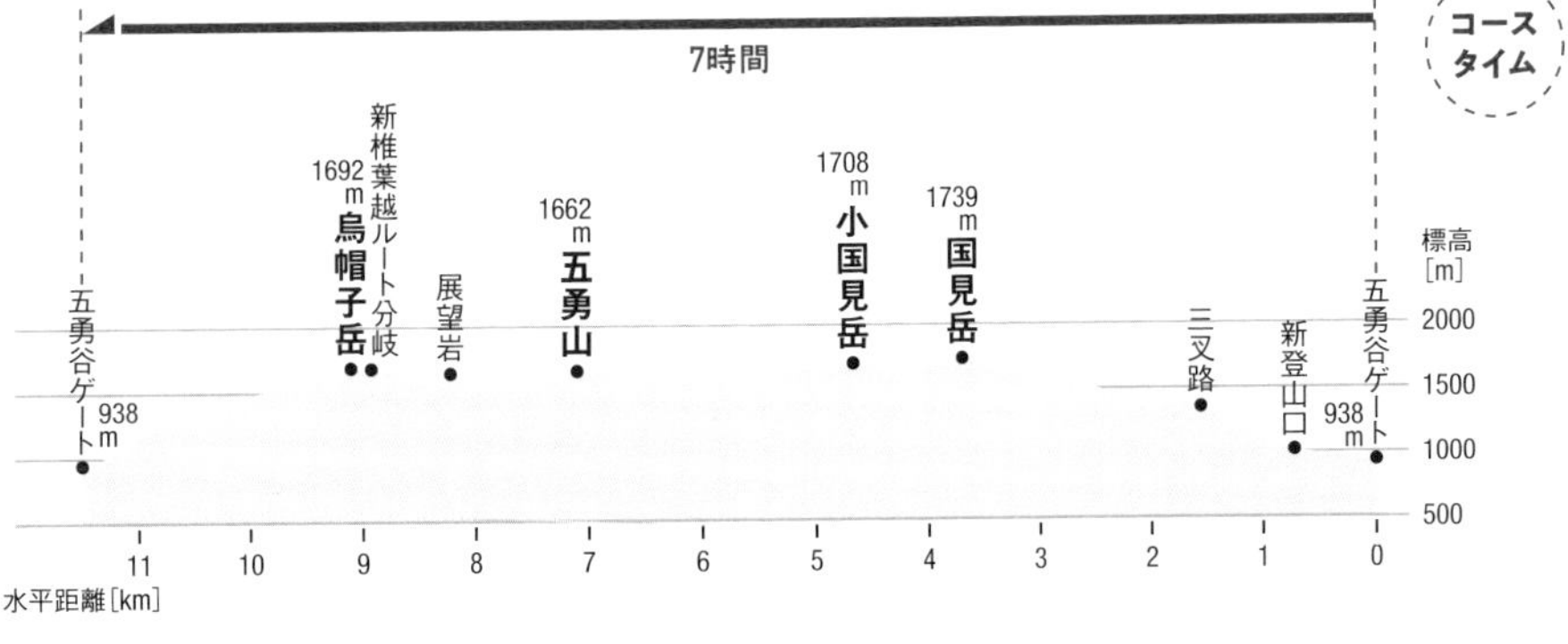

サブコース

新椎葉越から国見岳

新椎葉越↓五勇山↓国見岳（往復） 8時間55分

Map 11-4B 新椎葉越

コースグレード	中級
技術度	★★☆☆☆ 2
体力度	★★★★☆ 4

熊本・宮崎県境の新椎葉越《しんしいばごえ》から烏帽子岳《えぼしだけ》と五勇山《ごゆうざん》間の縦走路分岐へと続く稜線通しのコースで、約4㎞のあいだに小ピークを5・6回越える。ブナ、ヒメシャラ、カエデなどの落葉広葉樹林や分岐手前まで続くスズタケの林床など、自然豊かな道のりだ。

新椎葉越の「烏帽子岳登山口」と記された標識から刈り払われたスズタケのなかを進み、30分弱で**椎葉越**。僧侶のいない五家《ごかの》荘《しょう》樅木《もみき》地区の人々が、この峠を越えて山向こうの椎葉村日添《ひぞえ》地区の寺院・称専坊《しょうせんぼう》の僧侶を迎えに行ったことから、「ぼんさん道」とよばれるようになった。樅木地区には現在もお寺はないが、今は僧侶も自動車移動であることはいうまでもない。

1491mと1548mピークの中間点にある日当りのよい岩場に出ると眺望が開け、振り返ると白鳥《しらとり》山《やま》や時雨岳《しぐれだけ》、市房山《いちふさやま》、上福根山《かみふくねやま》などを一望。

1548mピークを越えると、登山道からは少々はずれるが、左方にある堂々としたブナに目を奪われる。周囲のスズタケだけがきれいに刈ってあるところを見ると、この巨木は象徴的な存在なのであろう。

1617mピークを越え、ゆるやかに下って小ピークまで登り返すと、左方に頂上部分が切り立った岩峰の烏帽子岳が間近に現れる。一帯は晩秋になると紅葉の帳が広がり、登山者の目を楽しませてくれる。最後に標高差約80mの急坂を登りきると、シャクナゲに包まれた**縦走路と出合う**。

以降の行程は、逆コースになるがP150コース24を参照のこと。

新椎葉越の大看板。一帯は日本山岳遺産に認定

存在感のあるブナの巨木

サブコース

とぞの谷橋から国見岳

とぞの谷橋↓平家山↓国見岳（往復）　8時間30分

Map 11-1A　とぞの谷橋

コースグレード｜中級

技術度｜★★★★★　2

体力度｜★★★★★　4

とぞの谷橋から林道を20分ほど歩くと**平《へい》家山《けやま》登山口**がある。すぐに徒渉してトラバース道を進む。堰堤の上流で再び徒渉するとスギの植林帯の登りとなる。２０１４年の山火事により焼け焦げたスギの伐採地に出ると、眺望がいっきに広がる。振り返ると左に後平家山《うしろへいけやま》から椛木富士《もみきふじ》へ続く尾根、その奥に上福根山《かみふくねやま》、中央には大金峰《おおがなみね》から小《こ》金峰《がなみね》に続く稜線を望める。標高を上げると立ち枯れた杉林に変わる。樹林帯の多い脊《せき》梁《りょう》山地のなかで、この一帯だけは殺伐とした雰囲気を醸している。右手前の尾根の奥に国見岳《くにみだけ》が見えると**平家山**山頂は近い。

平家山からの幅広の稜線にはブナ、ツガ、モミ、イチイなどの巨木のほか、カエデ、ナラなどの広葉樹も多く、晩秋は色あざやかに森を彩る。自然林の稜線歩きは心地よいが、近年ニホンジカの食害に起因する土壌露出箇所が増え、ブナなどの倒木が登山道をふさいで迂回を強いられる。目印のテープの間隔も開いており、随時地図やＧＰＳでルートを確認しながら進みたい。

広河原《ひろがわら》分岐を過ぎると再び登りになり、シャクナゲの最初の群生地にある岩場を上がると傾斜もゆるむ。周囲の植生は灌木に変わり、林床も下草でおおわれる。一帯は春から夏にかけてバイケイソウが所狭しと茂るため、道がわかりづらくなる。

シャクナゲ群生地に入り、杉の木谷《すぎのきだに》登山口コースとの合流後もシャクナゲのトンネルを進む。小高い岩峰上の祠の姿が飛びこんでくれば、**国見岳**山頂はすぐそこだ。

平家山登山口の道標。平家山へは2時間の登り

晩秋のころ、脊梁山地はいずこも錦繍に染まる

写真・文／吉田泰仁

火口湖を抱く火山帯に
円錐形の独立峰、
希少な植物を有する山々
「世界遺産」の島には
孤高の峰々がそびえる

屋久島・黒味岳からの眺め。右から栗生岳、主峰・宮之浦岳、永田岳（写真／大沢成二）

九州南部・屋久島

山麓にある「道の駅都農」から望む尾鈴山

シャクナゲなどの花々と国指定の瀑布群が魅力の日本二百名山

コースグレード	初級
技術度	★★☆☆☆ 2
体力度	★★★☆☆ 3

日帰り 九重頭駐車場→甘茶谷登山口→尾鈴山→長崎尾→白滝→九重頭駐車場　計6時間35分

尾《お》鈴山《すずやま》は宮崎県児湯《こゆ》郡都農《つの》町と木城《きじょう》町の境に位置する山で、日本二百名山に選定されている。宮崎市方面からは南東面はなだらかに見えるが、北側と西側はひじょうに険しい山容をしている。南東側は名貫《なぬき》川の源流域で、欅谷や矢研《やげん》谷などには多数の滝が懸かり、尾鈴山瀑布《ばくふ》群として国の名勝となっている（P161「プランニング&アドバイス」参照）。滝や渓流近くのしぶきで濡れた岩の上には多数の苔が生息し、渓谷沿いには固有種や南限の植物も見られる。また、九州では宮崎県だけに生息するコウヤマキが岩稜地に見られる。近年ヤマビルが多く存在するだけに、夏山シーズンの登行の際はヒル除けを持参していくとよいだろう。

日帰り

九重頭駐車場から尾鈴山、長崎尾、白滝へと周回する

尾鈴キャンプ場入口のすぐ先に架かる欅谷橋横の**九重頭《くえんとう》駐車場**から甘茶谷登山口ま

尾鈴山山頂手前にある尾鈴神社奥宮

秋の花・キバナノツキヌキホトトギス

で林道を歩いていく。右下を流れる谷に懸かるいくつもの滝を眺めながら歩こう。やがて甘茶谷《あまちゃだに》に架かる橋を渡ると、尾鈴山への**甘茶谷登山口**だ。

いきなりの急登ではじまるが、すぐに尾根に出て、自然林のなかを登っていく。登山道には一合目ごとに標示板が設置されている。周囲はうっそうとした樹林帯の中で、展望は得られない。

さらにジグザグにつけられた登山道を登ると、ところどころに露岩が現れて、**五合目**となる。この先もまだまだ急登は続くが、道沿いにスズタケが多くなってくると山頂は近い。

九合目を過ぎるとようやく傾斜もゆるんできて、東方向の展望が開ける。ここが唯一の展望が望める場所だ。さらに進むと尾鈴神社の祠があり、**尾鈴山**山頂にたどり着く。ほぼ平坦な頂は樹々に囲まれており、展望はない。

ひと休みしたら、先へ進もう。西へ向かうとゆるやかな下りになり、稜線に沿って南へと向きを変える。ゆるやかなアップダウンを繰り返しながら下っていくと、アケボノツツジやシャクナゲ、コウヤマキなども現れる。やがて**長崎尾**《ながさきお》に達し、次のピークでは左に周回コースを分ける。周回コースは1時間半ほどの下りで甘茶谷登山口手前の分岐に出るコースで、途中にシャクナゲの群生地がある。

直進して鞍部から登り返すと矢《や》筈岳《はずだけ》分岐がある。矢筈岳のピークへは行かずに左へ向かうと、急な下りとなる。下方に林道が見えてくるが、右手の山腹をトラバースしてから再び下り、**林道**に出る。

林道を横切って植林地の尾根を下っていくと、白《しら》滝を眺められる展望所がある。さらに下ると徒渉地となり、谷を渡ると白滝への分岐の標柱がある。**白滝**へは5分もかからないので、ぜひ寄っていこう。

アケボノツツジと宮崎県が南限のコウヤマキ

ケルンが積まれた長崎尾。ここも展望はない

分岐へ戻り谷に沿った軌道跡を下っていくが、ところどころショートカットできる箇所もある。トンネルを抜けるとすぐ右側に、さぎりの滝が少しだけ見える。その先には**「すだれの滝」の案内板**があり、右上方に垣間見える。

さらに下って行き、軌道跡から右へと下ると出発地の**九重頭駐車場**に帰り着く。

尾鈴山瀑布群のひとつ白滝（落差75m）

プランニング&アドバイス

通年登れるが、春の花のシーズンは長崎尾の先から分岐する周回コースがおすすめ。アケボノツツジは4月下旬。ミツバツツジやシャクナゲはほぼ同時期か1週遅れ。キバナノツキヌキホトトギスは9月下旬から10月初旬。

尾鈴山瀑布群　尾鈴山の南東部は名貫川、北は石並川、西は小丸川の支流などに囲まれ、山中には多数の滝が懸かる。「日本の滝百選」の矢研の滝をはじめとした周辺の滝は「尾鈴山瀑布群」として国の名勝に指定されている。夏はこれらの谷を対象として、沢登りを楽しめる。なかでもとくに甘茶谷や欅谷は、遡行後の下山にここで紹介した登山道を利用できるので人気がある。

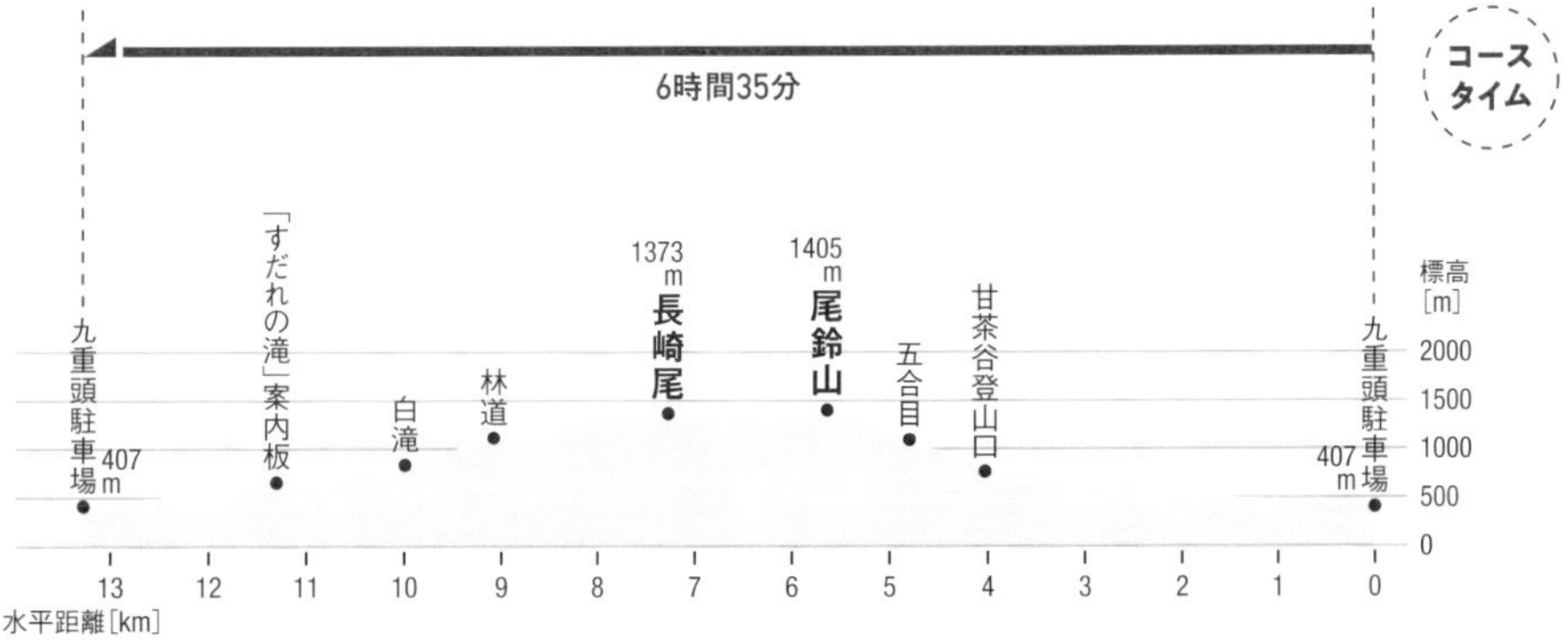

宮崎・鹿児島県境の霧島《きりしま》連山は20数座ある火山群の総称で、日本初の国立公園に指定された景勝地。霧島の名の由来は、霧が発生しやすい地形のため、山麓が霧におおわれると、山が霧に浮かんだ島のように見えることから。最高峰の韓国岳《からくにだけ》は360度の眺望を誇り、「韓の国」までも見渡せるというのが山名の由来といわれ、霧島山《きりしまやま》として日本百名山に選ばれている。

韓国岳へは、宮崎側のえびの高原や鹿児島側の大浪《おおなみ》池登山口、新燃岳《しんもえだけ》の噴火活動で長期通行止めの高千穂河原《たかちほがわら》から韓国岳への縦走路などがあるが、ここではえびの高原の韓国岳登山口から山頂に立ち、大浪池を経てえびの高原に戻る周回コースを紹介する。

日帰り

えびの高原から韓国岳に登り大浪池畔を経てえびの高原に戻る

えびの高原駐車場から県道1号に出ると、すぐ通行止めのロープが張られている。硫《い》黄山《おうやま》の火山活動活発化による通行止めの案

五合目を過ぎると石屑の道が続く

九合目付近のミヤマキリシマ群生地を登る

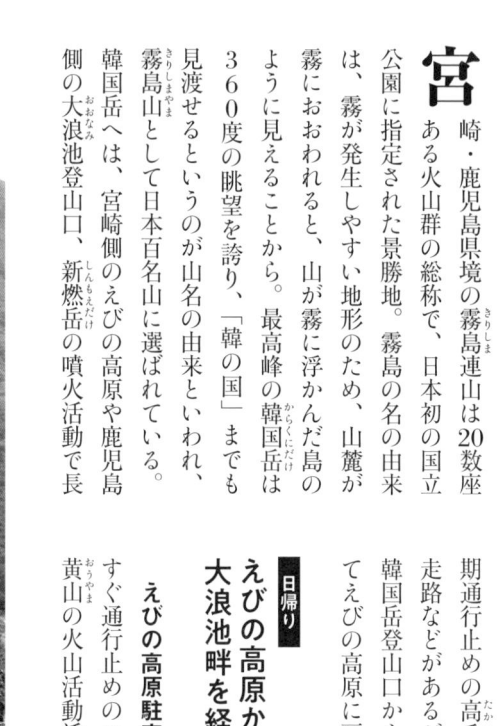

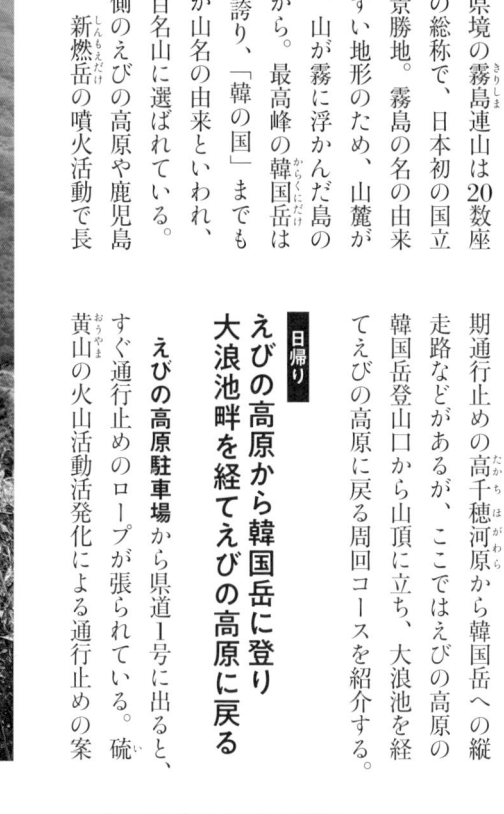

えびの高原の北側の白鳥山登山道から望む韓国岳。手前は白煙が上がる硫黄山

コースグレード	初級
技術度	★★☆☆☆ 2
体力度	★★☆☆☆ 2

霧島連山の最高峰。山頂から360度の大展望を楽しむ

日帰り えびの高原駐車場→五合目→韓国岳→韓国岳避難小屋→えびの高原駐車場　計3時間20分

雪が残る韓国岳山頂から望む新燃岳と高千穂峰

内板があり、右手に韓国岳登山口の標柱が立っている。小川に架かる橋を渡り、韓国岳を正面に仰ぎながらアカマツとミヤマキリシマの群生する遊歩道を進む。再び通行止めのロープと案内板があり、火山活動中の硫黄山を大きく迂回する登山道に入る。

左右にロープが張られた急坂の登りが続く。ようやく傾斜がゆるみ、少し下ると、現在立ち入り制限されている不動《ふどう》池前の登山口から登ってくる道が合流する**二・五合目**に出る。白煙を吹き上げる硫黄山を間近に見下ろす展望所で、日によっては轟々と不気味な地鳴り音が聞こえる。四合目の手前で展望が開け、後方にえびの高原と周辺の山々が一挙に広がる。ゴロゴロした岩屑の道を登ると、広場になった**五合目**の展望所に着く。

えびの高原を囲むように並ぶえびの岳や白《しら》鳥山《とりやま》、甑岳《こしきだけ》を望む格好の休憩所だ。

八合目付近から傾斜がゆるみ、樹木の背も低くなる。周囲はミヤマキリシマの群生地で、開花時は花園のプロムナードとなる。丸太の柵が設置された道を九合目まで登ると、山頂の岩に立つ登山者の姿が見える。溶岩のザレを踏みしめて登ると、溶岩塊におおわれた**韓国岳**山頂に着く。山頂には直径約800mもの火口があり、火口底まで深さ約300mの絶壁が切れ落ちている。火口底は長雨が続くと池が出現することもある。展望もよく、眼下に大浪池、その後方左に烏帽子岳《えぼしだけ》、右回りにえびの岳、白鳥山など、条件がよければ遠くに市房山《いちふさやま》と石《いし》堂山《どうやま》も確認できる。南には、火口縁まで黒い溶岩がせり上がり、白煙を上げる新燃岳、その先に霧島連山の南の主峰・高千穂峰《たかちほのみね》が望まれ、錦江《きんこう》湾、桜島《さくらじま》、遠く開聞岳《かいもんだけ》、大隅《おおすみ》半島の山など大パノラマが展開する。

展望を楽しんだら、大浪池めざして溶岩

えびの高原でしか見られないノカイドウ

アカマツのなだらかな林をえびの高原へ下る

のガレを下る。神秘的な青い色の湖面を眺めながらの下りだが、幅の狭い急傾斜の木階段だけに、登山者とすれ違う際に接触してバランスを崩さないよう、またスリップにも充分注意して下ろう。

やがてなだらかな山道になり、スズタケを切り開いた道を下ると、大浪池と韓国岳との鞍部に出る。**韓国岳避難小屋**が建ち、ベンチもある。ひと息入れ、えびの高原の県境にある大浪池登山口へ下る道に入る。

木道を進むとすぐ大浪池西回りコースとの分岐があり、右に進む。アップダウンを繰り返しながら小さな沢を何度も横切る。やがてアカマツやモミジ、ミズナラなどが多いなだらかな林となり、1kmほど下ると車道に出る。**えびの高原・大浪池登山口**で、宮崎・鹿児島の県境にあたる。5月初旬には、ここでしか見られない天然記念物のノカイドウが満開で迎えてくれる。**えびの高原駐車場**までは車道を数分だ。

山頂から大浪池へ向けて溶岩のガレ場を下る

プランニング&アドバイス

硫黄山と新燃岳の火山活動状況により、入山や火口周辺への通行が規制されるので、事前にえびのエコミュージアムセンター（℡0984-33-3002）に確認のこと。大浪池のマンサクは3月中旬〜4月上旬、霧島のミヤマキリシマは5月中旬〜6月初旬、紅葉は10月下旬〜11月初旬、冬は寒波到来時に樹氷や雪山登山を楽しめる。積雪時の韓国岳登山はアイゼン持参が安全。韓国岳避難小屋は自由に利用できるが、トイレはない。JR霧島神宮駅からはタクシー以外に高千穂河原〜大浪池登山口を経由し、えびの高原往復の霧島連山周遊バスでの登山も可能だが、2便しかないので時間を確認すること。

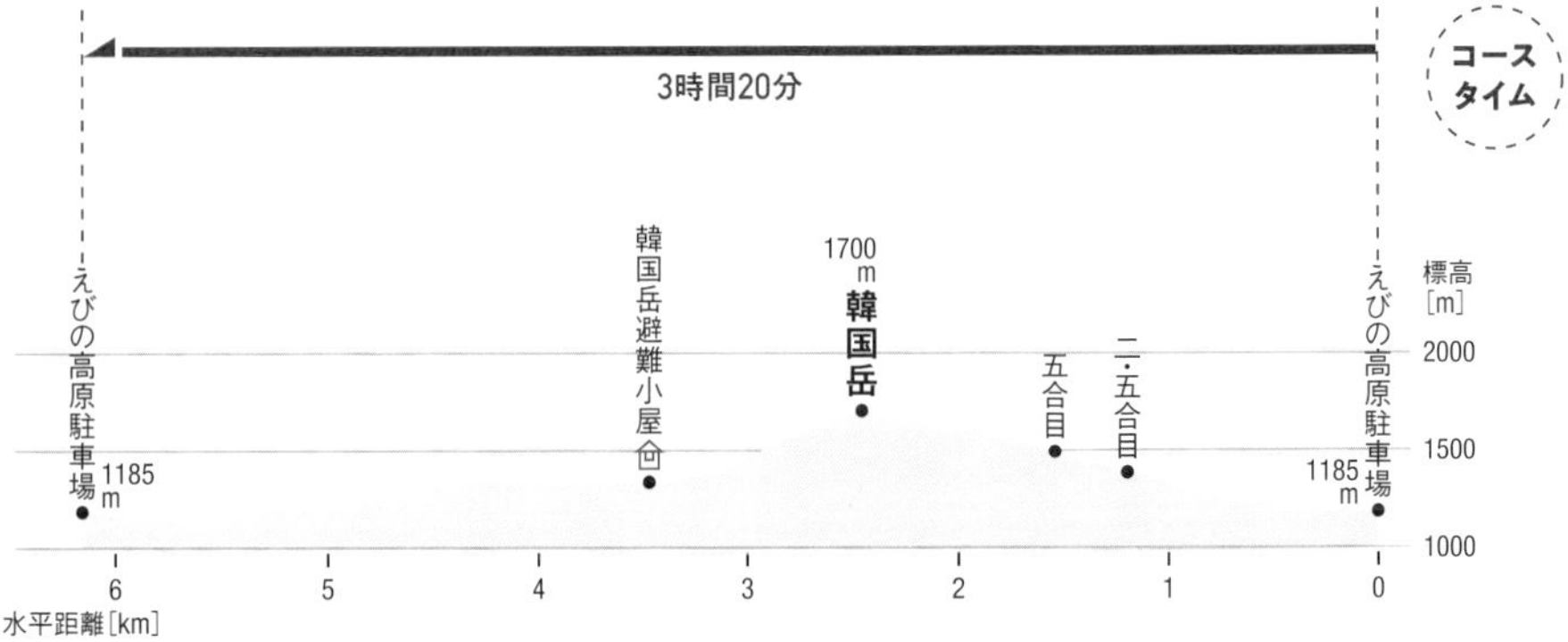

サブコース

大浪池コース

大浪池登山口↓大浪池展望所↓東回り↓韓国岳避難小屋↓韓国岳↓西回り↓大浪池展望所↓大浪池登山口　4時間50分

Map 12-3A 大浪池登山口

コースグレード	中級
技術度	★★☆☆☆ 2
体力度	★★★☆☆ 3

大浪池《おおなみ》は約5万年前の噴火でできた日本一高所にある火口湖で、水面の直径は約650m。お浪という娘の民話伝説があり、この池をお浪の池とよんでいたが、現在はこの池のある山を大浪池と称している。

大浪池登山口バス停からなだらかな石畳の登りが続く。樹林におおわれ、森林浴にぴったりのコースだ。溶岩敷きの道に変わってしばらく登ると大浪池園地休憩所があり、周辺の自然環境や池にまつわる伝説、噴火に備えた心構えを記したパネルが掲示されている。休憩所から数十歩で**大浪池展望所**に着く。神秘的な群青色の湖面に映る火口壁の後方に半球形の韓国岳《からくにだけ》がどっしりと座る景観は、幾度眺めても飽きない。

大浪池を東回りに進む。春はマンサク、ミツバツツジ、ミヤマキリシマ、秋は紅葉、冬は樹氷が美しい。右遠方には、2011年1月、189年ぶりに大噴火した新燃岳《しんもえだけ》が今も白煙を上げている。火口縁を半周し、韓国岳との鞍部に**韓国岳避難小屋**が建つ。

スズタケを切り開いたなだらかな道を過ぎると、木階段の急登が続く。山頂が近づくにつれミヤマキリシマの群落が広がり、シーズンにはみごとな花畑になる。**韓国岳**山頂に着く。山頂直下の溶岩ガレを登ると、**韓国岳避難小屋**まで下ったら、大浪池西回りコースをとろう。途中、えびの岳《だけ》や白鳥山《しらとりやま》方面の展望を楽しめる。**大浪池展望所**を経て**大浪池登山口**に下る。

近年開設されたばかりの大浪池園地休憩所

東回りコースから眺める雪が残る高千穂峰

サブコース

白鳥山

えびの高原駐車場↓白紫池分岐南↓白鳥山↓六観音御池展望台↓白紫池分岐南↓えびの高原駐車場　2時間

Map 12-1A　えびの高原駐車場

コースグレード	初級
技術度	★★★★★ 1
体力度	★★★★★ 1

白鳥山《しらとりやま》は、えびの高原の北方にあり、山頂に電波塔が立っているのですぐわかる。

えびの高原駐車場の北端から白鳥山へ向かい、湯《ゆ》の川に架かるえびの橋を渡り、三差路を左に進むと大きな案内板のある白鳥山登山口がある。石段を登ると、右に丸太組の展望台があり、韓国岳《からくにだけ》とえびの高原一帯の眺めがよい。

再び石段や石屑の道を登ると、**白紫池分岐南**《びゃくし》に出る。左に進み、丸太の階段を登ると二湖《にこ》パノラマ展望台に着く。展望デッキから、白紫池と六観音御池《ろっかんのんみいけ》の2湖を同時に眺められる。広々としたガレ場を登り、電波塔まで登るとすぐ**白鳥山**山頂に着く。山座同定盤があり、正面に韓国岳、眼下に白紫池とえびの高原、右にえびの岳《だけ》、左に甑《こしき》岳《だけ》など、贅沢な展望を楽しめる。

白鳥山北展望所も山頂とほぼ同様の展望で、急坂を下ると**白紫池分岐北**に出る。左折して六観音御池へ。スギの巨木を過ぎると**六観音御池の展望台**に着く。紅葉シーズンは韓国岳を借景に池に映る火口縁の紅葉は絵になり、カメラを構える登山者でにぎわう。道づたいに不動池《ふどう》まで30分ほどで行けるが、2021年2月現在不動池から先が通行止めのため、ここで引き返して**白紫池分岐北**に戻り、白紫池に向かう。

白紫池の水辺に出ると、池に映る白鳥山が美しい。整備された道を進むと**白紫池分岐南**に出て、ここから往路を**えびの高原駐車場**へ戻る。

二湖パノラマ展望台から望む六観音御池と甑岳

白紫池畔から望む白鳥山

写真・文／川野秀也

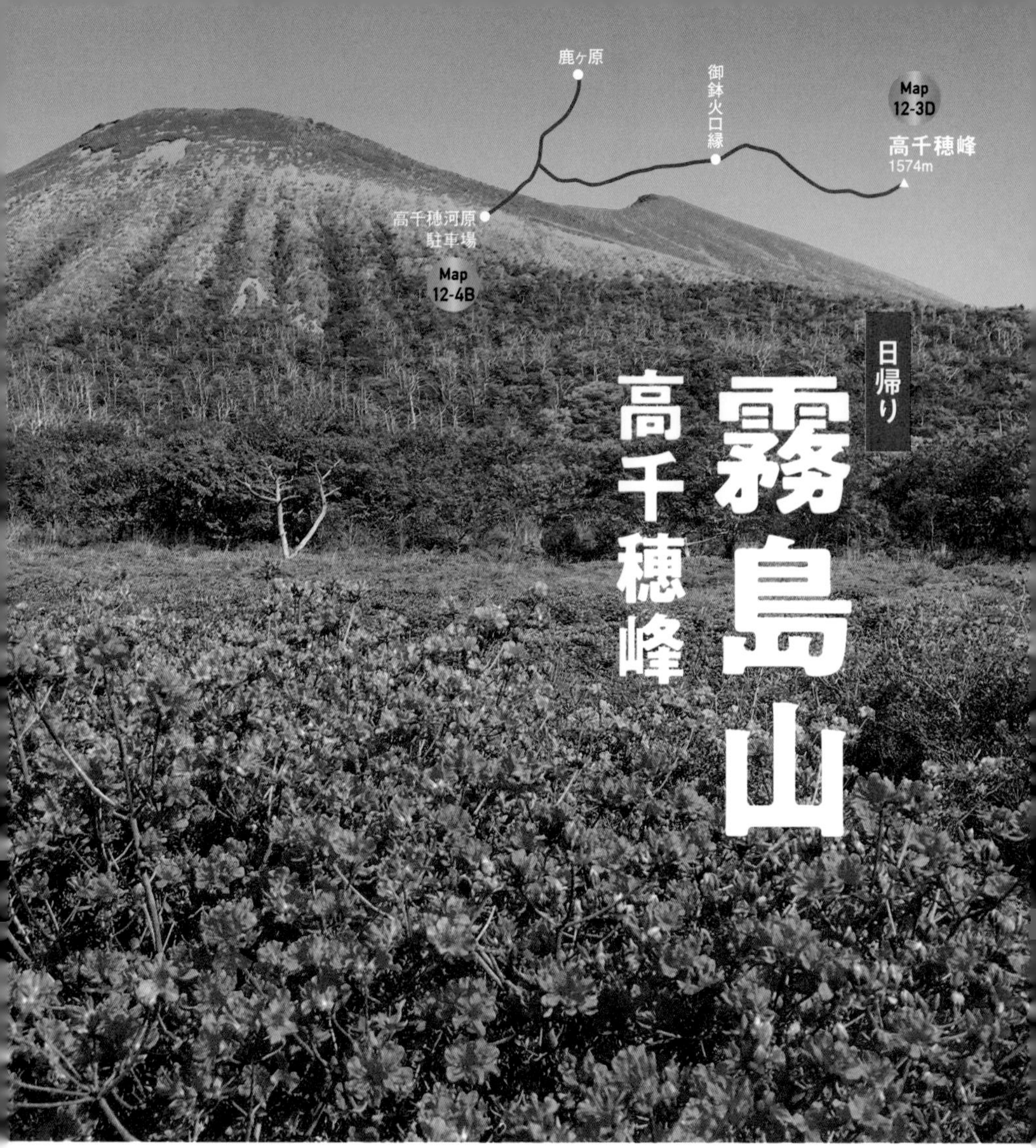

日帰り

霧島山

高千穂峰

ミヤマキリシマの花畑・鹿ヶ原から望む高千穂峰

山頂に天ノ逆鉾が突き刺さる天孫降臨伝説の山

日帰り 高千穂河原駐車場→御鉢火口縁→背門丘→高千穂峰往復後に鹿ヶ原散策　計4時間20分

コースグレード	中級
技術度	★★☆☆☆ 2
体力度	★★☆☆☆ 2

写真・文／川野秀也

高《たか》千《ち》穂峰《ほのみね》は霧島《きりしま》連山23座の火山群の第2峰。最高峰の座は韓国岳《からくにだけ》にゆずるが、山体中腹の東側に二子《ふたご》石の山稜、西側に巨大な火口の御鉢《おはち》をしたがえ、天を突いてそびえる山容は、霧島連山の盟主たる風格を備えている。2011（平成23）年1月、189年ぶりに大噴火した新燃岳《しんもえだけ》により、高千穂峰一帯のミヤマキリシマは火山灰と火山礫に埋めつくされたが、現在はその痕跡も見られないほど復元し、花期には山肌がいちめん赤やピンクに染まる。

山頂は宮崎県に位置し、天孫《てんそん》ニニギノミコトが降臨に際して山頂に突き立てたという天ノ逆鉾《さかほこ》があり、幕末の志士・坂本龍馬が妻のお竜と登った際、天ノ逆鉾を引き抜いたとのエピソードもある。

登山道は鹿児島県側、宮崎県側それぞれあるが、代表的なものは鹿児島県側から登る高千穂河原《たかちほがわら》コース。滑りやすいザレの急登が続く道だが、展望を満喫しながら登るコースとして人気が高く、季節を問わず多くの登山者でにぎわう。

展望が開けた溶岩のザレを登っていく

出発地点の高千穂河原。めざす御鉢の眺めがよい

日帰り

高千穂河原から山頂往復

標高970mの**高千穂河原駐車場**を出発、大鳥居をくぐり、参道を進むと**古宮址**《ふるみやあと》に着く。以前はここに霧島神宮の社殿が建っていたところで、1913（大正2）年から翌年にかけて起きた御鉢の噴火により焼失した。ここから御鉢の美しい吊り尾根が望まれ、御鉢への斜面を登る登山者の姿が点になって見える。

右にある自然遊歩道入口が登山口で、登山道は石畳から石段へと続く。赤茶けた溶岩のザレ道に変わると、右手に休憩石《きゅうけい》とよばれる6つの石がある。本格的な登りを前にひと息入れよう。

左右前後に展望が開け、5月中旬〜6月初旬のミヤマキリシマの開花期は、前後に登山者の行列、右側の御鉢の斜面はいちめん赤く染まり、左側には中岳《なかだけ》、新燃岳など霧島連山が広がっている。

溶岩を踏みしめて**御鉢火口縁**まで登ると、急登から解放される。火口は直径およそ500mあり、ここから「馬《うま》ノ背《せ》」とよばれる狭い火口縁を右回りに進む。右側は火口底までおよそ200mの絶壁、左側も数百m下まで急斜面になっている。強風時とガスで視界が悪いときは注意が必要だ。

山頂を仰ぎながら馬ノ背を過ぎると、**背門丘**《せとお》に建つ鳥居に向かってなだらかな斜面を下る。背門丘には祠と石碑があり、西暦540年この地に神殿が造営され、霧島神宮の創祀となったと記されている。

広い斜面の登りとなり、ガスで視界がきかないときに迷わないよう、登山道を示すロープが張られている。足もとが滑るザレ道を避け、できるだけ露出した溶岩塊を登ってひたすら高度を稼ぐ。前方に天孫降臨伝説の天ノ逆鉾が見えると、広々とした**高千穂峰**山頂に着く。

霧島神宮元宮址の記念碑と鳥居が建つ背門丘

御鉢の火口縁に咲くミヤマキリシマ

山頂は360度の大パノラマが広がり、中岳から新燃岳、獅子戸岳《ししこだけ》、韓国岳へ続く霧島連山、桜島《さくらじま》や開聞岳《かいもんだけ》、高隈山《たかくまやま》、遠くに市房山《いちふさやま》も確認できる。最高点は、天ノ逆鉾がある高さ4mほど溶岩が積み重なったところだが、神聖な場所として周りを柵で囲ってあり、立ち入ることはできない。柵外の北側に2等三角点と山座同定盤があり、視界にとらえた山々を確認できる。

天ノ逆鉾（立入禁止）が突き刺さる高千穂峰山頂

下山は往路を引き返すが、高千穂河原**古宮址**まで下ると、参道の右手にミヤマキリシマの花畑・鹿ヶ原《しかがはら》への案内板があり、20分で**鹿ヶ原**に着く。花の時期であれば、赤やピンクに彩られた花畑が視界いっぱいに広がり、後方にどっしりと高千穂峰が鎮座する景観はまるで絵のようである。

プランニング&アドバイス

通年登れるが、ミヤマキリシマの咲く5月中旬〜6月初旬がベスト。登山口の高千穂河原へのバスは少ないのでダイヤは要確認。火山礫の斜面の下りは滑って転びやすい。足もとに注意してゆっくり下ろう。高千穂河原ビジターセンター（入館無料・通年営業）は霧島のことなら何でもわかる資料館。登山前に立ち寄ってみよう。高千穂峰山頂小屋は休憩や緊急時に使用できる（無料・屋外に携帯トイレ用ブースあり）。サブコースの宮崎県側の2ルート（P172・173参照）はJR吉都線高原駅からタクシー利用となる。霧島東神社コースにはヤマビルが生息している。夏の湿度の高い時期に多く出るので、肌を露出させないこと。ヒル禁忌剤も有効。

コースタイム

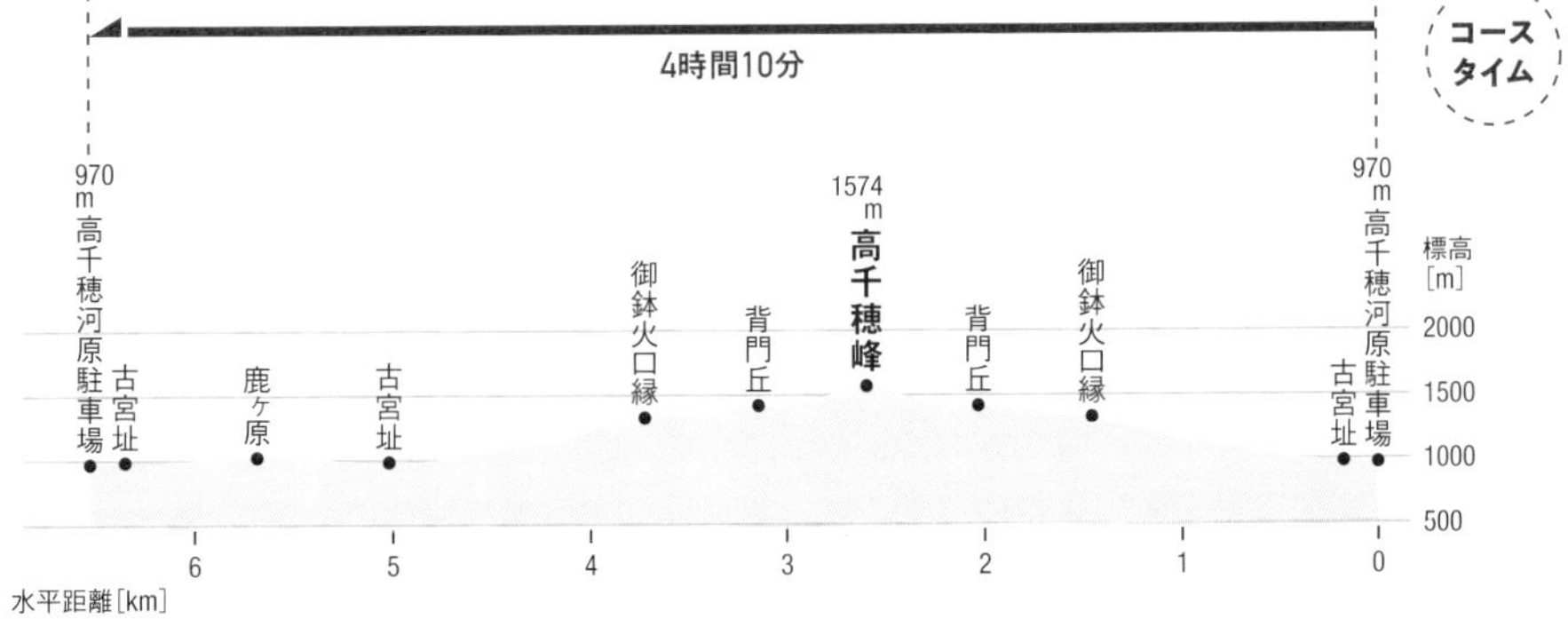

サブコース

霧島東神社コース

霧島東神社↓二子石↓高千穂峰　3時間45分

高千穂峰《たかちほのみね》へは、東西南北に4つの登山口がある。そのなかで東側から登る霧島東神社コースは山頂までの距離が最も長く、また標高差がおよそ1100mもあるハードコースである。霧島東神社は、霧島六社権現《ろくしゃごんげん》のひとつで、第10代崇神《すじん》天皇の代に山岳信仰の対象として創建され、霧島山《きりしまやま》で修業する修験者たちの拠点であったという。

神社の手前から右の分岐道に入ると、**登山者用の駐車場**がある。小さな鳥居をくぐり、伐採跡の道を進む。登山口への道標から樹林に入るとすぐ**霧島東神社登山口**で、登山届を入れるポストがある。モミの大木が点在するなだらかな尾根を登ると、標高750mの道標と山神を祀る石碑がある。登山道には、標高100mごとに標高と登山口と山頂からの距離を記した道標があり、山頂に近づく数値に励まされる。

尾根の傾斜が増し、大岩を通過すると、左手が深い谷底まで絶壁となった狭い道を進む。尾根に出ると、後方に御池《み》が望まれ、まもなく二子石《ふたご》に着く。ここでようやく急登から解放され、山頂までミヤマキリシマが群生する稜線歩きとなる。夢ヶ丘《ゆめがおか》コースとの出合を過ぎると、天孫降臨《てんそんこうりん》コース（P173参照）が出合う**皇子原分岐《おうじはら》**に着く。

稜線を進み大岩の展望台で展望を楽しんだら、山頂へ一直線だ。しめ縄を架けた鳥居をくぐり、ひたすら登る。巨岩の基部を通過すると、天ノ逆鉾《あまのさかほこ》が突き刺さる**高千穂峰**山頂に着く。ここまでの苦労も、360度の雄大な眺望が忘れさせてくれる。

Map 12-4D　登山者用駐車場

Map 12-4C　高千穂峰

コースグレード	中級
技術度 ★★☆☆☆	2
体力度 ★★★☆☆	3

コース下部は大木がまじる樹林の登りが続く

雄大な展望が広がる大岩の展望台

サブコース

天孫降臨コース

天孫降臨コース登山口→皇子原分岐→高千穂峰　2時間30分

Map 12-3C 天孫降臨コース登山口
Map 12-4C 高千穂峰

コースグレード	初級
技術度	★★☆☆☆ 2
体力度	★★☆☆☆ 2

皇子原《おうじはら》公園前を通過し、県道406号を進むと左から林道が出合い、「高千穂峰《たかちほのみね》・天孫降臨《てんそんこうりん》コース　登山口1km」の道標がある。林道を進み、広場に出たところが**天孫降臨コース登山口**で、霧島《きりしま》山系が描かれた大きな案内板がある。

舗装道を少し下ると土砂が堆積した沢に出合い、下流に防災ダムが見える。そのまま沢を横切ると、足もとに登山道の札がある。いきなり急坂ではじまるが、すぐなだらかになる。照葉樹林のなかに点在するモミの大木など眺めながら登ると、しだいに傾斜が増し、道標のある第一展望台に着く。樹木がのびて展望はないが、平坦な広場で最初の休憩ポイントによい。ここは皇子原登山口から登る龍駒《たつこま》コースが出合うが、やぶが茂り進入禁止の表示板がある。急坂をひたすら登ると**第二展望台**に出る。ここも樹木が展望をさえぎるが、2ピッチ目の休憩ポイントだ。

急登を続けると、左上方に二子《ふたご》石の岩頭が見える。樹高が低くなり、高千穂峰の山頂が垣間見られ、登山道沿いのミヤマキリシマが増えてくる。稜線に出たところが、霧島東《きりしまひがし》神社コース（P172参照）と合流する**皇子原分岐**で、二子石へ続く美しい山稜や小林《こばやし》市街地、高千穂峰など一挙に展望が広がる。ここから**高千穂峰**山頂をめざし、一直線にのびる稜線をひたすら登る（皇子原分岐からはP172を参照のこと）。

下山は往路を引き返す。あらかじめ車を回しておければ、霧島東神社または夢ヶ丘《ゆめがおか》登山口に下ることができる。

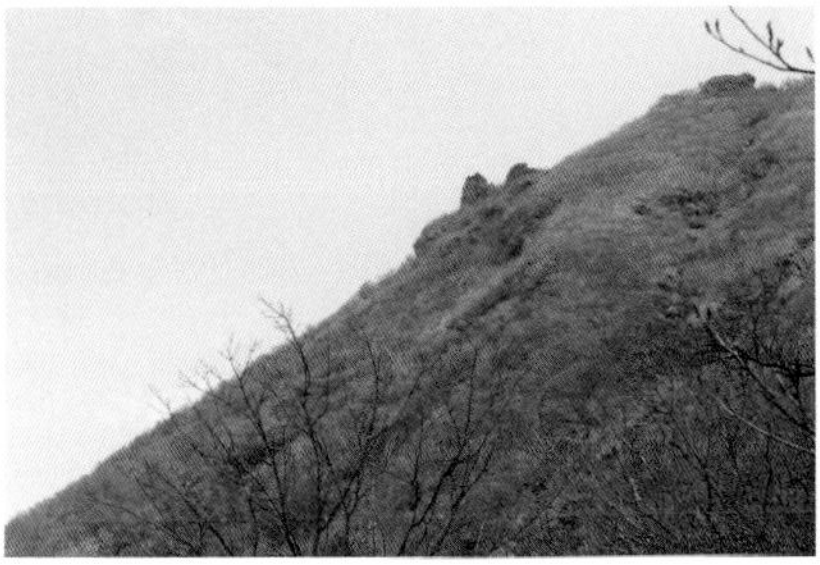

登山道から見上げる二子石の岩頭。稜線は近い

土砂が堆積した涸れ沢を横切り登山道へ

写真・文／川野秀也

早春の菜の花畑に浮かぶ開聞岳（北麓の指宿市京田地区から）

「薩摩富士」と称される円錐形の山頂に立ち大展望を楽しむ

日帰り かいもん山麓ふれあい公園→二合目登山口→五合目→仙人洞→開聞岳　計4時間30分

コースグレード	初級	
技術度	★★☆☆☆	2
体力度	★★☆☆☆	2

写真・文／川野秀也

開《かい》聞岳《もんだけ》は、薩摩《さつま》半島の最南端に位置し、錦江《きんこう》湾の入り口、海門にあることから、いつしか開聞岳とよばれるようになった。山体の半分を海に突き出し、どこから見ても均整のとれた円錐形の美しい山容から、薩摩富士《ふじ》ともよばれ、全国に数ある「ご当地富士」のなかでも、これほど完璧な富士はほかにないだろう。標高は1000mに満たず選定基準からはずれていながらも、深田久弥は躊躇なく日本百名山に選んだといわれる。

開聞岳の標高は、古い国土地理院の地形図には、2等三角点の標高922mが記されていたが、登山者から山頂の岩のほうが高いとの指摘を受け、最高点の標高が924mに修正され、現行の地形図は、最高点の924mと三角点の922mの両方標記されている。山体は下部がコニーデ型、上部がトロイデ型の二重火山で、標高700mあたりにあるわずかなくびれで確認できる。登山道は、登山口から山頂まで時計回りでらせん状に一周する一本道である。

二・五合目からは堀切状にえぐられた道の登り

七合目先から東シナ海を望む露岩の上を進む

日帰り

かいもん山麓ふれあい公園から開聞岳を往復する

かいもん山麓ふれあい公園の駐車場からイベント広場を横切り、桜並木の車道を進むと、大きな案内板がある**二合目登山口**に着く。登山道沿いは伐採され、明るくなった石屑の道を登り、ひと汗かくころ案内板とベンチがある**二・五合目**に着く。ここは開聞山麓自然公園への道との合流点で、服装調節を兼ねてひと息入れるのによい。

ここから、およそ千二百年前、開聞岳が噴火した際に噴出した堆積層が、雨による浸食と登山者に踏まれて堀切状にえぐられた道を進む。意外にも2003年に気象庁は開聞岳を活火山に認定している。危険な山とは考えづらいが、完全に噴火の可能性がなくなったのではないとのことである。

樹林におおわれた道を登っていくと、展望デッキとベンチがある**五合目**に着く。太平洋の海原と長崎鼻《ながさきはな》の海岸線、遠く大隅《おおすみ》半島南部の山々などの眺めがよい。

六合目を過ぎると、登山道の右手に「登山道開整記念・大正十五年四月起工仝年五月竣成・鹿児島営林署」のほか、関係者5人の名前が刻まれた自然石がある。

当時の苦労に感謝しつつ歩を進めると、七合目の先から左手に東シナ海が広がり、明るく開けた露岩の上を歩くようになる。すぐに七・一合目の展望所があり、好天日は案内板に描かれた硫黄《いおう》島や種《たね》子《が》島、屋《や》久《く》島、黒《くろ》島など望むことができる。その昔、山伏たちの修行の場だったという**仙人洞**《せんにんどう》を過ぎると、小さな岩場の登りが続く。

九合目を過ぎると樹高が低くなり、北側の展望が開け、眼下に登山口のふれあい公園や開聞町の町並み、その先に頴娃《えい》町から枕崎《まくらざき》市へ続く海岸

九合目先の急なハシゴを登ると山頂は近い

多くの登山者でにぎわう開聞岳山頂

線などが見渡せ、ちょうど山体を一周したことがわかる。

岩場に架かる高さ約8mの急なハシゴを登り、山頂直下まで続く容易な岩場を登ると、北麓にある薩摩一の宮・枚聞《ひらきき》神社の奥宮御嶽《みたけ》神社の鳥居と祠の前に出る。参拝して進むと、大きな溶岩塊の**開聞岳**山頂に着く。山頂には、1988（昭和63）年7月に、現天皇陛下が皇太子であられたとき登られた記念の「皇太子殿下登山御立所」と彫られた石盤が設置されている。展望は360度、九州最大の池田湖《いけだ》、桜島《さくらじま》や霧島《きりしま》連山、大隅の山々から佐多岬など雄大なパノラマを楽しめる。

下山は往路を引き返す。岩場と小石の岩礫は滑りやすい。急がず慎重に下ろう。

開聞岳山頂からの山麓の町並み。右上は池田湖

プランニング&アドバイス

通年登れるが、山麓が菜の花で黄色に染まる春先がベスト。JR指宿枕崎線の指宿駅か山川駅発の鹿児島交通バスを利用し、開聞駅からスタートする登山も可能（かいもん山麓ふれあい公園へ徒歩20分）。ただし便は少ない。かいもん山麓ふれあい公園には、管理棟に売店、トイレあり。またログハウス、オートキャンプ・フリーキャンプ場もある。駐車場は無料。公園管理事務所では登山届の提出のほか、登山証明書やふれあい公園キャラクターグッズも販売。北麓にある枚聞神社は、開聞岳をご神体とし、鳥居と社殿を結ぶ線の真後ろに開聞岳が位置する。立ち寄って参拝するとよい。JR指宿枕崎線に本土最南端の西大山駅がある。春は菜の花、夏はひまわりの花畑の後方にそびえる開聞岳が絵になる。

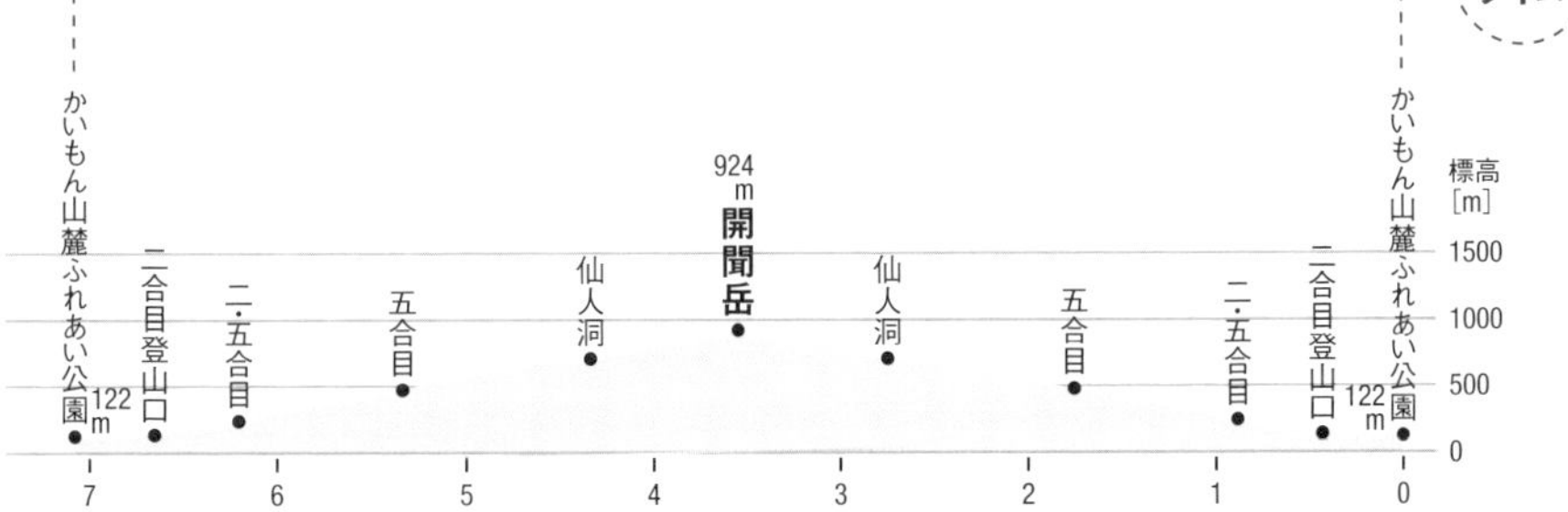

平岳直下の縦走路から望む大篦柄岳

コースグレード｜**初級**

技術度｜★★☆☆☆ 2

体力度｜★★☆☆☆ 2

日帰り

高隈山

大篦柄岳

日本三百名山に選ばれた
大隅半島の最高峰から
雄大な展望を楽しむ

日帰り　大篦柄岳登山口→五合目展望所→杖捨祠→大篦柄岳（往復）　計3時間50分

大《おお》隅《すみ》半島の垂水《たるみず》・鹿屋《かのや》市境にある大篦《おおの》柄岳《がらだけ》は、御岳《おんたけ》、妻岳《つまだけ》、横岳《よこだけ》など1000mを超える峰が7座連なる高隈山《たかくまやま》の主峰で、日本山岳会の日本三百名山に選ばれている。山頂からの眺望は県内屈指を誇り、県本土の主要な山々の大半が見渡せる。10月下旬には山頂一帯が紅葉し、真冬の寒波到来時は樹氷が見られるのも大きな魅力だ。

高隈山は古くは修験者が修行した霊山で、江戸時代には盛んに岳参《たけまい》りが行われ、当時の石祠が山頂や登山道に見られる。山中をおおう照葉樹林は西日本最大級ともいわれ、森林生物遺伝資源保存林、県立自然公園、おおすみ自然休養林などに指定・保護され、ブナの南限地となっているほか、「タカクマ」の名がつく固有植物も存在する。

大篦柄岳へは、垂水市側に大篦柄岳登山口とスマン峠登山口があり、鹿屋市側に寿《じゅ》八《はち》コース登山口、健脚向きの天狗古道《てんぐこどう》登山口などがあるが、大篦柄岳登山口から山頂往復する登山者がほとんどである。

日帰り
大篦柄岳登山口から大篦柄岳山頂を往復

大篦柄岳登山口からしばらくゆるやかな尾根を進むと、左手に美しい緑の照葉樹におおわれた七岳が望まれる。しだいに尾根の傾斜が増し、3合目を過ぎると本格的な登りとなる。尾根の左側が足もとから崩壊した狭い尾根を通過し、ロープが設置された急坂を登ると、露岩のある**5合目展望所**に出る。絶好の休憩ポイントで、錦江湾《きんこうわん》と薩摩《さつま》半島、桜島《さくらじま》などの眺めがすばらしい。

木の根が露出した足もとの悪い急坂が続くが、やがて傾斜がゆるやかになり、主稜線を進むと左手に**杖捨祠**《つえすてほこら》がある。杖捨とは江戸時代に行われていた岳参りの際、この先はもう杖はいらないという意味で、ここから山頂までなだらかな稜線歩きとなる。

日本の南限といわれる山頂手前のブナ

五合目展望所。垂水市街や錦江湾の展望がよい

大篦柄岳の名の由来であるスズタケ（「篦」は、「スズタケ」の意味で、地元ではスズタケのことを「柄」ともよぶ）を切り開いた道を進むと、3等三角点の**大篦柄岳**山頂に着く。妻岳から御岳へ、また二子《ふたご》岳《だけ》、平岳《ひらだけ》、横岳、白山《はっさん》へと照葉樹の稜線が連なり、鹿児島のシンボル・桜島、錦江湾越しに開聞岳《かいもんだけ》、金峰山《きんぽうざん》など薩摩半島の山、遠くは紫尾山《しびさん》や霧島《きりしま》連山も見渡せる。

下山は往路を引き返すが、余裕があれば、**杖捨祠**を少し下ったところから、東に向かう尾根を下って盆山《ぼんざん》にある高隈天狗像（鹿屋市史にある「鼻折れ狗像」ともいわれる）を見に行くことをおすすめする。人里離れた深山のなかに、石に彫りこんだ高さ50cmほどの山伏姿で、右手に金剛《こんごう》杖、左手に数珠をもち、像の背に享禄戊子《きょうろくつちえのね》9月吉日と刻まれている（享禄戊子は1528年・室町時代）。ひっそり置かれた像の姿に、自然に手を合わせたくなる。

大篦柄岳山頂。左から御岳、妻岳、二子岳、平岳

盆山にある高隈天狗像（コース外）

プランニング&アドバイス

登山に適した公共交通機関はない。タクシーは登山口まで入れるかを予約時に要確認。大野原林道は荒れた箇所があり、最低地上高の高い4WD車をすすめる。大野原林道をスマン峠登山口まで走行すれば、スマン峠から大篦柄岳または御岳を往復できる（大篦柄岳へ約3時間半、御岳へ約4時間）。日帰りで高隈山全山縦走も可能。この場合、最終下山口となる、白山林道（白山登山口への入口）に車を回しておくこと。小篦柄岳のアケボノツツジは3月下旬が見ごろ。

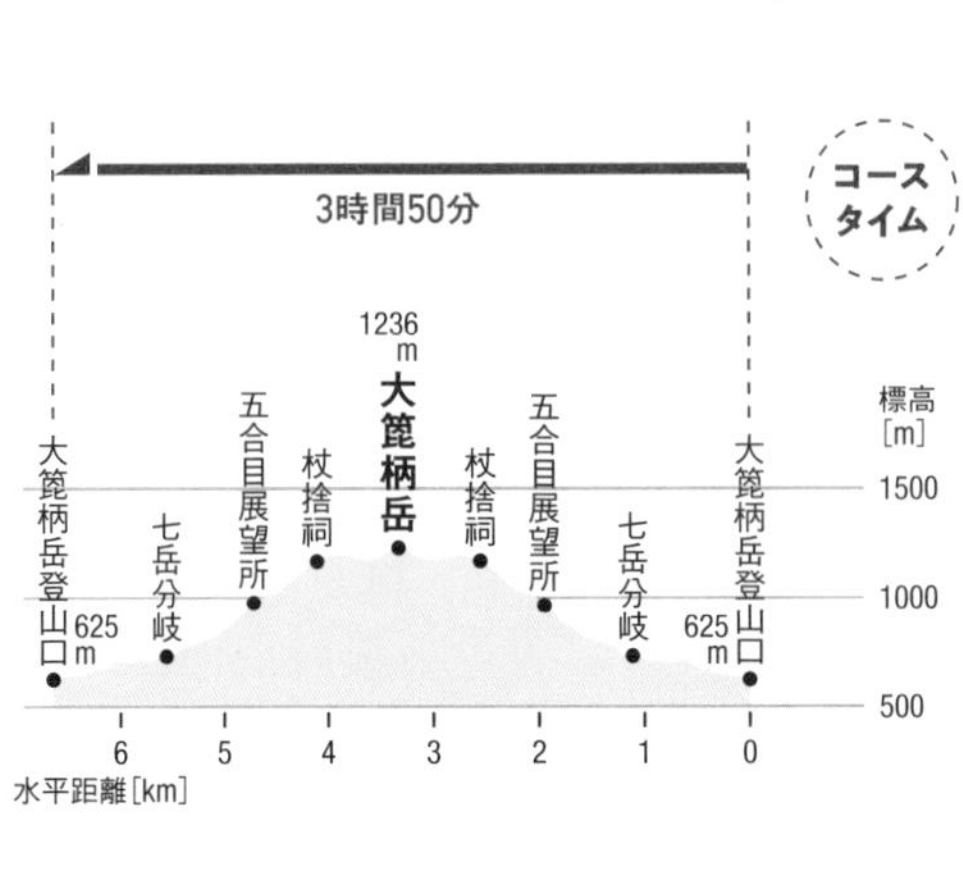

サブコース

高隈山・御岳

御岳登山口↓八合目↓御岳　1時間40分

Map 13-3C 御岳登山口
Map 13-3C 御岳

コースグレード | 初級
技術度 | ★★☆☆☆ 2
体力度 | ★★☆☆☆ 2

御岳《おんたけ》は高隈山《たかくまやま》第2の高峰で、権現岳《ごんげんだけ》の別名がある。山頂には高さ2mほどの石積みに、高隈竜王大権現の石盤がある。風格ある山容と山頂からの雄大な展望が最大の魅力で、主峰・大篦柄岳《おおのがらだけ》（P178コース 29 参照）に劣らぬ人気がある。

御岳へは、鳴之尾《めいのお》林道をテレビ塔下5合目の**御岳登山口**まで車で上がる。三差路に駐車し右の林道を進むと、左側は高さ20mほどの岩壁が続き、9月中旬には岩に着生したタカクマホトトギスが黄色い花を咲かせる。林道終点から急な石段をジグザグに登ると、狭い尾根上に建つ**テレビ塔**に着く。高度感あふれる場所で、目前に迫る圧倒的な御岳を望む絶好の休憩ポイントだ。

木階段を下り、ロープやチェーンのつけられた岩場を登る。足もとの悪い展望のない急坂をひたすら登ると、水場のある**八合目**に着く。ロープやハシゴが設置された急坂が続くが、平坦になると**九合目**に出る。以前登られていた上祓川《かみはらいがわ》コースの登山道が出合うが、現在は閉鎖されている。

御岳山頂を見上げながら登ると、後方に笠之原《かさのはら》台地や鹿屋《かのや》市街地、大隅《おおすみ》南部の山々が広がり、1等三角点のある**御岳**山頂に着く。眺望は360度。高隈山主峰の大篦柄岳から横岳まで6座の1000m峰が連なり、桜島《さくらじま》、霧島《きりしま》連山、開聞岳《かいもんだけ》、肝属《きもつき》山地の山など、県本土の主要な山々が視界に入る。眼下には、鳴之尾牧場の緑のなかに赤い屋根があざやかに映え、印象的である。

下山は往路を引き返す。

テレビ塔まで登ると御岳山頂が間近に迫る

タカクマホトトギス。テレビ塔付近に多い

写真・文／川野秀也

屋久島の中心にそびえる宮之浦岳南面風景（翁岳鞍部手前から）

2泊3日

宮之浦岳

淀川ルート
縄文杉ルート

世界自然遺産・屋久島の
屋根をつないで歩く
王道コース

コースグレード｜中級

技術度｜★★☆☆☆ 2

体力度｜★★★★☆ 4

1日目	淀川登山口→淀川小屋　計50分
2日目	淀川小屋→花之江河→宮之浦岳→新高塚小屋　計7時間20分
3日目	新高塚小屋→縄文杉→荒川登山口　計5時間35分

写真・文／大沢成二

屋《や》久《く》島の中央にそびえる宮之浦岳《みやのうらだけ》。日本百名山の100番目の山でもあり、そのピークをめざすコースのうち、淀川《よどごう》登山口から入山する淀川ルートは最もオーソドックスで人気が高い。コースのほとんどが世界遺産登録エリアに含まれ、後半部には有名な縄文杉《じょうもん》をはじめとする著名な屋久杉が登山道脇で見られる。山岳島ならではのダイナミックな稜線歩きと世界自然遺産の美しい森を両方楽しめる、贅沢なコースとなっている。

1日目

淀川登山口から淀川小屋へ

安房《あんぼう》からタクシーで**淀川登山口**へ向かう。バスの場合は紀元《きげん》杉で下車し、徒歩30分ほどで淀川登山口へ。駐車スペースや休憩施設、トイレがある。淀川小屋へは案内看板脇から入山し、うっそうとした原生林内の歩道を進む。登り下りを繰り返し、最後に急坂を下ると世界自然遺産登録地域に入り、**淀川小屋**へいたる。周辺にはテントスペースとトイレ、小屋脇に水場もある。

淀川小屋手前で遺産登録エリアに入る

登山歩道からの高盤岳・トーフ岩

2日目

淀川小屋から宮之浦岳を経て新高塚小屋へ

日本最南の高層湿原・花之江河（後方は黒味岳）

早朝に小屋を出発し、淀川鉄橋を渡るといきなり急登がはじまる。徐々に高度を上げながら進むが、樹林帯のなかなので基本的に眺望はない。時おり距離を示した道標が現れるので、それも参考に現在位置を確認しながら進む。雨天時やその直後はルートに水がたまり歩きづらいが、尾根に出ると水はけもよくなり歩きやすくなる。

高盤岳《こうばんだけ》展望台を左に見て登りつめると、やがて黒味《くろみ》岳《だけ》展望台に出る。わずかに下ると小《こ》花之江河《はなのえごう》で、木道で湿原を横断して小ピークを越すと**花之江河**だ。眼前に黒味岳がそびえる日本最南端の高層湿原で、四方から道が集まる十字路となっている。携帯トイレブースや黒味岳の祠がある。

石塚《いしづか》小屋への道を左へ分け、黒味岳を右へ巻きながらゆるやかに高度を上げる。登山道をふさぐ形の花崗《かこう》岩を乗り越えると、そこが**黒味分《わか》れ**だ。ザックをデポして黒味岳を往復してもよい（P187参照）。

黒味岳の右裾を半周し、ロープ場などを経て好展望の**投石平《なげしだいら》**へ。投石岩屋を左に見て、投石岳の登りに取り付く。直登してロープ場を通過し、翁岳《おきなだけ》の鞍部へ続くトラバースルートに出る。遭難碑を過ぎ、アップダウンを繰り返しながら進んでいく。鞍部の直前には水場があるので、給水していこう。ここには携帯トイレブースもある。

鞍部からはいよいよ宮之浦岳への急登に差しかかるが、大雨や台風の影響で大きく崩れた箇所があり、慎重に通過する。半分ほど登ると栗生岳《くりおだけ》基部に出るが、ピークは

平石岩屋下で咲くヤクシマシャクナゲ

九州最高峰の宮之浦岳山頂。展望は360度

花崗岩の大岩の上で登ることはできない。登山道脇に道標があり、岩屋のなかには祠がある。基部からも急な登りで、ようやく九州最高峰・**宮之浦岳**の頂へ到着する。四方の大展望が広がる山頂の西直下の岩陰にある祠は宮之浦地区にある益救《やく》神社の奥宮にあたり、屋久島全体の精神的なシンボルでもあるので、ぜひ参拝していきたい。

山頂をあとに焼野《やけの》三叉路へ向かうが、下りの木道は雨で濡れた日などはとくに滑りやすい。25分ほどの下りで**焼野三叉路**に出て、新高塚《たかつか》小屋へはまっすぐ進む。

ここから平石《ひらいし》岩屋へは広大なヤクザサ帯の草原歩きだが、見かけより起伏があり意外と手ごわい。分岐から30分ほどで平石にいたり、最後のロープ場を登り返すと**平石岩屋**がある。岩屋の上に回りこめば宮之浦岳の眺めがよい展望所で、ピラミッド型の端正な山容が眼前に高くそびえている。

ここから一気に高度を下げ、ロープ場をやり過ごして再び樹林帯に入る。途上に現れる道標で距離を確認しながら先を急ぐ。坊《ぼう》主《ず》岩を左に見てさらに下ると第二展望台で、さらに進むと、巨岩が道をふさいだ通過困難箇所が現れ、切られたステップなどを頼りに通過する。その先の狭い岩場を登り返すと**第一展望台**だ。この先はシャクナゲやハイノキなどの灌木帯、ヒメシャラが優位な樹林帯など特徴的な森が交互に出現する。登山道脇には江戸時代の屋久杉の伐採跡などもあり、当時こんな標高まで木を切りに来ていたことに驚かされる。

なおも下っていくと**新高塚小屋**に到着する。水場は小屋脇にあり、手前のデッキはテントスペースにもなっている。

朝日で真っ赤に染まる樹齢約7200年の説もある縄文杉

門柱が残る小杉谷の小中学校跡地

3日目

新高塚小屋から下山する

小屋から小高塚山の山腹をたどり、その先の谷筋を下る。一度登り返し、尾根を変えて高度を落としていく。長い木道階段などを経て約1時間で**高塚小屋**へ。そこから5分強下ると屋久島のシンボル・**縄文杉**がある。さらに下っていくと夫婦杉《めおとすぎ》、大王杉《だいおうすぎ》と著名な屋久杉や、屋久島最大の切り株とされる**ウィルソン株**が現れる。

トイレがある**大株歩道入口**《おおかぶほどういりぐち》〜終点の荒川《あらかわ》登山口間8・5kmは、荒川森林鉄道の軌道敷上（通称トロッコ道）を歩く。45分ほど下ると、トロッコ道を横切るようにショートカットコースがある。三代杉《さんだいすぎ》を過ぎるとほどなく**楠川分れ**《くすかわわかれ》で、左に白谷雲水峡《しらたにうんすいきょう》への道を分ける。そのままトロッコ道を下ると1970年まで屋久杉伐採の前線基地だった**小杉谷集落跡**《こすぎだにしゅうらくあと》に出る。小中学校跡をはじめ、当時の生活の名残がしのばれる場所だ。

荒川橋を渡り、さらに40分ほど行けばバス停がある**荒川登山口**へいたる。

荒川登山口から8・5kmあるトロッコ道

プランニング&アドバイス

屋久島に到着したら燃料や食料などを調達して登山へ向かうが、島内でOD缶（アウトドア用ガス）などを調達できる店舗は限られるし、離島である屋久島に本州にあるようなコンビニエンスストアなどはない。また入下山のバスは便数が少ないなど、離島ならではの事情があるので、屋久島観光協会などに問合せするなどし、前もって下調べしてから来島することが望ましい。入山時に環境保全協力金2000円（宿泊を伴う場合）が必要（事前振り込み可）。歩く際は、島の稜線全体にいえることだが、荒天で雷の危険がある場合、宮之浦岳〜平石間はとくに落雷を避ける場所がないので注意したい。

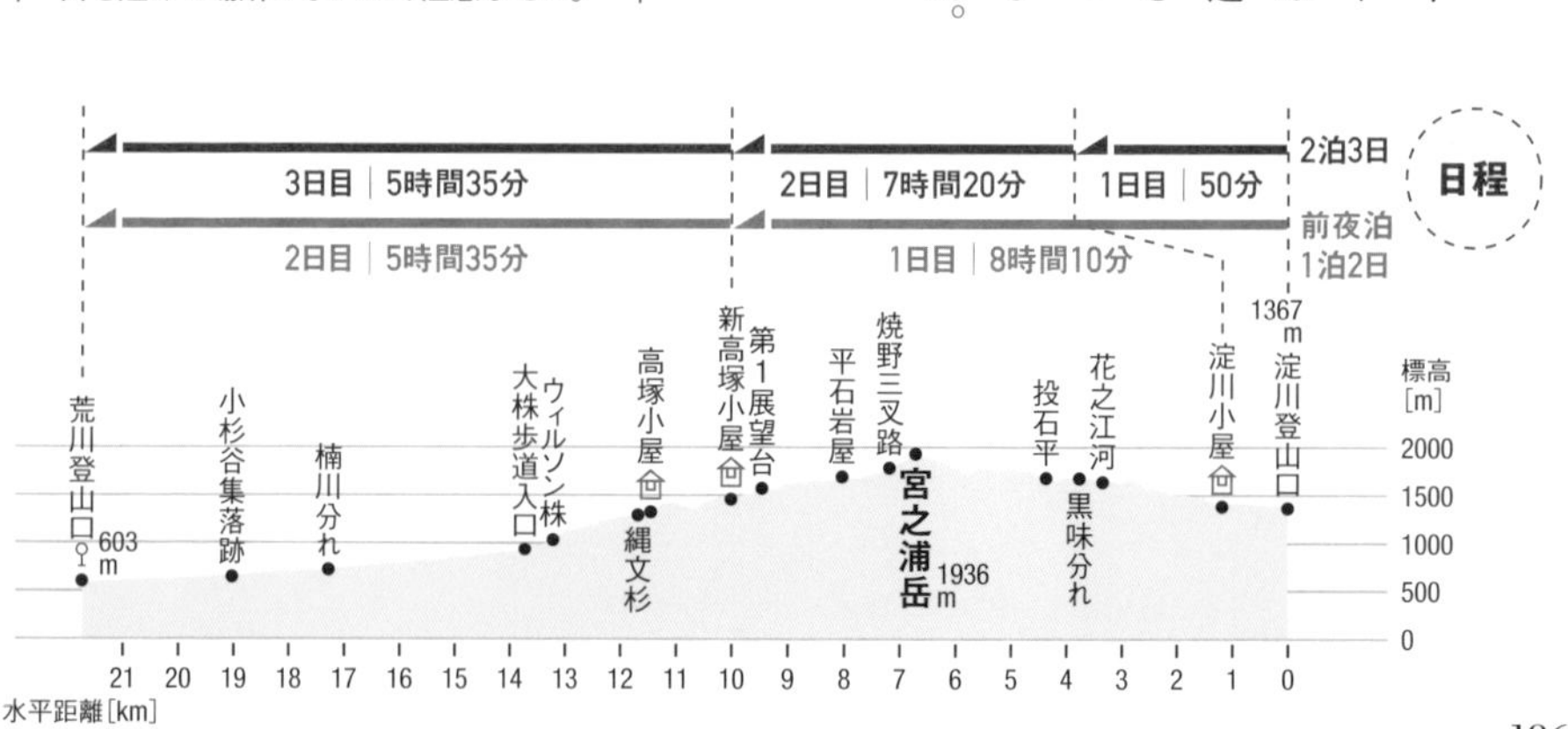

サブコース

黒味分れから黒味岳

黒味分れ↓黒味岳　45分

Map 14-4B 黒味分れ
Map 14-4B 黒味岳

コースグレード	初級
技術度	★★☆☆☆ 2
体力度	★☆☆☆☆ 1

黒味岳《くろみだけ》は屋久《やく》島山岳の展望地として優れた場所で、山頂からは目の前に宮之浦岳《みやのうらだけ》が端然としたピラミッド型としてそびえる。山頂は露岩からなり、南面の眼下に花之江河《はなのえごう》が、北面眼下には投石平《なげしだいら》が望まれる。登路は黒味分れ《くろみわかれ》で縦走路から離れて30分ほどで山頂へいたるが、途上植物相が大きく変化するのが観察できる。また花の宝庫というべき山でもあり、この島にしか存在しない多くの固有種をこの山で見ることができる。

黒味岳の山頂部のみ森林限界の先にある（花之江河から）

淀川《よどごう》登山口から**黒味分れ**までは、P18 2コース30を参照のこと。

黒味分れにザックをデポして登路に取り付くと、ほどなく最初のロープ場が現れる。これを通過して、登山路をまたぐように張り出す木の根や枝をくぐり、次のロープ場を越えていく。森林を抜けると眺望が開け、眼前に山頂が現れる。東峰《とうほう》の山腹をトラバースするように通過し、鞍部を抜けると本峰の登りにかかる。いくつか岩場を巻くようにやり過ごし、登りつめると山頂の奇岩直下に出る。さらに進んで奇岩を登れば**黒味岳**山頂だ。

山頂部の奇岩（右奥は宮之浦岳）

途上には複数のロープ場が現れる

写真・文／大沢成二

平石岩屋から宮之浦岳の美しい山容を望む（左は翁岳）

3泊4日

宮之浦岳 永田岳

白谷雲水峡に縄文杉、宮之浦岳を経て最深部の森へ 島の魅力満載のコース

コースグレード	中級
技術度	★★☆☆☆ 2
体力度	★★★★☆ 4

1日目	白谷雲水峡入口→ 白谷小屋　1時間20分
2日目	白谷小屋→ 太鼓岩→ 楠川分れ→ 大株歩道入口→ 縄文杉→ 新高塚小屋　計6時間45分
3日目	新高塚小屋→ 平石岩屋→ 焼野三叉路→ 宮之浦岳→ 永田岳→ 鹿之沢小屋　計6時間10分
4日目	鹿之沢小屋→ 花山広場→ 花山歩道入口　計6時間

写真・文／大沢成二

アニメ映画『もののけ姫』の舞台のモデルになったといわれる白谷雲水峡《しらたにうんすいきょう》を入口とし、有名な縄文杉《じょうもんすぎ》を経て宮之浦岳《みやのうらだけ》に登り、日本に5カ所しかない「原生環境保全地域」に沿う花山《はなやま》歩道を下るこのコースは、まさに屋久《やく》島の核心をつないで島を満喫しつくそうという、欲張りなプランだ。それだけに歩行時間も長いし日程も長い。体力に合わせ、入口を淀川《よどごう》登山口にして花山歩道に下るなど、組み合わせをいろいろ考えてみるのもおもしろいだろう。

1日目 白谷雲水峡から白谷小屋へ

白谷雲水峡入口が起点。白谷雲水峡は林野庁が管理する自然休養林で、美しい渓流の白谷川沿いに歩道が続いている。入口には管理棟があり、トイレも整備されている。

登りはじめは白谷川の左岸を行くが、観光登山者も歩く、整備された歩道が続く。吊橋を渡って右岸に移るといきなり急登になり、本格的な登山道がはじまる。登りきると楠川《くすかわ》歩道へ合流する。ゆるやかに高度

白谷雲水峡入口。身支度をして出発する

標高1050mの太鼓岩からは奥岳を一望

を上げていくと白谷川の本流徒渉点に差しかかるが、増水時は徒渉困難となるため、ここを通過する場合はあらかじめ天気予報などでしっかりと情報収集しておきたい。

さらに進むとくぐり杉や鹿《しか》の宿《やど》など特徴的なスギが現れ、その先に無人の**白谷小屋**がある。建物内にトイレがあり、入口には沢から水が引きこまれている。初日はここで宿泊するが、白谷雲水峡の最大の見どころ「苔むす森」（後述）はここから10分ほどなので、翌朝出発が早い場合は明るい前日のうちに往復しておこう。途上には白谷雲水峡屈指の七本杉《ななほん》もそびえている。

2日目

白谷小屋から新高塚小屋へ

早朝の白谷小屋を出発すると、ほどなく「苔むす森」に差しかかる。森全体が苔むした美しい場所である。『もののけ姫』の世界に存分に触れたら、先に進む。この先は傾斜がきつくなり、「公家杉《くげ》・武家杉《ぶけ》」、「かみなりおんじ」と名前のついた屋久杉を見ながら登っていく。その頂点が標高９００ｍの**辻峠**《つじ》だ。荷物をデポし、太鼓岩《たいこ》まで足をのばそう。とくにきつい急登を15分ほどこなすと、太鼓の胴のように丸いことからその名がついた**太鼓岩**へいたる。正面に宮之浦岳から なる屋久島中心部の連なる屋根や、半世紀ほど前に皆伐されたあとに再生した雄大な深い森林が眼下に広がる。

辻峠に戻って南斜面を下る。ほどなく辻の岩屋が現れる。巨大な花崗《かこう》岩の一枚岩が別の岩に乗っかっているさまは圧巻だ。岩屋からぐんぐん高度を落とす。途中江戸時代からの古い切り株などもあるが、主として再生された広葉樹の森が続く。やがてスギの人工林が増えてくると瀬音が聞こえてきて、**楠川分れ**《くすかわわかれ》に着く。

ここからは荒川森林軌道（トロッコ道）

10畳ほどの内部スペースに木魂神社の社があるウィルソン株。清水も湧出している

幽玄な雰囲気の白谷川本流徒渉点

ヤクザサにおおわれた永田岳（焼野三叉路から）

歩きとなる。三代《さんだい》杉を経てトロッコ道のショートカットコースを登るとやがて仁《に》王《おう》杉が現れ、15分でトロッコ道終点の**大《おお》株《かぶ》歩道入口**だ。ここから再び本格的な登山道となり、25分ほどの登りで左手に2010年秋に倒壊した翁《おきな》杉の折れた株、その先には島内一の切り株といわれる**ウィルソン株《かぶ》**がある。

ここから連続する木製階段を上がっていくと推定樹齢3000年ともいわれる大王《だいおう》杉が現れ、ついで隣り合って生えた屋久杉の枝がつながった夫婦《めおと》杉がある。その先からいよいよ世界自然遺産登録エリアに入り、やがて**縄文杉**へ。周囲には展望デッキがあり、北側と南側から観察できる。

高塚《たかつか》小屋からは、再び木製階段の登りで高度をかせぐ。ヒメシャラが優位な尾根筋をゆるやかに登りながら通過し、小高塚山《こたかつかやま》の直下を横切ると**新高塚小屋**がある。

3日目

永田岳の頂に立ち鹿之沢小屋へ

小屋から眺望のない樹林帯歩きを続け、1時間ほどで宮之浦岳を望む**第一展望台**へ。さらに樹林歩きが続くが、途中ルートを巨岩が落ちてふさいだ通過困難箇所が現れ、切られたステップを頼りに通過する。

第二展望台からはシャクナゲやハイノキなどの灌木帯、ヒメシャラが優位な樹林帯など特徴的な森が交互に現れる。やがて眺望が開け、前方に小高いピークが見えてくる。木道階段を登り、ロープ場を通過し

花山歩道の途上にあるハリギリの大木

永田岳山頂からは永田の集落が見える

た先が**平石《ひらいし》岩屋**だ。岩屋の上からはピラミッド型の端正な宮之浦岳の山容が眼前に高くそびえる。平石岩屋から一度下り、背の高いヤクザサの草原地帯を縫うようにつけられたやや起伏のある道を登るが、このあたりは開けた場所だけに落雷には要注意。

30分ほどで**焼野《やけの》三叉路**に出る。**宮之浦岳**を往復し（P182参照）、永田岳《ながただけ》をめざす。ヤクザサの草原を下り、深くえぐれた歩道をたどる。途中湿地帯の先に水場があり、この先鹿之沢《しかのさわ》小屋まで水は補充できないので必要があれば給水していこう。

永田岳の鞍部から急登がはじまる。木道や階段で整備された崩落箇所を通過して永田岳直下の肩へ。荷物をデポして山頂を往復しよう。最後の登りにはロープがあるので、それを使うとよい。**永田岳**の山頂も宮之浦岳同様すばらしい展望で、島の中心部にある奥岳《おくだけ》とよばれる場所から唯一里にある集落を見渡せる。

永田岳直下の肩から、永田岳の南西斜面を山肌沿いに一気に高度を下げていく。小さな沢で方向を変えてさらに下るとローソク岩展望台があり、永田岳の西斜面に沿うようにそびえる奇岩・ローソク岩が目の前に見える。本コースの見どころのひとつだ。

展望台を過ぎるとロープ場があり、そこを通過すると樹林帯に入る。シャクナゲなどの灌木帯を抜けてさらに下ると、**鹿之沢小屋**が現れる。トイレは鹿之沢小屋を通過して永田歩道のほうへ向かう少し

屋久島南部からの永田岳、宮之浦岳空撮

離れた場所にあるので、明るいうちに確認しておこう。水場は鹿之沢小屋の左脇へ入った場所に小さな沢が流れている。沢の徒渉先には、若干のテントスペースもある。

4日目

永田岳の頂に立ち鹿之沢小屋へ

小屋の左脇の沢の先から下山を開始する。その先にも2つほど小沢があり、それを徒渉すると尾根に向けての急登となる。尾根上からは、樹林内の展望のない道をだらだらと下っていく。途中、登山道の左側にコース唯一の展望地といえる大石展望台があり、屋久島南部の深い原生林が見渡せる。

展望台からは、花崗岩の大岩や倒木帯を巻いて下っていく。ハリギリの大木を見て進むと屋久杉の大径木が林立する**花山広場**に出る。右に下った先に水場もある。

広場から先の左手は日本に5カ所ある原生環境保全地域で、屋久島の核心といってよい美しい屋久杉の森が続く。途中、樹上に大きな幹を張り出した大龍杉《だいりゅう》がある。焼峰《やけみね》広場からは歩道が切れ落ちるように急激に下りだす。台風による倒木を乗り越えたりくぐったりする箇所があり、それらをやり過ごしながら高度を下げる。世界自然遺産登録地域を抜け出ても急な下りが続き、周囲の森は針葉樹から照葉樹へと変化していく。ひたすら下った650m付近のピーク付近では、携帯電話の電波が拾える。ピークを通過して尾根の右へ出ると大川の瀬音が聞こえてきて、山肌に沿って下るとやがて**花山歩道入口**に出る。

プランニング&アドバイス

コース前半の太鼓岩から、宮之浦岳と石塚山をつなぐ尾根筋に目を凝らすと、帯状に森の色の濃さが変化している。上の濃いところが世界自然遺産登録地域であり、それより手前は近世に伐採に遭った森だ。下山路の花山歩道は訪れる人も少なく道迷いしやすいので、地図やピンクテープを確認しながら進むこと。下ってからも花山歩道入口から送迎してくれるタクシー会社は1社（安房タクシー）のみで、登山口では携帯電話は通じない。花山歩道へ下山する場合は前もってタクシーを予約し、稜線の携帯電話が通じる箇所から経過を連絡するなどして下山のタイミングを計りたい。

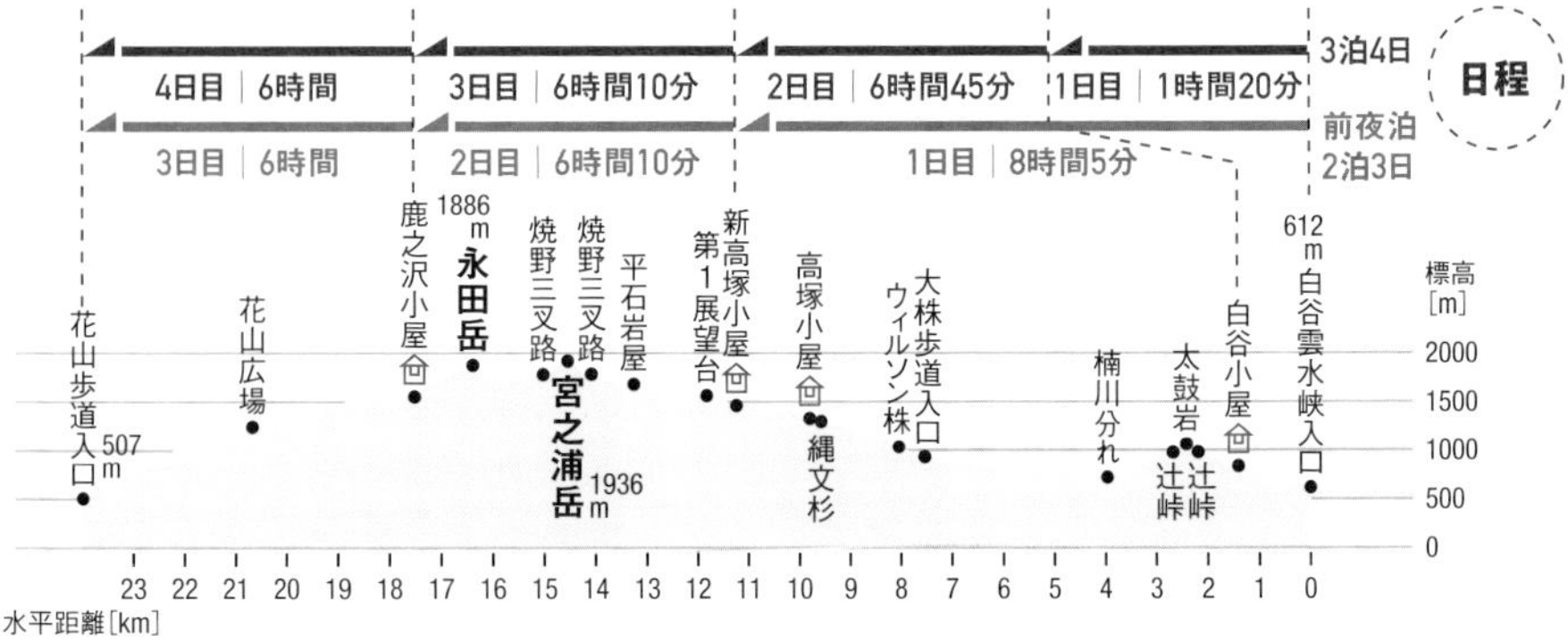

日帰り

太忠岳

屋久杉の美林エリアを堪能して天空を突く高さ40mの巨岩・天柱石の立つ頂へ

ヤクスギランド→荒川橋→太忠岳→天柱杉→ヤクスギランド　6時間25分

Map 15-3A ヤクスギランド入口

コースグレード	中級
技術度	★★☆☆☆ 2
体力度	★★★☆☆ 3

屋久島《やく》の森は、どこも江戸時代より伐採を経験したあとに数百年という時間をかけて再生してきた原生林である。ヤクスギランドを起点にシンボルの天柱石《てんちゅうせき》がそびえる太忠岳《たちゅうだけ》へいたるコースは、そうした古からの島人と森とのかかわりの歴史を観察するのに最適な場所であり、とくにコース上の小花山《こはなやま》とよばれるエリアには、屋久島屈指の屋久杉美林が広がっている。そこは島の西部に位置する原生環境保全地域に沿う花《はな》山《やま》地区を彷彿とさせる森で、太忠岳周辺の森も世界自然遺産登録エリアに含まれる。

本コースは、アプローチが容易なヤクスギランドのすぐ先で屋久島の核心的な美しさに出合えるという贅沢な場所でもある。

登山口は、ヤクスギランドという1971（昭和46）年から林野庁が管理する自然休養林だ。**ヤクスギランド入口**からしばらくはバスツアーの観光客も周遊する整備された歩道だが、荒川橋《あらかわ》を渡って150分コースへ入ると本格的な登山道となる。途上に携帯トイレのブースを見ながら登っていくと、休憩舎が建つ**蛇紋杉**《じゃもん》（倒木）がある。

ここからヤクスギランドの周遊コースを離れ、いよいよ「小花山」とよばれる島内屈指の屋久杉美林エリアへ入っていく。表面にびっしりと苔をまとった江戸時代の切り株や倒木などが多く見られ、その背景には伐採を免れた屋久杉が林立する美しい風

荒川橋を渡ると登山道へと入っていく

島内屈指の屋久杉美林エリアの小花山

天柱石越しに屋久島の北東方向を望む

景が広がっている。

いったんコースを左に振って小ピークに登りつめると「**天文**《てんもん》**の森**」の看板が現れ、手前にはベンチがある。その先の鞍部に出ると、小さな沢とその先に隆々と膨らんだコブに数千年の時を刻んだ釈《しゃ》迦《か》杉が堂々とそびえている。さら進むと歩道脇に「世界自然遺産登録エリア」の看板が現れる。この先の沢が最後の水場となるので、必要に応じて給水していこう。

やがて「太忠岳1・0km」の道標が設置された花崗《かこう》岩の大岩が現れる。一度右に巻いて大岩をやり過ごしたあと、左へ大きくコースを振って灌木のなかを進む。視界が開けて小さな広場に出ると「太忠岳0・4km」の道標がある（通称「石塚分《いしづかわか》れ」）。この先で数カ所のロープ場をやり過ごすと、前方に高さ40mの天柱石が見えてくる。いったん下り、天柱石の土台の下に固定されたロープを使って花崗岩のステージに登ればそこが**太忠岳**の山頂だ。天気がよければ正面には愛子岳《あいこだけ》、眼下には水を湛えた尾立《おだて》ダムやその先に安房《あんぼう》集落や港の堤防、太平洋や種子島《たけまい》などが見える。また天柱石の奥には島人が岳参りで訪れる祠もあるので、ぜひお参りしていきたい。

復路は**蛇紋杉**まで戻り右の道に進むが、この道もスギが多い。天柱杉や母子《ははこ》杉、三《みつ》根《ね》杉、仏陀《ぶっだ》杉など特徴的なスギを見ながら下ると**ヤクスギランド入口**に戻ってくる。

頂上には高さ40mの天柱石がそびえる

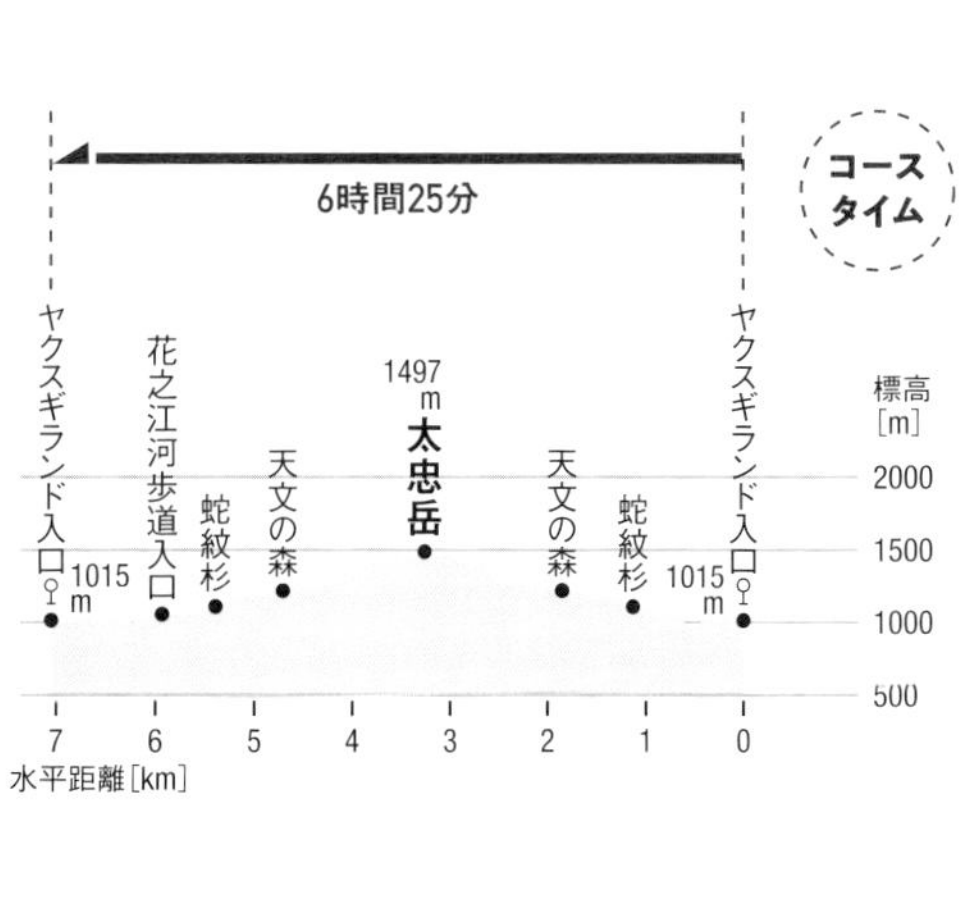

プランニング&アドバイス

登山適期は4月中旬から11月中旬にかけて。太忠岳登山の際は、入山協力金500円をヤクスギランドの管理棟で支払う。ヤクスギランドの入口にある休憩施設「森泉」にはチップ制のトイレがあり、入山前に立ち寄っておこう。また林内には携帯トイレブースが1カ所あるが、基本的にトイレはないので、必要であればあらかじめ携帯トイレを用意して入山したい。

日帰り

愛子岳

屋久島の空の玄関口からも見える花崗岩の岩壁をもつピラミッド型の秀峰

愛子岳歩道入口↓愛子岳（往復）　7時間30分

愛子岳《あいこだけ》は、屋久《やく》島の空の玄関口である屋久島空港の目の前にそびえる三角錐の秀峰だ。生産量が少なく入手困難な焼酎「愛子」の名前にもなっている。海抜約200mの登山口から1235mの山頂までがすべて島の北東部へ帯状にのびる世界自然遺産登録地域に含まれており、高度を上げるにつれ遺産登録の大きな理由になった「植生の垂直分布」をこの登山歩道全体で観察できるのが愛子岳の大きな魅力でもある。

屋久島空港から反時計周りに島の外周道路を走ると、アコウの大木の手前に「愛子岳登山口」の看板が現れる。左折して小瀬《こせ》田《だ》林道を進むと、スギの人工林内に**愛子岳の歩道の入口**がある。入口脇には数台分の駐車場があり、ルートが世界自然遺産の登録エリア内にあることやその概略などを説明した看板が設置されている。

登りはじめはシイノキやタブノキなどの大径木が林立する、美しい照葉樹の森だ。最初のゆるやかな歩道部を過ぎるとそこからいきなり胸突く急登になり、ひたすら一途な登りが続く。眺望のまったくない樹林帯のなかを進むので、100mごとに現れる標高看板と、標高1000mまでは林野庁が標高200mごとに5カ所のプロットを設定して植生調査した説明板があるので、それを見ながら高度を上げていることを確認していく。また、屋久島の標高10

Map 15-1C 愛子岳歩道入口

コースグレード	中級
技術度 ★★★☆☆	3
体力度 ★★★☆☆	3

標高400m地点。200mごとに植生案内板がある

コース中には数箇所ロープ場がある

空港最寄りの小瀬田集落から愛子岳の山頂を望む

００m付近からは屋久杉やモミツガの針葉樹が優位になる屋久杉林帯に移行するのが一般的だが、愛子岳歩道はそうした針葉樹の大径木がほとんど見られないのがほかの山の歩道とは異なるところだ。

ひたすら標高を上げていくと標高１０００m付近で登りはじめからの急登がいったん終わり、ゆるやかなトラバースに入る。その先で小さな沢筋を横断する箇所に「水下40m」の看板がある。下った先に水が染み出ているが、雨が降らないとこの水場は枯れてしまうので、基本的に水は途上で補給できないと考えて必要量用意しておきたい。

とまりの木の先から再び急登がはじまり、複数のロープ場が現れる。そこを通過すると森林限界を超えて、いきなり眺望が開ける。振り返ると眼下に屋久島空港のある小瀬田集落とその先に広がる大隅《おおすみ》海峡や種子《たねが》島、天気がよいと九州本土が見渡せる。

その先はさらに急登になり、いくつかのロープ場を越えていく。むき出しの大きな花崗岩の登山路をクラックに沿って進みながら高度をかせぎ、**愛子岳**の山頂にいたる。直下には集落の住民がご神山として崇める愛子岳の祠があり、山頂のスペースには金属製の道標が立っている。天気がよければ、屋久島中央部にそびえる宮之浦岳《みやのうらだけ》や永田岳《ながただけ》など奥岳が一望できる。

下山は往路を戻る。

山頂からの奥岳方向の遠望
（中央の高点が宮之浦岳）

プランニング&アドバイス

登山道はおおむね尾根筋を行くのでそこをはずさなければルートを見失う危険は少ないが、屋久島低山部の森林は植生の成長スピードが早く、台風などの影響もあり、1年のうちでも登山路の様子が大きく変化することがあるので、ピンクテープや地図などをよく確認して進みたい。また、低山部は気温の高い時期は湿度も高くそれだけで体力を奪われるので、登山適期は気温の低い春か秋以降で、盛夏の時期は避けたほうが無難だ。

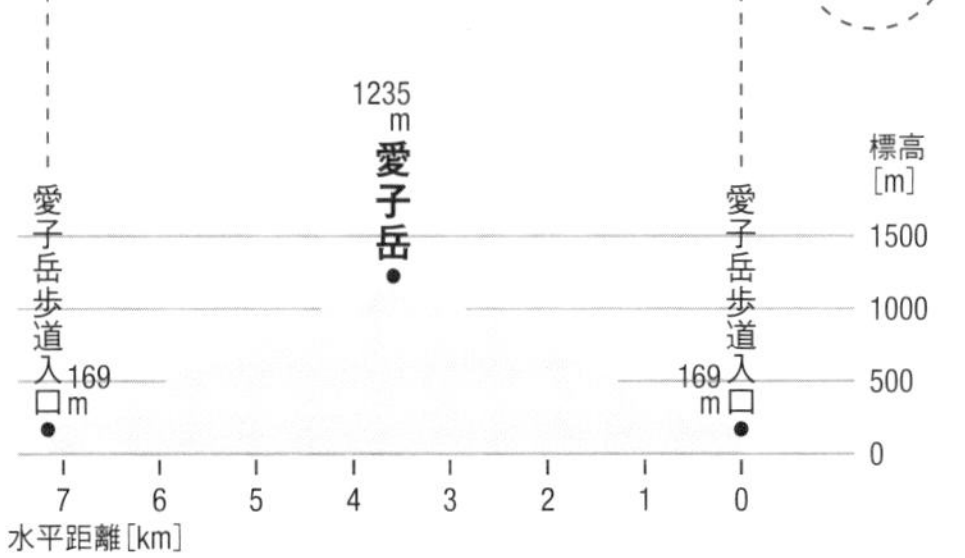

日帰り

モッチョム岳

「東洋のマッターホルン」とも称される圧倒的な威容を誇る屋久島南部の山

モッチョム岳登山口↓万代杉↓モッチョム岳（往復）　6時間

Map 15-3D モッチョム岳登山口

コースグレード	中級
技術度	★★★☆☆ 3
体力度	★★★☆☆ 3

モッチョム岳《だけ》は屋久《やく》島の南部海岸線の間際から天を突くようにそびえる円錐形の岩峰で、海上からもその姿はひときわ目立つ。屋久島は遣唐使の南島路上にあり、753（天平勝宝5）年には遣唐使の副使に選ばれた吉備真備《きびのまきび》がモッチョム岳の脇を流れ下る鯛之川《たいのかわ》の河口に寄港したとの伝承が残る。ここを寄港地に選んだのは、モッチョム岳が山岳島である屋久島のなかでも、ひときわ目をひく秀峰だからかもしれない。

鯛之川の途上にある千尋滝《せんぴろたき》の展望台がモッチョム岳の入口となる。観光バスも入る大きな施設だが、登山者用の駐車場はその一隅に定められている。チップ制のトイレがあり、立ち寄って入山に備えたい。**モッチョム岳登山口**は千尋滝の脇にある。

入ってすぐに小さな沢を徒渉すると、いきなり胸を突くような急登となる。登山路であるタナヨケ歩道はうっそうとした照葉樹林のなかにあり、樹間から時おり海面が見えたりもするが、基本的に眺望はない。100mごとに標高を記した小さな看板が現れるので、それを確認しながら進む。

標高500mを越えた先で一度登りがゆるやかになり、左からの小さな沢に出合う。徒渉してさらに進むとまた登りが急になり、登りつめると**万代杉**《ばんだいすぎ》に出合う。推定樹齢3000年ともいわれる屋久杉で、尾根をまたぐように生えたために島屈指の根周りに

山頂の眼前には雄大な太平洋が広がっている

モッチョム太郎の先にある通過困難箇所

写真・文／大沢成二

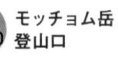

推定樹齢3000年といわれる万代杉

なった。そこを右に巻き、なおも樹林帯を行く。いくつか沢を渡っていくと、苔むした屋久杉の**モッチョム太郎《たろう》**が道脇に堂々たる姿を見せている。登山路を分けた先にあるので、ぜひ立ち寄りたい。

標高900mを越えると、台風の影響で大きく崩落した危険箇所が現れる。ロープが張ってあるので、それを使って慎重に通過しよう。さらに標高を上げていくと、歩道最高地点である**神山《かみやま》展望台**にいたる。ここでようやく海側に眺望が開ける。この先は吊《つ》り尾根になっており、いくつかのロープ場を越えながらアップダウンを繰り返す。最後は左から巻くようにして山頂直下に出る。山頂は花崗《かこう》岩の大きなステージの上にあり、クラックに沿ってロープが張ってあるので、それをつかんで一気に**モッチョム岳**の山頂に出る。天気がよければ眼前に太平洋の大海原が広がり、垂直に切れ落ちた山肌のはるか足もとにはこの山を仰ぐ集落の島人たちの営みが見える。山頂の南直下から下がっているロープは岳参《たけまい》りの祠へのものなので、お参りしていこう。

展望を楽しんだら、往路を引き返す。

トローキの滝展望所からのモッチョム岳（左）

プランニング&アドバイス

モッチョム岳や愛子岳など屋久島の海岸線間際にそびえる標高1000m程度の山は「前岳」とよばれ、登りはじめの高度が低いので標高差がありいずれも手ごわい。標高だけから判断せず、きちんとしたプランと装備で登山に臨みたい。とくにモッチョム岳は吊り尾根の途中には激しいアップダウンもありロープ場も多い。また山中にトイレはないので携帯トイレを準備しておく。神山展望台まではところどころ水場があるので、途上で水の補充は可能。

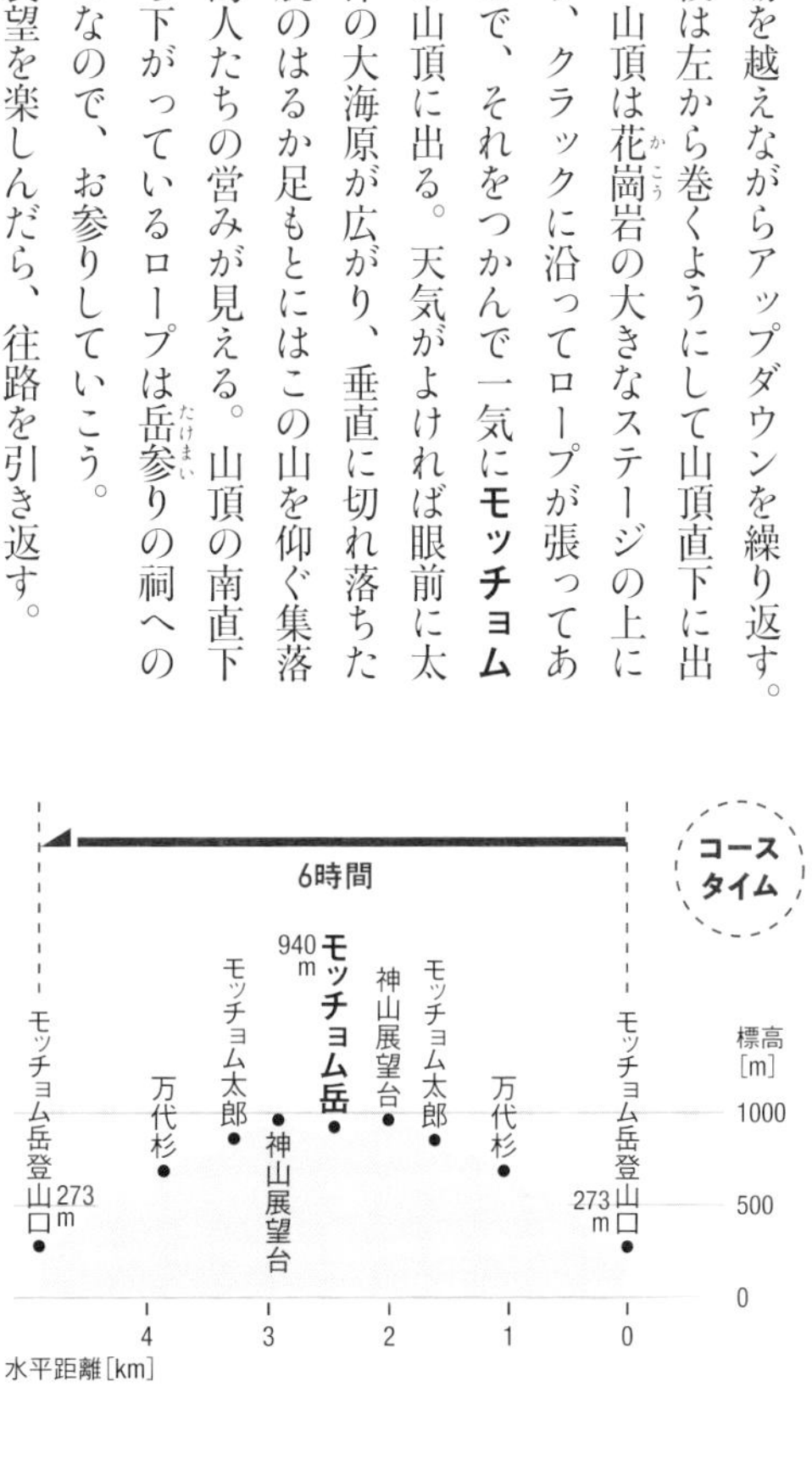

コラム4

九州のその他のおすすめの山

寒緋桜が咲く黒髪山・乳待坊

本書のコースガイドに取り上げた山以外にも紹介したい山は数多くある。ここでは、その中からほんの一部だが紹介する。これらの山は本書のガイドに掲載した山と比較しても、遜色のない個性や独特の存在感をもっている山である。紹介する山は、佐賀県の黒髪山《くろかみやま》、大分県の中山仙《なかやません》境《きょう》と田原山《たわらやま》、熊本県と宮崎県にまたがる市房山《いちふさやま》、宮崎県の比叡山《ひえいざん》と矢岳《やたけ》の6山である。

■黒髪山【標高516m】

九州北部／佐賀県

黒髪山は、全国的に知られる陶器の里、佐賀県西松浦《にしまつうら》郡有田《ありた》町と伊万里《いまり》市の背後に位置している。

福岡、佐賀、長崎各県の山は、遠目に見たとき山容に特徴のある山が少ないなかで、黒髪山は北隣りの青螺山《せいらさん》（618m）とのあいだに奇岩・怪石の岩峰を林立させ、九州北部の山では独特の存在感を示している。最大の岩峰は夫婦《めおと》岩の雄《お》岩（高さ130m）で、夫婦岩には悲恋物語の伝説が残っている。ほかにも鎮西八郎為朝《ちんぜいはちろうためとも》の大蛇退治などの有名な伝説があり、山中には大蛇が住んでいたといわれる竜門《りゅうもん》洞窟などもある。

人気の高い山だけに登山コースは各所から開けていて、どのコースも変化があっておもしろい。季節はサクラの開花する3月

大蛇伝説が残る竜門洞窟

東麓の宮野付近から見た黒髪山（左）と青螺山（右）

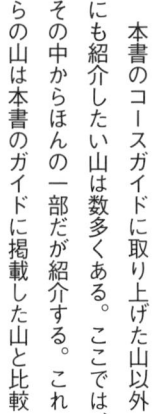

下旬から4月上旬がいちばんである。紅葉する乳待坊《ちまちぼう》付近は11月の上旬が見ごろ。固有種のクロカミランを見るのであれば6月上旬ごろ。

参考＝分県登山ガイド『佐賀県の山』（弊社刊）

■中山仙境【標高317m（高城）】

九州北部／大分県

国東《くにさき》半島には、低山ながら奇岩・怪石の岩山が多い。中山仙境もそのひとつ。登山コースから望む周囲の景観が九州随一の景観地・耶馬渓《やばけい》風で、山がある地名が夷《えびす》（豊後高田市《ぶんごたかだし》）であることから、夷耶馬渓《えびすやば》ともいわれている。この景観が認められ、2018年10月15日に「中山仙境（夷谷《えびすだに》）」として国の名勝に指定された。

中山仙境名物・無明橋。スリル満点だ

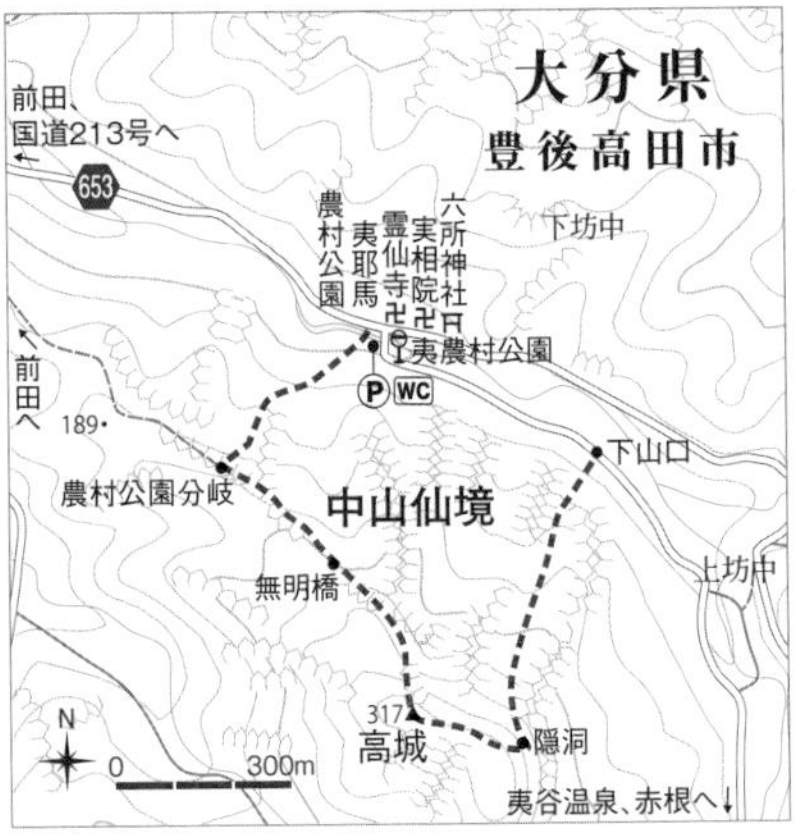

中山仙境という固有の峰はなく、高城《たかじょう》というピークが最高点となる。登山コースには、無明橋《むみょう》（空中に架かる石橋）、クサリの連続する岩場、馬《うま》ノ背《せ》などの細い稜線がある。スリルはあるが滑落には注意したい。天候の悪い日の登山は避けること。

登山は紅葉がはじまる11月下旬が適している。また、中山仙境は、九州初のロングトレイル「国東半島峯道《みねみち》ロングトレイル」（全長135㎞）の豊後高田コースの核心部となっている。峯道ロングトレイルとは、国東半島一帯にある寺院（総称して六郷満山《ろくごうまんざん》という）で古くから行われてきた峯入行《みねいりぎょう》のコースに登山道や遊歩道を追加するなどの工夫を加え、トレイルとして再構成したものだ。

参考＝分県登山ガイド『大分県の山』（弊社刊）

西麓の一路一景公園からの紅葉した中山仙境全容

■田原山【標高542m（大観峰）】

九州北部／大分県

大分県豊後高田市と杵築《きつき》市の境に位置する田原山は中山仙境（P201参照）と同様に国東半島にある岩山で、鋸歯状の稜線から「鋸山《のこぎりさん》」ともよばれている。この山も田原山（鋸山）という固有の峰はなく、最高峰は大観峰《だいかんぼう》である。懸崖の稜線はスリル満点で、クサリを頼りに大観峰、八方岳《はっぽうだけ》、杓子《しゃくし》岩、経《きょう》岩、無名《むめい》岩などの岩峰を周回するが、困難さと危険度は中山仙境を超える。

季節はオオコマユミが真紅に染まる11月下旬がベスト。4月上旬に咲く可憐な花・ゲンカイツツジもぜひ見てみたい。

登山口は利用者の多い杵築市側の妙善坊《みょうぜんぼう》と、豊後高田市側の熊野摩崖仏《くまのまがいぶつ》のある胎蔵寺の2つがある。熊野摩崖仏は国東半島を代表する石仏で、国の重要文化財および史跡に指定されている。熊野摩崖仏も「峯道ロングトレイル豊後高田コースのメイントレイル」になっているが、さすがに田原山は危険すぎるので、アプローチトレイルに留めてある。

参考=分県登山ガイド『大分県の山』（弊社刊）

4月上旬には可憐なゲンカイツツジが花を添える

最高峰の大観峰をめざす

田原山特有の岩稜が続く

比叡山【標高760m】

九重・阿蘇・祖母傾・大崩／宮崎県

比叡山（宮崎県延岡市《のべおかし》）と矢筈岳《やはずだけ》、丹助《たんすけ》岳《だけ》、行縢山《むかばきやま》などは大崩山《おおくえ》系に属し、地質学上は花崗斑岩《かこうはん》の環状岩脈（リングダイク）とよばれる山である。火山活動でマグマがせり上がる際に、大崩山《おおくえやま》を取り囲むように地下断層の裂け目ができた。そこへマグマが貫入し、それが隆起して国内最大規模の環状岩脈が誕生した。いずれの山も標高は1000mに満たないが、難攻不落の要塞のように巨大な岩の鎧でおおわれている。とくに比叡山は西側の矢筈岳とのあいだに綱《つな》の瀬《せ》川の大峡谷を刻み、谷底まで約400mの断崖絶壁を落としている。この地形はウォーターギャップとよばれ、1939（昭和14）年に国の名勝の指定を受けている。

比叡山は登山口から少し歩くと千畳敷《せんじょうじき》の展望広場があり、登山者だけでなく観光客も山水画のような絶景に接することができる。また、比叡山は鉾岳《ほこだけ》（P134コースガイド22参照）とともに九州屈指のロッククライミングの名所として知られており、第1峰から第3峰に分かれた岩場にいくつものクライミングルートが開拓されている。登山口からすぐにルートに取り付ける便利さもあって、多くのクライマーに人気がある。ただし一般登山者は登山道以外の場所へは踏みこまないこと。

季節的には、ヒカゲツツジやアケボノツツジが開花する4月中旬がベスト。紅葉は11月上旬。

参考＝分県登山ガイド『宮崎県の山』（弊社刊）

丹助林道の展望所から見た矢筈岳（左）と比叡山

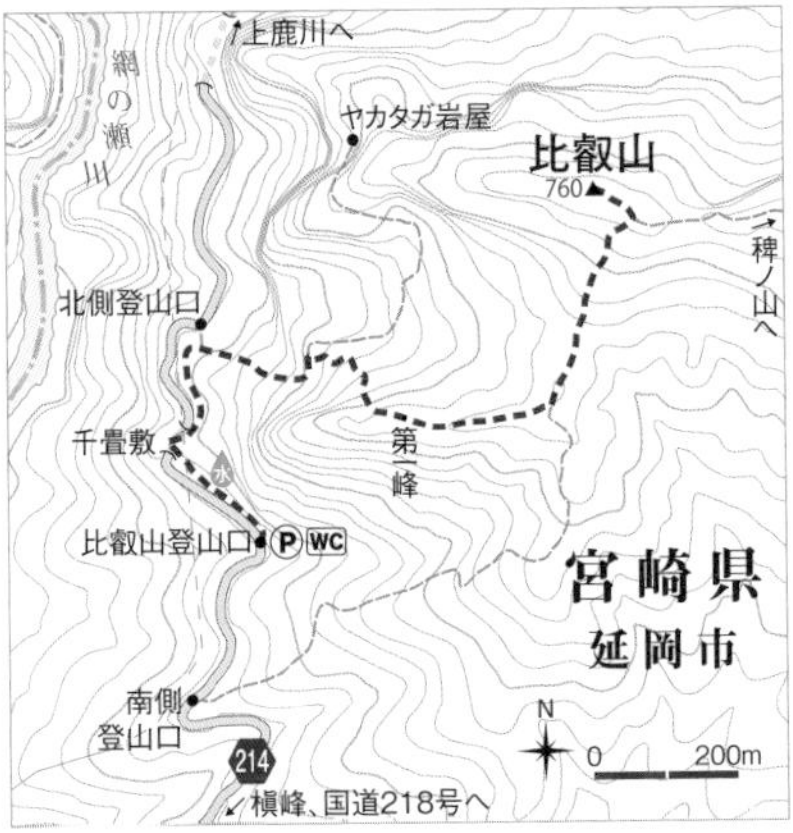

比叡山と矢筈岳のあいだを流れる綱ノ瀬川の大峡谷

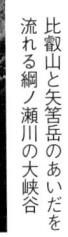

■市房山【標高1721m】

九州脊梁／熊本県・宮崎県

熊本県水上《みずかみ》村、宮崎県椎葉《しいば》村・西米良《にしめら》村にまたがる市房山《いちふさやま》は脊梁山地の南端に位置し、脊梁《せきりょう》山地で標高が1700mを超えるのは、国見岳《くにみだけ》（P150コース24参照）とこの市房山だけである。

日本二百名山に選ばれているだけに山容も実に堂々としていて、水上村から見るといちばん均整がとれて美しい。古くから信仰の対象になっていて、山頂には上宮《じょうぐう》が祀られ四合目には市房神社中宮《ちゅうぐう》が鎮座している。それだけの山だけに本書のコースガイドに掲載する方向で進めてきたが、2020年7月に九州を襲った豪雨災害でやむなく候補から除外せざるを得なかった。

登山道は水上村と西米良村の2つがあり、水上村から登る信仰の道がメインコース。鳥居やスギの巨木が並ぶ参道が四合目まで続く（通行止めは2020年12月に解除）。西米良コースは、麓の槇之口《まきのくち》集落から登っていたが、車道ができて現在は五合目から登る人が多い。山頂より北へ派生した鋸状の稜線は二ツ岩《ふた》へのびているが、崩壊箇所があり現在は縦走禁止となっている。

登山は4月下旬から5月上旬に開花するアケボノツツジの季節がベスト。10月中旬の紅葉のころもよい。

参考＝分県登山ガイド『熊本県の山』『宮崎県の山』（弊社刊）

市房ダムからの市房山（右）。左手は二ツ岩方向の尾根

市房神社へ続く参道にはスギの巨木が多い

ヤマツツジ（薄いピンクと濃いピンク）

凅谷に残る炭化木

■矢岳【標高1132m】

九州南部・屋久島／宮崎県

矢岳《やたけ》（宮崎県西諸県郡《にしもろかたぐん》高原町《たかはるちょう》）は火山規制で入山できない霧島《きりしま》山地・新燃岳《しんもえだけ》の東に位置し、主稜線からはずれた山である。

この山は紹介したほかのおすすめの山と異なり、山容そのものは突出したものはない。しかし、山中の各所に咲き乱れるヤマツツジは色の種類が豊富で、九州のほかの山では見ることのできない光景である。ミヤマキリシマなども自生しているが、霞んで見えるほどである。色は薄いピンク、濃いピンク、朱色、赤、ピンクと白の混合種など見飽きることがない。5月下旬から6月上旬が見ごろ。2011年以降の新燃岳の噴火で壊滅的となったキリシマミツバツツジは、この山では運がよければ出会えるかもしれない。9月下旬から10月上旬に開花するオオマルバノテンニンソウも見どころのひとつ。まさに「花の名山」とよぶにふさわしい山である。

ヤマツツジ咲く矢岳から高千穂峰を望む

矢岳を中心に西側の竜王山《りゅうおうざん》（1175m）、北側の大幡山《おおはたやま》（1353m）周辺も見逃せない。花の写真だけ撮ってもきれいで可愛いし、花を前景に高千穂峰《たかちほのみね》（P168コース27参照）と一緒に写せば迫力が出る。

また、登山コースの途中にある凅谷では、火山灰が堆積を繰り返し、樹木が炭状になった炭化木もあり、こちらも興味深い。

登山する場合は、高原町の皇子原《おうじばる》公園から林道をつめて奥にある矢岳登山口が起点となる。迷いやすい箇所が多いので、はじめて登る人は経験者の同行が望ましい。

参考＝『九州百名山登山地図帳』（弊社刊）

九州の山へのアクセス（北部九州）

↑博多と長崎を結ぶ「特急かもめ」。多良岳や雲仙岳登山に便利
↓福智山・上野登山口はマイカー、バスともにアクセスできる

公共交通機関利用

英彦山登山口への添田町営バスはJR日田彦山線彦山駅から乗車するが、2021年2月現在日田彦山線は添田駅から先が運休（代行バス運行）のため、添田駅から町営バスに乗る方法もある。

平尾台と福智山・七重の滝コースはJR日田彦山線の石原町駅が最寄り駅。平尾台へは北九州市おでかけ交通（乗合タクシー）が運行している。ただし平日と冬期は3人以上で予約という条件つき。福智山登山口の鱒淵ダムへはタクシーを利用する。福智山では登山者が多い上野登山口へは、平成筑豊鉄道赤池駅から福智町福祉バスを利用する。福智山西麓の内ヶ磯へのバスは廃止されたので、JR筑豊本線直方駅からタクシー利用となった。

井原山へはJR筑肥線でアクセスする。登山口最寄りの井原山入口バス停への糸島市コミュニティバスは土曜・休日の午前は1便のみ。

多良岳へのメイン登山口は長崎県側の黒木と佐賀県側の中山キャンプ場。バス便があるのは黒木だが（JR大村線大村駅発）、やはり便数の問題があり、タクシー利用も考慮したい。中山キャンプ場の起点となるJR長崎本線多良駅は特急は停車せず、肥前鹿島駅などで普通列車に乗り換える。

雲仙岳は九州有数の観光地だけに公共交通には恵まれており、JR長崎本線諫早駅～雲仙温泉間を結ぶ島原鉄道バスが1時間おきに運行しているほか、雲仙温泉から雲仙岳登山口の仁田峠へ乗合タクシー（要予約）もあり、時間を短縮したい場合は利用価値が高い。

アクセス図 凡例

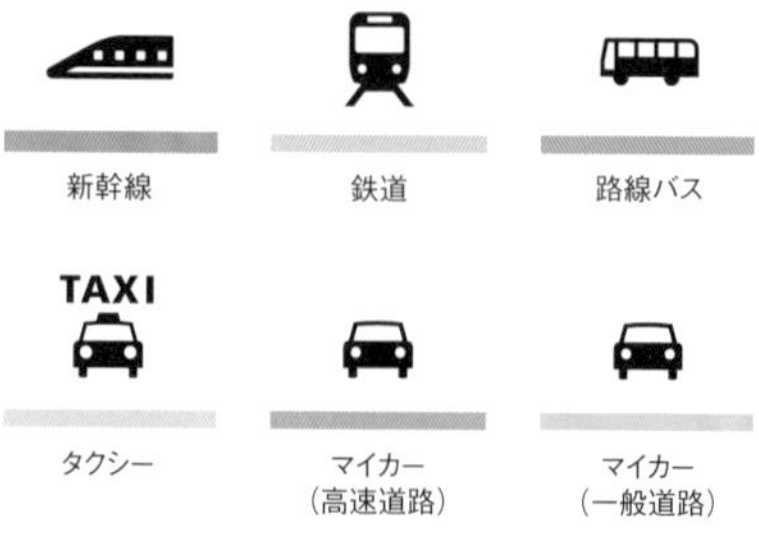

マイカー利用

九州北部の道路網は充実度が高く、一般道と上手に組み合わせれば、短時間で各登山口に向かうことができる。登山口までの道路もよく整備されているところが多い。

英彦山へは福岡市からは九州自動車道～大分自動車道経由で杷木IC下車。国道などで別所駐車場へ。北九州市街からは国道322号、本州からは東九州自動車道行橋ICから国道201号で香春町へ、県道52号と国道500号で別所駐車場へ向かう。

平尾台や福智山へは九州自動車道小倉南ICが起点。平尾台登山口の吹上峠や福智山登山口の鱒淵ダムへはICから20分程度でアクセスできる。また、登山者の多い福智山・上野（あがの）登山口へは九州自動車道八幡ICから国道200号で直方市へ向かい、さらに福智町へ。途中で左に行けば西麓の内ヶ磯（うちがそ）登山口へ行ける。

井原山への瑞梅寺登山口や水無登山口へは西九州自動車道（福岡前原道路）今宿ICからアクセスする。瑞梅寺登山口から水無登山口へは林道でつながっているが、道幅が狭く運転の際は要注意。佐賀県側の古場岳から登る場合は国道263号三瀬峠からか、西九州道前原ICからアクセスする。

多良岳へは長崎自動車道を利用する。長崎側の大村市黒木へは大村ICから、佐賀側の太良町中山キャンプ場へは武雄北方ICからアクセスする。

雲仙岳へは、長崎自動車道諫早ICから国道57号などで雲仙温泉や仁田峠へ。

写真／米村奈穂（下写真）

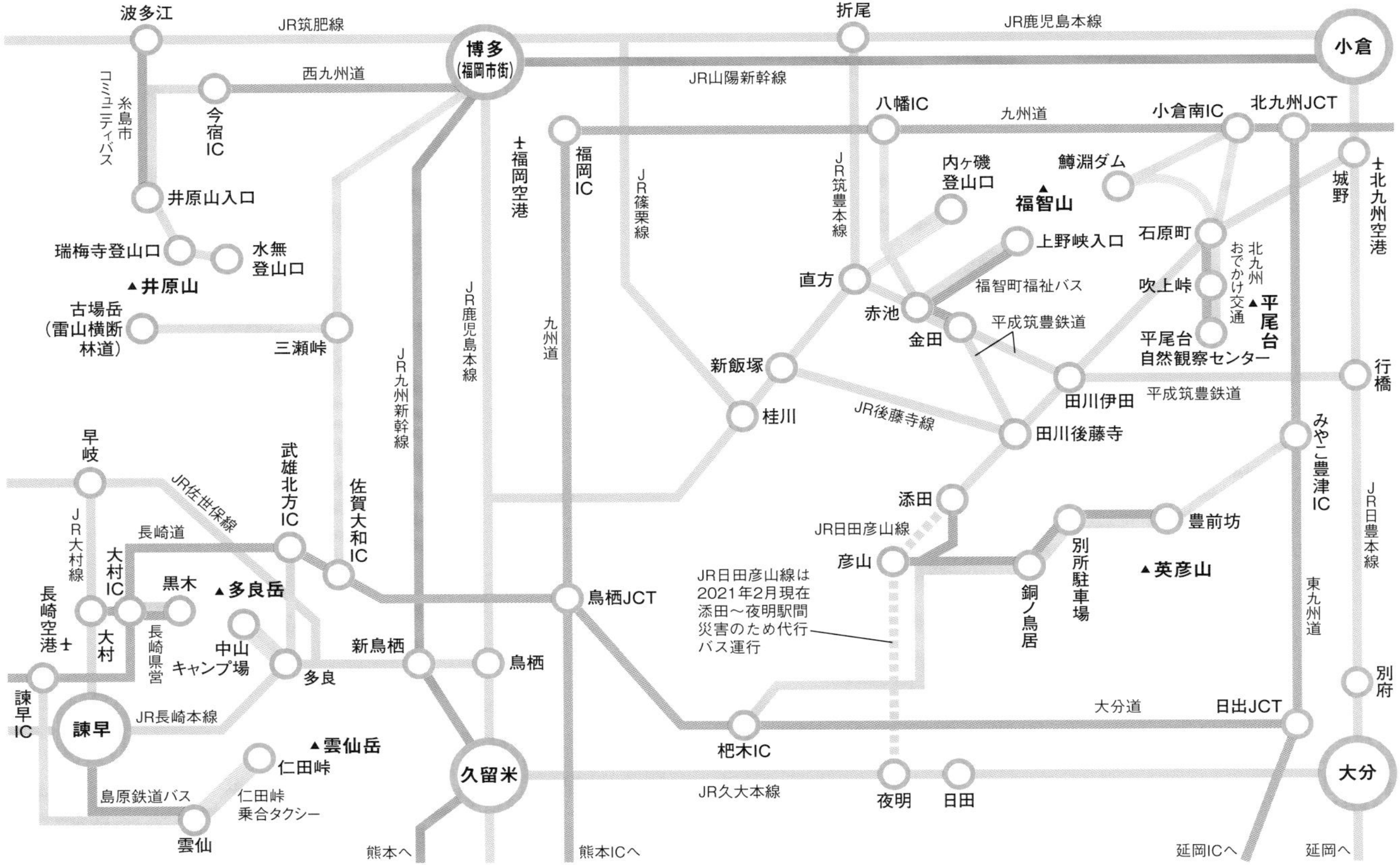
波多江
JR筑肥線
博多
(福岡市街)
折尾
JR鹿児島本線
小倉
西九州道
JR山陽新幹線
糸島市コミュニティバス
今宿IC
八幡IC
九州道
小倉南IC
北九州JCT
井原山入口
福岡空港
福岡IC
JR篠栗線
JR筑豊本線
内ヶ磯登山口
鱒淵ダム
福智山
城野
北九州空港
瑞梅寺登山口
水無登山口
上野峡入口
石原町
北九州おでかけ交通
井原山
直方
福智町福祉バス
吹上峠
平尾台
古場岳(雷山横断林道)
三瀬峠
赤池
金田
平成筑豊鉄道
平尾台自然観察センター
JR九州新幹線
JR鹿児島本線
九州道
新飯塚
田川伊田
行橋
平成筑豊鉄道
桂川
JR後藤寺線
田川後藤寺
みやこ豊津IC
早岐
JR佐世保線
武雄北方IC
佐賀大和IC
JR日豊本線
添田
豊前坊
JR大村線
長崎道
JR日田彦山線
大村IC
黒木
多良岳
彦山
別所駐車場
英彦山
長崎空港
鳥栖JCT
銅ノ鳥居
東九州道
長崎県営
中山キャンプ場
JR日田彦山線は2021年2月現在添田～夜明駅間災害のため代行バス運行
大村
新鳥栖
鳥栖
多良
別府
諫早IC
諫早
JR長崎本線
大分道
日出JCT
杷木IC
雲仙岳
仁田峠
久留米
大分
島原鉄道バス
仁田峠乗合タクシー
JR久大本線
夜明
日田
雲仙
熊本へ
熊本ICへ
延岡ICへ
延岡へ

九州の山へのアクセス（中部九州）

↑祖母・傾や九重山南面への拠点となるJR豊肥本線豊後竹田駅
↓傾山・官行コースの第一号橋手前にある駐車スペース

公共交通機関利用

【九重・阿蘇・祖母傾・大崩】鶴見岳・由布岳は温泉地の別府駅〜由布院駅間に位置するだけに、バスの本数は多い。

九重山は二大登山口の九重登山口（長者原）と牧ノ戸峠へはJR豊肥本線豊後中村駅や由布院駅、別府からのバスが運行。南面の久住高原側や北東の男池園地などへはタクシーでアクセスする。

阿蘇山へはJR豊肥本線でアクセスする。草千里や旧ロープウェイ阿蘇山西駅（阿蘇山上）へは阿蘇駅から産交バス、仙酔峡や大戸尾根、釣井尾根の各登山口へは宮地駅からタクシー利用（大戸尾根は南阿蘇鉄道高森駅が最寄りだが、南阿蘇鉄道は災害による運休が続いている）。

祖母山・傾山へはJR豊肥本線を利用する。緒方駅からは尾平鉱山への豊後大野市コミュニティバスが運行している。ただし傾山のメイン登山口・九折には立ち寄らないので、タクシー利用となる。豊後竹田駅や三重町駅からはタクシーで各登山口へ。祖母山の北谷登山口をはじめ宮崎県側は高千穂町や日之影町からタクシーを利用する。

大崩山地はJR日豊本線延岡駅や日之影町からタクシーを利用するが、基本的にはマイカーが大前提となる。

【九州脊梁】このエリアでは、熊本県側。宮崎県側の海岸沿いの都市から、いくつもの峠越えでようやく登山口にたどり着くことができる山が多い。登山口に最短のバス停であっても、10kmを超える林道歩きを強いられるところもあり、およそ現実的ではない。タクシー利用の場合も、複数人で利用しても割高になる。

アクセス図 凡例

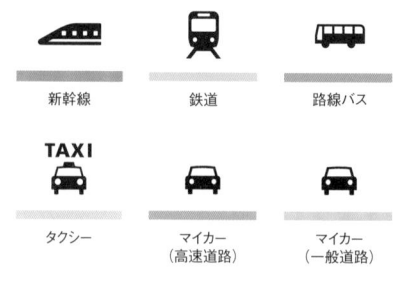

新幹線　鉄道　路線バス

タクシー　マイカー（高速道路）　マイカー（一般道路）

マイカー利用

【九重・阿蘇・祖母傾・大崩】九州自動車道と大分自動車道、東九州自動車道のインターチェンジ（以降IC）から各山域の登山口へ向かうが、登山口によっては最寄りICから100km近い距離があり、行動時間の短いコースであっても当日着の日帰り登山は難しい。また、傾山や大崩山地、九州脊梁は登山口までの林道が未舗装の悪路であることも少なくない。運転に細心の注意が必要だし、最低地上高の高い車での走行が望ましい。

鶴見岳と由布岳は大分道の湯布院ICまたは別府ICから県道11号を利用する。

九重山へは、南面の久住高原側を含め大分道九重ICからアクセスする（大分市側からは大分道湯布院ICや東九州道大分末吉ICから）。涌蓋山は大分側の筋湯へは九重IC、熊本側の岐湯（はげのゆ）へはひとつ福岡寄りの玖珠ICから。

阿蘇山は熊本側からは九州道熊本IC、大分側は大分道九重ICか東九州道大分光吉ICが起点。

祖母山・傾山へは、九州道熊本ICと東九州道大分米良ICからアクセスする。

大崩山地へは、東九州道北川ICと延岡IC、九州道嘉島JCTから分岐する九州中央道の山都中島西ICからアクセスする。

【九州脊梁】扇山へは九州中央道山都中島西ICから。国見岳がある熊本県五家荘へは、九州道松橋ICから国道445号の二本杉峠を越えるルートと、九州道宇城氷川SIC（ETC装着車限定）から県道25号〜五木村経由で向かうルートがある。

写真／山岡研一（下写真）

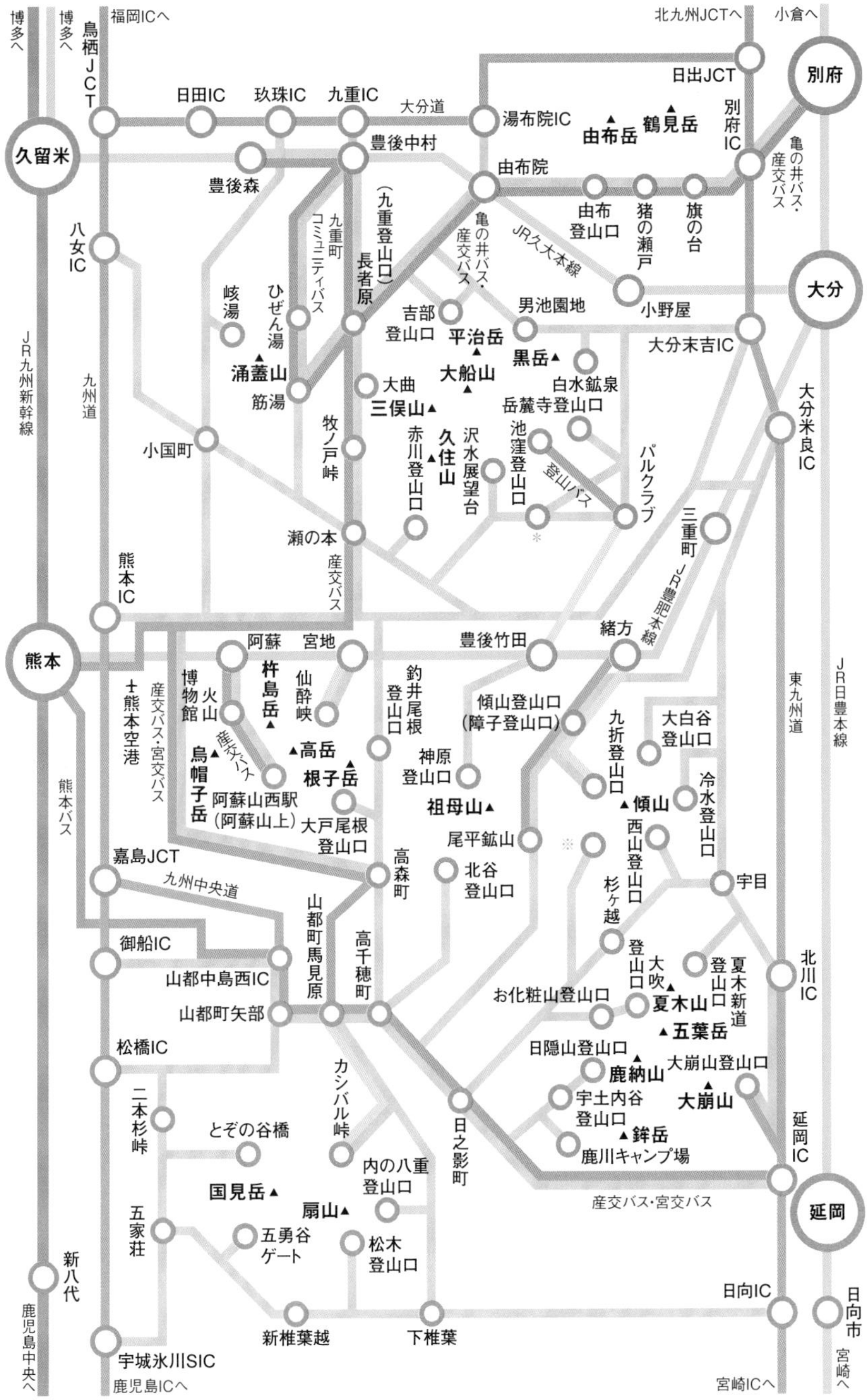

※レゾネイトクラブくじゅう登山口
＊宮崎北部森林管理署案内看板

九州の山へのアクセス（南部九州）

↑屋久島・宮之浦港に停泊する高速船「トッピー」
↓霧島・大浪池登山口バス停で待つ登山者。バスは1日2便

公共交通機関利用

尾鈴山はJR日豊本線都農駅からタクシー利用。霧島山の韓国岳、高千穂峰へはJR日豊本線霧島神宮駅からバスで丸尾へ行き霧島連山周遊バスに乗り換えるが、便数が少なく、往路・復路ともバスを利用するためには入念に計画を立てること。バスとタクシーの併用を計画してもよい。

開聞岳はＪＲ指宿枕崎線が山麓を通り駅から直接歩けるが、山川駅から先は本数が少ない。指宿からのバス便もあることを念頭に置いておこう。

高隈山（大箆柄岳、御岳）は垂水市街からタクシーが利用できるが、利用者は少ない。

屋久島へは鹿児島から高速船とフェリーが運航している。高速船と折田汽船のフェリーは鹿児島本港（南ふ頭）、夜行便の鹿商海運のフェリーは谷山港からの出航となっている。遠方から屋久島に入る場合は鹿児島空港からそのまま屋久島空港行きの便に乗ってもよいが、バスで鹿児島港に移動して高速船に乗る人も多い。

島内は主要登山口へはバスが通っているのでさほど移動に困ることはないが、滞在時間のこともあるので、タクシーでの移動やレンタカーの利用を積極的に組み合わせたい。公共交通機関とは異なるが、登山口や港まで送迎してもらえる宿を見つけるのもポイントだ。

アクセス図 凡例

- 新幹線
- 鉄道
- 路線バス
- TAXI タクシー
- 航路
- マイカー（高速道路）
- マイカー（一般道路）

マイカー利用

九州自動車道や宮崎自動車道、東九州自動車道、指宿スカイラインで各登山口へアクセスする。

宮崎県の尾鈴山へは、東九州道の都農（つの）ICからアクセスする。

宮崎・鹿児島県境の霧島山（韓国岳、高千穂峰）は九州道のえびのICや宮崎道の小林IC、高原ICに近く、短時間で登山が開始できる。周囲には温泉や観光地も多いので、登山だけではなくそれらと組み合わせていきたい。

薩摩半島南部の開聞岳へは、九州道鹿児島ICから指宿スカイラインに入り、終点の頴娃（えい）ICで降りて登山拠点のかいもん山麓ふれあい公園へ向かう。ふれあい公園はキャンプ場やバンガローなどの設備が整っている。福岡市街からここまで330kmあるだけに、前泊して登山に臨みたい。とくに夏は日差しが強いだけに、早朝から登ることができるメリットがある。

大隅半島西部の高隈山（大箆柄岳、御岳）は鹿児島・鴨池港からフェリーで車を垂水港に運ぶか、東九州道国分ICから国道220号を南下して各登山口へ。

屋久島は主要登山口へはバス便があるが、フェリーで車を運べば、短時間で島内各所に出かけることができて重宝することが多い。ただし航送料金は往復で4万近いため、自分の車にこだわらなければ鹿児島港周辺に車を停めて、屋久島島内はレンタカーを利用するほうが安い。

写真／川野秀也（下写真）

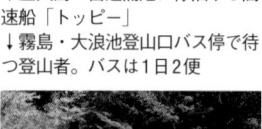

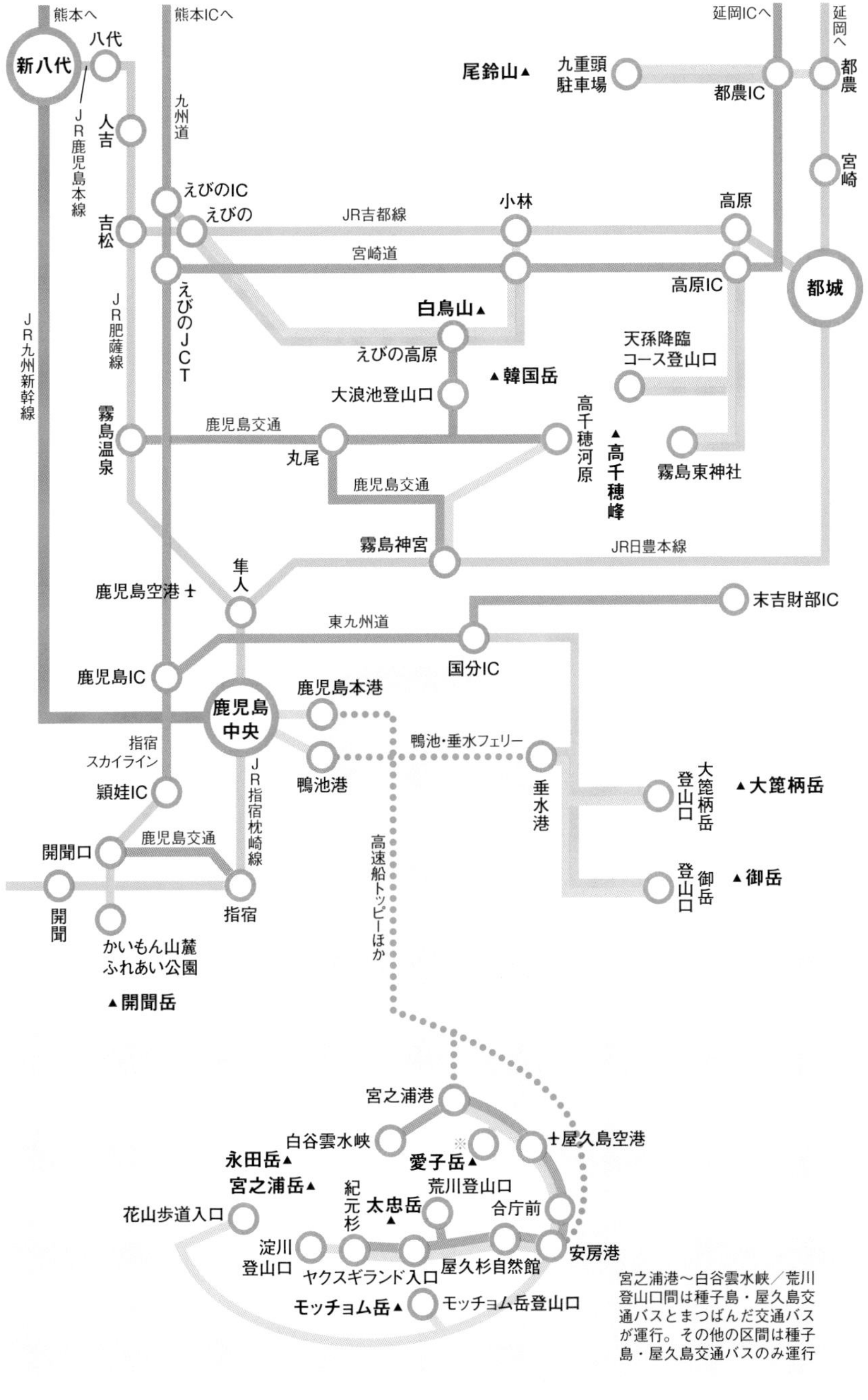
熊本へ
熊本ICへ
延岡ICへ
延岡へ
新八代
八代
JR鹿児島本線
人吉
九州道
尾鈴山▲
九重頭駐車場
都農IC
都農
宮崎
えびのIC
えびの
JR吉都線
小林
高原
吉松
宮崎道
高原IC
都城
えびのJCT
白鳥山▲
JR肥薩線
JR九州新幹線
えびの高原
天孫降臨コース登山口
▲韓国岳
大浪池登山口
高千穂河原
▲高千穂峰
霧島温泉
鹿児島交通
丸尾
霧島東神社
霧島神宮
JR日豊本線
隼人
鹿児島空港
末吉財部IC
東九州道
国分IC
鹿児島IC
鹿児島中央
鹿児島本港
鴨池・垂水フェリー
指宿スカイライン
JR指宿枕崎線
鴨池港
垂水港
大箆柄岳登山口
▲大箆柄岳
穎娃IC
開聞口
指宿
開聞
かいもん山麓ふれあい公園
▲開聞岳
高速船トッピーほか
御岳登山口
▲御岳
宮之浦港
白谷雲水峡
屋久島空港
永田岳▲
愛子岳▲
宮之浦岳▲
紀元杉
太忠岳▲
荒川登山口
合庁前
花山歩道入口
淀川登山口
ヤクスギランド入口
屋久杉自然館
安房港
モッチョム岳▲
モッチョム岳登山口
※愛子岳歩道入口
宮之浦港～白谷雲水峡／荒川登山口間は種子島・屋久島交通バスとまつばんだ交通バスが運行。その他の区間は種子島・屋久島交通バスのみ運行

九州の山の主要登山口ガイド

福岡市街を起点としています

別所《べっしょ》駐車場・豊前坊《ぶぜんぼう》

標高約630m（別所駐車場）
標高800m（豊前坊） 英彦山方面
Map 1

彦山駅から添田町営バスを利用。マイカーは別所駐車場、豊前坊などに駐車場がある。

↑別所駐車場。約50台分のスペースがある

公共交通：JR日田彦山線※ **彦山駅** → 添田町営バス 16分 200円 → 別所駐車場 → 添田町営バス 11分 200円（彦山駅からは300円） → 豊前坊

マイカー：九州道 **小倉南IC** → 約30km（52・211・500ほか） → **別所駐車場** → 約4km（500） → **豊前坊**

※JR日田彦山線添田駅～夜明駅間は災害により代行バス運行

鱒淵《ますぶち》ダム

標高約160m
福智山方面
Map 2-4B

マイカーの場合はダム手前の鱒渕公園の駐車場（約20台）に車を停めてダムまで10分歩く。JR小倉駅からタクシー利用の場合は所要約40分、6000円前後。

公共交通：JR日田彦山線 **石原町駅** → TAXI 約10分 約1500円 → **鱒淵ダム**

マイカー：九州道 **小倉南IC** → 約7km（322・258ほか） → **鱒渕公園**

吹上峠《ふきあげとうげ》

標高約375m
平尾台方面
Map 1-2C

乗合タクシーは3月下旬～11月末の土・日曜、祝日以外は3人以上の予約で運行。マイカーは吹上峠と1km先の平尾台自然観察センターの駐車場を利用する。

公共交通：JR日田彦山線 **石原町駅** → 北九州市おでかけ交通 乗合タクシー 約15分 500円 → **吹上峠**

マイカー：九州道 **小倉南IC** → 約8km（322・28） → **吹上峠**

井原山入口《いわらやまいりぐち》バス停

標高約215m
井原山方面
Map 2-3D

午前中のバス便は土曜・休日は1便のみなので、タクシーを利用することも考慮したい（その場合は瑞梅寺登山口まで乗車する）。マイカーは瑞梅寺登山口に10台程度駐車できる。

公共交通：JR筑肥線 **波多江駅** → 糸島市コミュニティバス 約35分 200円 → **井原山入口**

マイカー：西九州道 **今宿IC** → 約15km（202・563ほか） → **瑞梅寺登山口**

上野《あがの》登山口

標高約215m
福智山方面
Map 2-2A

バスは本数が少ないので、事前にダイヤの確認をしておくこと。なお、バスはGWとお盆、年末年始は運休となる。町営無料駐車場（約40台）から上野登山口へ徒歩約15分。

公共交通：平成筑豊鉄道 **赤池駅** → 福智町福祉バス 約30分 無料 → **上野峡入口**

マイカー：九州道 **八幡IC** → 約15km（200・22・62ほか） → **町営無料駐車場**

写真／内田益充・弘蔵岳久・大沢成二

●中山キャンプ場への県道252号は2020年7月の豪雨により、中山キャンプ場～林道多良岳横断線間（約1km）が2021年2月現在通行止め。復旧時期は未定。

中山《なかやま》キャンプ場
標高約540m
多良岳・経ヶ岳方面
Map 3-3B

多良岳の佐賀県側の登山拠点。多良駅からキャンプ場2.5km手前の中山までのバスは近年廃止された。マイカーは中山キャンプ場の無料駐車場（約30台・トイレあり）を利用。

公共交通：JR長崎本線 **多良駅** → TAXI 約20分 約3500円 → 中山キャンプ場
マイカー：長崎道 **武雄北方IC** → 498・34・252 ほか 約37km → **中山キャンプ場** Ⓟ

黒木《くろき》バス停
標高約305m
多良岳・経ヶ岳方面
Map 3-2A

バスは平日以外黒木行きの午前便がなく、タクシー利用となる。マイカーは黒木バス停500m先の八丁谷入口駐車場（約10台）か黒木バス停近くの駐車場（約20台）を利用する。

公共交通：JR大村線 **大村駅** → 長崎県営バス 約35分 540円 → 黒木
マイカー：長崎道 **大村IC** → 444・252 ほか 約13km → **黒木** Ⓟ

旗《はた》の台《だい》・由布《ゆふ》登山口
標高約530m・約775m
鶴見岳・由布岳方面
Map 4

バスは別府駅西口から由布院行き、牧ノ戸峠行きなどを利用。マイカーは大分道別府ICから県道11号を別府ロープウェイ駐車場へ約4km、由布登山口へ約11.5km。

公共交通

JR日豊本線 別府駅	所要時間	運賃	亀の井バス	
	23分	490円	旗の台	由布院駅行き
	34分	640円	猪の瀬戸	由布院駅行き
	37分	730円	由布登山口	由布院駅行き

雲仙《うんぜん》バス停
標高約680m
普賢岳方面
Map 3-1C

バスは1時間に1本程度。マイカーは雲仙バス停周辺の公共駐車場（有料）を利用。雲仙からは普賢岳登山拠点の仁田峠へ予約制乗合タクシー（所要20分）が運行されている。

公共交通：JR長崎本線 **諫早駅** → 島原鉄道バス 1時間21分 1400円 → 雲仙
マイカー：長崎道 **諫早IC** → 34・57・128 約33km → **雲仙** Ⓟ

長者原《ちょうじゃばる》・牧《まき》ノ戸峠《とうげ》
標高約1035m・1330m
久住山・大船山・黒岳方面
Map 5

豊後中村駅が表玄関で、九重登山口、牧ノ戸峠にバス便がある。由布院駅発の亀の井バスや別府～熊本間の九州横断バスの利用も可能（九州横断バス以外は九重登山口～牧ノ戸峠間冬期運休）。大曲や吉部登山口、男池園地、白水鉱泉などの各登山口へはマイカーかタクシーで。

マイカー：大分道 **九重IC** → 40・210・621 約24km → **男池園地** Ⓟ

※男池園地から県道621号をさらに3km弱で白水鉱泉

公共交通：JR九大本線 **豊後中村駅** → 九重町コミュニティバス 約30～50分 500円 → **九重登山口みやま（長者原）** Ⓟ
マイカー：大分道 **九重IC** → 40・210・621 約18km → **九重登山口みやま（長者原）** Ⓟ

公共交通：JR九大本線 **豊後中村駅** → 九重町コミュニティバス 約40～1時間 500円 → **牧ノ戸峠** Ⓟ
マイカー：大分道 **九重IC** → 40・210・621・11 約23km → **牧ノ戸峠** Ⓟ

※交通機関や道路、駐車場、宿泊施設などの情報は
2021年2月時点のものです。発行後に改定・変更になることがあります。
登山計画時には、自治体や交通機関、各施設のホームページなどで最新情報をご確認ください。

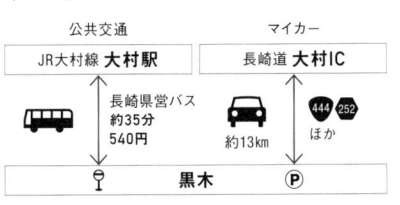

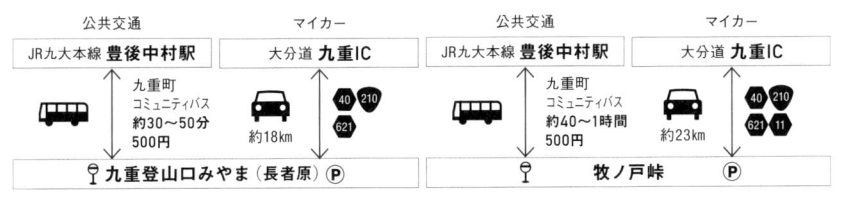

赤川《あかがわ》登山口ほか
標高約1030m
久住山・大船山方面
Map 5

赤川や沢水《そうみ》、岳麓寺は九重山の南面からの登山口。バス路線はなく、マイカー登山が中心。公共交通機関利用の場合は、JR豊肥本線豊後竹田駅からタクシーを利用する。

マイカー

大分道 **九重IC**
- 約38km（40・621、11・442ほか）→ **赤川登山口 Ⓟ**
- 約50km（40・621・11、442・669ほか）→ **沢水展望台 Ⓟ**
- 約48km（40・621・11、442・669ほか）→ **岳麓寺登山口 Ⓟ**

パルクラブの登山バス乗り場

●久住高原内の総合施設・パルクラブ（JR豊後竹田駅からタクシー約25分）から大船山・岳麓寺コース直下の池窪登山口まで予約制登山バスが運行（4～11月・1日3便）。マイカー利用の場合もバスに乗り換える。バスの詳細・予約は竹田市観光ツーリズム協会久住支部℡0974-76-1610へ。

岐湯《はげのゆ》
標高約755m　涌蓋山方面
Map 4-1C

マイカーの場合は温泉を過ぎて林道を1km強進んだ登山者用駐車場（約10台）を利用すれば20分ほど歩行時間が短縮できる。

公共交通

JR九大本線 **豊後森駅** → TAXI 約40～50分 約7000円 → **岐湯**

マイカー

大分道 **玖珠IC** → 約25km（210・387 湧出山林道ほか）→ **登山者用駐車場 Ⓟ**

筋湯《すじゆ》・疥癬湯《ひぜんゆ》
標高約965m・約945m
涌蓋山方面
Map 4-3D

疥癬湯、筋湯へは豊後中村駅が最寄り駅になる。駐車場は疥癬湯に有料駐車場、筋湯に無料の公共駐車場、2kmほど県道を南下した八丁原に駐車スペースがある。

公共交通

JR九大本線 **豊後中村駅** → 九重町コミュニティバス 約40分 500円 → **筋湯**

マイカー

大分道 **九重IC** → 約20km（210・40）→ **筋湯 Ⓟ**

※ひぜん湯バス停～筋湯バス停間は徒歩約10分

阿蘇山《あそさん》の各登山口
標高約1150m（阿蘇山上）
高岳・烏帽子岳・根子岳東峰方面
Map 6

公共交通利用の場合、阿蘇山上（阿蘇山西駅）と草千里へはJR豊肥本線阿蘇駅から産交バス、仙酔峡、釣井尾根、大戸尾根登山口へはJR豊肥本線宮地駅からタクシーを利用する。阿蘇山上～旧火口西駅間には阿蘇山火口シャトル（バス、所要約5分・1日5便・500円）が運行。

●草千里の駐車場は有料の阿蘇火山博物館と、その手前に無料の草千里展望台駐車場がある。ただし後者は収容台数が少なく展望台の利用客向けのため、登山者は有料駐車場を利用したい。阿蘇山上の駐車場も有料と無料がある。その他の登山口の駐車場は無料。

マイカー

九州道 **熊本IC**
- 約38km（57、298・111）→ **草千里 Ⓟ**
- 約40km（57、298・111）→ **阿蘇山上 Ⓟ**
- 約42km（57 仙酔峡道路ほか）→ **仙酔峡 Ⓟ**
- 約46km（57・265）→ **釣井尾根登山口 Ⓟ**
- 約43km（57・325 阿蘇南部広域農道ほか）→ **大戸尾根登山口 Ⓟ**

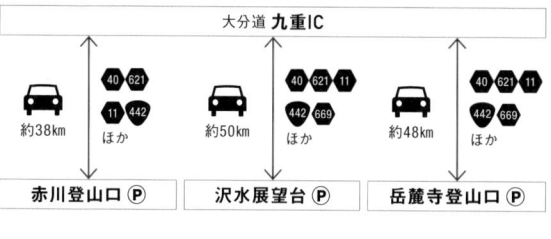

祖母山《そぼさん》の各登山口

Map 7

標高約600m（尾平登山口）・約675m（神原登山口）　祖母山・大障子岩方面

尾平登山口や障子登山口へは緒方発の豊後大野市コミュニティバスがあるが、日帰り登山の場合は往路か復路のどちらかがタクシー利用となる。神原登山口と宮崎側の北谷登山口はバスがなく、前者はJR豊肥本線豊後竹田駅から、後者は高千穂町からタクシーを利用する。

●タクシーを利用する場合、JR豊肥本線緒方駅から尾平登山口へ所要約1時間10分、9000円前後、豊後竹田駅から神原登山口へは所要約35分、5500円前後。高千穂町バスセンターから北谷登山口へのタクシーは、所要約1時間10分、9000円前後。高千穂へは延岡や熊本からバスを利用する。

公共交通

九州道 **熊本IC**

- 約92km（57・502・7ほか）→ **障子登山口** Ⓟ
- 約101km（57・502・7ほか）→ **尾平登山口** Ⓟ
- 約79km（57・640・695ほか）→ **神原登山口** Ⓟ
- 約80km（57・298・325・265・8・祖母山林道ほか）→ **北谷登山口** Ⓟ

※大分市側からは東九州道大分米良ICからアクセスする。尾平の駐車場は有料（500円）で、その他の登山口は無料

大崩山登山口《おおくえやま》

標高約625m　大崩山方面

Map 9-4C

登山口までのバスはなく、マイカー登山が一般的。車は路肩の20台程度のスペースを利用するが、シーズンには駐車スペースを探して、登山口のだいぶ手前の路肩に停める車も多い。

公共交通：JR日豊本線 **延岡駅** → TAXI 約1時間15分 約11000円 → **大崩山登山口**

マイカー：東九州道 **北川IC** → 約38km（10・207）→ **大崩山登山口**

傾山《かたむきやま》・九折《つづら》登山口

標高約375m　傾山・本谷山方面

Map 8-2A

傾山へのメイン登山口だがバス便はなく、緒方方面からマイカーかタクシーでアクセスする。登山口には15〜20台の駐車スペースのほかトイレや休憩所などがある。

公共交通：JR豊肥本線 **緒方駅** → TAXI 約55分 約7000円 → **九折登山口** Ⓟ

マイカー：九州道 **熊本IC** → 約95km（57・502・7ほか）→ **九折登山口** Ⓟ

傾山《かたむきやま》のその他の登山口

Map 8

標高約615m（大白谷登山口）　傾山方面

各登山口へはマイカーかタクシーを利用する。タクシーは大白谷、冷水、払鳥屋、杉ヶ越へはJR豊肥本線三重町駅だが（見立へは日之影から）、事前に利用できるか確認のこと。

●各登山口の駐車場は大白谷が登山口約1km手前の第一号橋に7〜8台（登山口まで約20分歩く）、冷水が林道終点に約15台、西山は登山口手前の路肩に約5台、杉ヶ越がトンネル右手の荒れ地と宮崎側のトンネル口の路肩に計5台程度、見立が黒仁田林道の宮崎森林管理署案内看板手前に約5台。林道によってはわだちが深いので、最低地上高の高い車がベスト。

マイカー

東九州道 **大分米良IC**

- 約57km（10・326・502・45・688・林道大白谷線）→ **大白谷登山口** Ⓟ
- 約52km（10・326・502・45・688・冷水林道ほか）→ **冷水登山口** Ⓟ
- 約61km（10・326・6・613・西山林道ほか）→ **西山登山口** Ⓟ
- 約65km（10・326・6）→ **杉ヶ越トンネル西口** Ⓟ
- 約79km（10・326・6・奥村林道、黒仁田林道）→ **森林管理署案内看板** Ⓟ

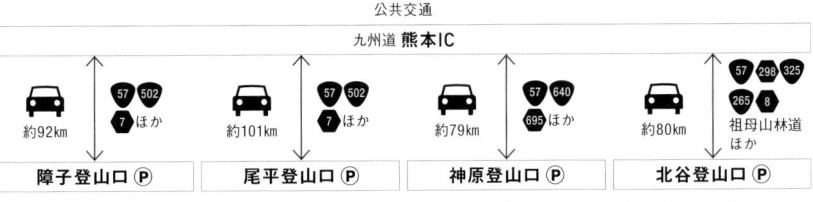

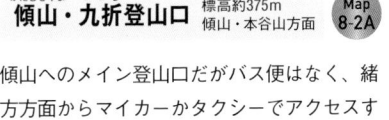

お化粧山《けしょうやま》登山口ほか

Map 9-1D

標高約1045m　五葉岳・夏木山方面

マイカーは日之影町市街地から県道6号を走り、仲村橋で日隠林道に入る。所要は仲村橋から約50分。林道のさらに2km先に五葉岳への大吹登山口（駐車スペースあり）がある。

マイカー
九州中央道 **山都中島西IC**
445 218 6 日隠林道
約92km
お化粧山登山口 Ⓟ

マイカー
東九州道 **延岡IC**
北方延岡道路 218 6 日隠林道
約68km
お化粧山登山口 Ⓟ

カシバル峠《とうげ》

標高約1310m　扇山・白岩山方面

Map 10-1C

駐車場はカシバル峠に約300台（五ヶ瀬スキー場）、1km先のゴボウ畠に約5台程度のスペース。福岡や熊本からのバスが通る山都町馬見原からタクシーでアクセスできる。

公共交通
山都町馬見原
TAXI 約40分 約7000円
カシバル峠（五ヶ瀬ハイランドスキー場） Ⓟ

マイカー
九州中央道 **山都中島西IC**
445 218 265 林道
約50km
カシバル峠（五ヶ瀬ハイランドスキー場） Ⓟ

五勇谷《ごゆうだに》ゲート

Map 11-2A

標高約940m　国見岳方面

国見岳へのメイン登山口。タクシーはJR鹿児島本線松橋駅から2時間近くかかり、マイカー利用が現実的。ゲート手前の路肩に15台分ほどの駐車スペースがある。

マイカー
九州道 **松橋IC**
218 445 159 林道樅木線ほか
約57km
※五勇谷ゲート Ⓟ

※2021年2月現在災害により林道樅木線は五勇谷ゲートまでの車両進入ができず、約2km手前の道路脇に車を駐車し五勇谷ゲートまで歩く。復旧は2022年秋頃になる見込み。

宇土内谷《うどうちだに》登山口ほか

Map 9-2B

標高約1020m　大崩山・鹿納山・鉾岳方面

県道214号の上鹿川で右に進むと、鉾岳への鹿川キャンプ場や大崩山・鹿川ルートの上鹿川登山口へ行ける。宇土内谷登山口から林道を2.5km進むと鹿納山への日隠山登山口へ。

マイカー
九州中央道 **山都中島西IC**
445 218 214 比叡山林道
約96km
宇土内谷登山口 Ⓟ

マイカー
東九州道 **延岡IC**
北方延岡道路 218 214 比叡山林道
約53km
宇土内谷登山口 Ⓟ

夏木新道《なつきしんどう》登山口ほか

標高約815m　夏木山方面

Map 9-3D

駐車スペースはなく、周辺の路肩に他車の迷惑にならないように停める。夏木新道登山口の約700m先が犬流れ越登山口で、登山口の斜め向かいに数台分の駐車スペースがある。

マイカー
東九州道 **大分米良IC**
10 326 佐伯市道ほか
約69km
夏木新道登山口 Ⓟ

内の八重登山口ほか

Map 10-4D

標高約1160m　扇山方面

内の八重登山口（約5台）、松木登山口（約30台）からの登山道は短時間で登ることができる。だが内の八重林道は路面状況が悪く、最低地上高の高い車以外は松木登山口から。

マイカー
九州中央道 **山都中島西IC**
445 218 265 内の八重林道ほか
約67km
内の八重登山口 Ⓟ

445 218 265 142 林道十根川三方界線
約80km
松木登山口 Ⓟ

●内の八重登山口と松木登山口への林道は2021年2月現在災害により通行止め。

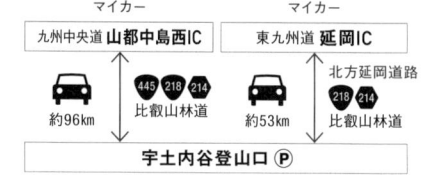

九重頭駐車場《くえんとうちゅうしゃじょう》
標高約410m　尾鈴山方面　Map 11-3C

駐車場は第一と橋を渡った先の第二があり、トイレは第一駐車場にある。駐車場周辺にキャンプ場や日本の滝百選の矢研の滝がある。

公共交通
JR日豊本線 **都農駅**
TAXI 約40分 約6000円
九重頭駐車場 Ⓟ

マイカー
東九州道 **都農IC**
約11km　40 307
九重頭駐車場 Ⓟ

新椎葉越《しんしいばごえ》ほか
標高約1480m　烏帽子岳・国見岳方面　Map 11-4B

国見岳登山口の新椎葉越、とぞの橋へはマイカーやレンタカーで出かけることになる。駐車は各登山口に10台程度のスペースがある。

マイカー
九州道 **松橋IC**
約60km　218 445 159 市道五家荘椎葉線 → **新椎葉越** Ⓟ
約42km　218 445 林道葉木線ほか → **とぞの谷橋** Ⓟ

えびの高原《こうげん》
標高約1185m　韓国岳・白鳥山方面　Map 12-1A

九州を代表する観光地だがバスは少なく、霧島温泉郷からの2便のみ。タクシーの利用も計画に入れておいたほうがよいだろう。

公共交通
JR日豊本線 **霧島神宮駅**
鹿児島交通バス 28分 490円
丸尾
霧島連山周遊バス 30分 490円
えびの高原 Ⓟ

マイカー
宮崎道 **えびのIC**
約19km　268 30
えびの高原 Ⓟ

→韓国岳登山をはじめえびの高原周辺の自然情報を発信するえびのエコミュージアム

●えびの高原の駐車場は有料（1日500円）。タクシー利用の場合はJR吉都線のえびの駅か小林駅、JR日豊本線の霧島神宮駅から。時間は40～50分程度。韓国岳西麓の大浪池登山口へは、霧島連山周遊バス（丸尾から25分）が運行されている。マイカーの場合はバス停そばの無料駐車場を利用する。

霧島東神社《きりしまひがしじんじゃ》ほか
標高約450m　高千穂峰　Map 12-4D

霧島東神社と天孫降臨コース登山口へはともにJR吉都線高原駅からタクシーか宮崎道高原ICからマイカーでアクセスする。霧島東神社では登山者用の駐車場に車を停めること。

マイカー
宮崎道 **高原IC**
約11km　221 223 ほか → **霧島東神社** Ⓟ
約12km　221 223 406 ほか → **天孫降臨コース登山口** Ⓟ

※高原駅から霧島東神社へタクシー約15分、天孫降臨コースへは約20分

高千穂河原《たかちほがわら》
標高約970m　高千穂峰　Map 12-4B

高千穂河原へのバスは2便のみ。霧島神宮駅からタクシー利用（約30分）も考慮したい。

公共交通
JR日豊本線 **霧島神宮駅**
鹿児島交通バス 28分 490円
丸尾
霧島連山周遊バス 59分 750円
高千穂河原 Ⓟ

マイカー
宮崎道 **高原IC**
約28km　221 223 480
高千穂河原 Ⓟ

大箆柄岳《おおのがらだけ》登山口ほか

Map 13-1C

標高約625ｍ　大箆柄岳・御岳方面

大箆柄岳登山口、御岳登山口ともマイカーか、垂水港（鴨池港からフェリー約40分）からタクシー（要予約）を利用する。御岳登山口へは、垂水港からは車で約27km・約50分、東九州道国分ICからは約60.5km・2時間ほど。

マイカー：垂水港 → 約17km（220・71ほか） → 大箆柄岳登山口 Ⓟ

マイカー：東九州道 国分IC → 約50km（220・71ほか） → 大箆柄岳登山口 Ⓟ

かいもん山麓《さんろく》

Map 13-2B

標高約120m　開聞岳方面

マイカーで登山口のかいもん山麓へ行く。JR指宿枕崎線開聞駅から直接歩くことができるが本数が少ないため、指宿からバスやタクシーを利用したほうが便利。タクシーは所要約30分、5000円前後。

公共交通：JR指宿枕崎線 指宿駅 → 鹿児島交通バス 33〜49分 550〜680円 → 開聞口

マイカー：指宿スカイライン 頴娃IC → 約25km（27・226ほか） → かいもん山麓ふれあい公園 Ⓟ

屋久島《やくしま》の各登山口

標高約1370m（淀川登山口）・615m（白谷雲水峡）
宮之浦岳・太忠岳・モッチョム岳方面

Map 14・15

屋久島へは鹿児島から飛行機や船で渡り、各登山口へはバスやタクシーで向かう。登山口へは午前中の早い時間にバス便があるので、入島第一日でも奥岳の避難小屋に入れる。縦走登山には適さないが、レンタカーを借りれば時間を効率的に使える。

↓淀川登山口。レンタカーやタクシーはここまで入る

●バス路線のない登山口へのタクシーの所要時間と料金は以下の通り。
【宮之浦港から】愛子岳歩道入口（約25分・約4000円）
【安房港から】淀川登山口（約1時間・約7500円）、モッチョム岳登山口（約35分・約5000円）、花山歩道入口（約1時間30分・約12000円、安房タクシーのみ）

公共交通（鹿児島 → 屋久島）

交通機関	所要時間	往復運賃
日本エアコミューター	約40分	3万1800円
ジェットフォイル（トッピー&ロケット）	約1時間50分	1万5000円
フェリー屋久島2（折田汽船）	約4時間	1万400円
フェリーはいびすかす（鹿商海運）	約13時間	7800円

公共交通（宮之浦港から）

行き先	バス	所要時間・運賃
白谷雲水峡	種子島屋久島交通・まつばんだ交通	約35分 560円
※荒川登山口	種子島屋久島交通・まつばんだ交通	1時間23分〜（直行便1便以外は合庁前、屋久杉自然館乗換） 1680円
紀元杉	種子島屋久島交通	1時間42分（合庁前乗換） 1800円
ヤクスギランド入口	種子島屋久島交通	1時間22分（合庁前乗換） 1580円

※通常3〜11月はマイカー規制で自家用車の乗り入れができず、荒川登山バスかタクシーなどを利用する。登山口は携帯電話の電波が通じる

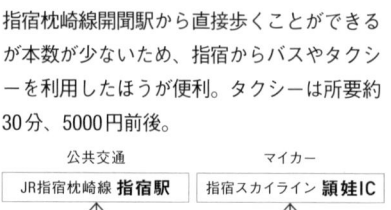

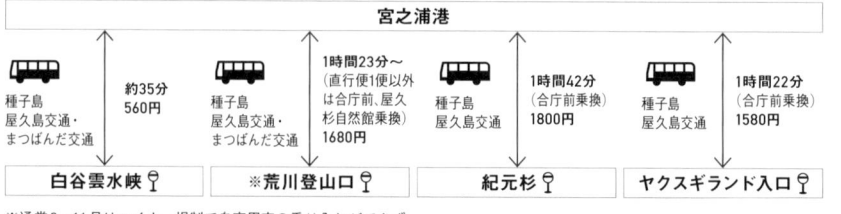

九州の山小屋ガイド

＊山小屋の宿泊は基本的に予約が必要です。
＊掲載の営業期間や宿泊料金などの情報は、2021年2月時点のものです。発行後に変更になることがあります。予約時に各山小屋・宿泊施設へご確認ください。
＊宿泊料金等の消費税表示（税込み・税別）は、山小屋・宿泊施設によって異なります。予約時に併せてご確認ください。
＊キャンプ指定地の飲料水については各山小屋へお問合せください。指定地以外でのキャンプは禁止されています。

写真／池田浩伸・弘蔵岳久・山岡研一・大沢成二

凡例＝①連絡先住所　②収容人数　③営業期間　④宿泊料金（1泊2食、素は素泊まり料金）　⑤キャンプ指定地　⑥ホームページ　⑦備考

金泉寺山小屋《きんせんじやまごや》

多良岳　Map 3-3A

連絡先 TEL090-3987-4642（島田敏夫）
TEL080-5209-6297（城 裕治郎）

多良岳西方金泉寺横、標高870m　②110人　③通年の土・日曜、祝日（通常、土曜10時～、日曜・祝日15時まで）　④1000円　⑤10張　利用料1人500円　⑥あり　⑦毛布1枚200円　飲み物販売あり

法華院温泉山荘《ほっけいんおんせんさんそう》

九重山　Map 5-3C

現地 TEL090-4980-2810

登山口の長者原から徒歩約2時間　標高1303m　①〒878-0202大分県竹田市久住町有氏1783　②240人　③通年　④9000円～　素6000円　⑤50張　入村料1人300円　⑥あり　⑦要予約（テントは不要）　10～4月暖房費500円増　入浴可　10～21時　入浴料500円　FAX0973-79-2303

久住分れ避難小屋《くじゅうわかれひなんごや》

九重山　Map 5-3B

連絡先 TEL0974-63-4807

久住分れ、標高1700m　①〒878-0011大分県竹田市会々2250-1　竹田市役所商工観光課　②10人　③通年（無人）　④無料　⑦バイオトイレあり（清掃協力金100円・冬期使用不可）　⑦FAX0974-63-0701

池ノ小屋《いけこや》

九重山　Map 5-3B

連絡先 TEL0974-63-4807

中岳直下、標高1745m　①〒878-0011大分県竹田市会々2250-1　竹田市役所商工観光課　②10人　③通年（無人）　④無料　⑦FAX0974-63-0701

荒宿荘《こうじゅくそう》

福智山　Map 2-2A

連絡先 TEL090-3074-6807

福智山頂北肩、標高850m　①〒812-0035福岡県福岡市博多区中呉服町8-1　グランフォーレプライム博多1001　筑豊山の会　②30人　③通年（無人）　④無料　⑤5張　⑥あり（筑豊山の会フェイスブック）　⑦使用後掃除のこと　チップ制バイオトイレ併設

坊がつる避難小屋《ぼうひなんごや》

九重山　Map 5-2C

連絡先 TEL0974-63-4807

坊がつる、標高1300m　①〒878-0011大分県竹田市会々2250-1　竹田市役所商工観光課　②10人　③通年（無人）　④無料　⑦FAX0974-63-0701

祖母五合目小屋《そぼごごうめごや》　祖母山　Map 7-2A

連絡先 TEL 0974-63-4807

祖母山神原コース五合目、標高780m　①〒878-0011大分県竹田市会々2250-1　竹田市役所商工観光課　②20人　③通年（無人）　④無料　⑤2張　⑦トイレあり　FAX 0974-63-0701

大船山避難小屋《たいせんざんひなんごや》　九重山　Map 5-2C

連絡先 TEL 0974-63-4807

大船山段原、標高1680m　①〒878-0011大分県竹田市会々2250-1　竹田市役所商工観光課　②10人　③通年（無人）　④無料　⑦ FAX 0974-63-0701

祖母山九合目小屋《そぼさんきゅうごうめごや》　祖母山　Map 7-3B

連絡先 TEL 0974-22-1001

祖母山山頂北300m、標高1655m　①〒879-7198大分県豊後大野市三重町市場1200　豊後大野市役所商工観光課　②40人　③通年（無人）　④無料　⑤5張程度　山小屋下50m　⑥なし　⑦避難小屋として運用　FAX 0974-22-3361

九折越小屋《つづらごしごや》　傾山　Map 8-3A

連絡先 TEL 0974-22-1001

傾山登山口から徒歩約3時間、九折越、標高1260m　①〒879-7198大分県豊後大野市三重町市場1200　豊後大野市役所商工観光課　②10人　③通年（無人）　④無料　⑥なし　FAX 0974-22-3361

扇山山小屋《おうぎやまやまごや》　扇山　Map 10-4C

連絡先 TEL 0982-67-3139

扇山山頂西方、標高約1590m地点　①〒883-1601宮崎県東臼杵郡椎葉村大字下福良1826-108（一社）椎葉村観光協会　②約5人　③通年（無人）　④無料　⑦ FAX 0982-67-3155

大崩山荘《おおくえさんそう》　大崩山　Map 9-3C

連絡先 TEL 0982-46-5010

大崩山登山口から徒歩30分、標高750m　①〒889-0192 宮崎県延岡市北川町川内名7250　延岡市役所北川総合支所地域振興課　②60人　③通年（無人）　④無料（利用協力金募金箱あり）　⑦トイレあり（トイレットペーパー持参）　使用後、清掃のこと　焚き火禁止　照明なし

高千穂峰山頂小屋《たかちほのみねさんちょうごや》　高千穂峰　Map 12-4C

連絡先 TEL 090-5478-0800

高千穂峰山頂、標高1574m　①〒889-4414宮崎県西諸県郡高原町蒲牟田5272-1　石橋晴生　②10人　③通年（無人）　④素2000円 ⑦休憩所、避難小屋として開放

韓国岳避難小屋《からくにだけひなんごや》　韓国岳　Map 12-2A

連絡先 TEL 099-286-3005

大浪池登山口から徒歩約1時間40分、標高1300m　①〒890-8577鹿児島市鴨池新町10-1　鹿児島県庁観光課観光地づくり係　②20人　③通年（無人）　④無料　⑦緊急避難時のみ使用可　FAX 099-286-5580

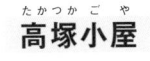

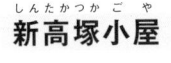

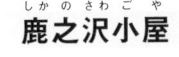

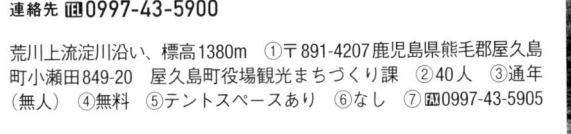

白谷小屋《しらたにごや》

屋久島 Map 14-2D

連絡先 TEL0997-43-5900

楠川辻峠手前、標高825m ①〒891-4207鹿児島県熊毛郡屋久島町小瀬田849-20 屋久島町役場観光まちづくり課 ②40人 ③通年（無人） ④無料 ⑤なし ⑥なし ⑦FAX0997-43-5905

高塚小屋《たかつかごや》

屋久島 Map 14-2C

連絡先 TEL0997-43-5900

大株歩道・高塚山西方、標高1330m ①〒891-4207鹿児島県熊毛郡屋久島町小瀬田849-20 屋久島町役場観光まちづくり課 ②20人 ③通年（無人） ④無料 ⑤テントスペースあり ⑥なし ⑦FAX0997-43-5905

新高塚小屋《しんたかつかごや》

屋久島 Map 14-2C

連絡先 TEL0997-43-5900

高塚小屋から約1時間、宮之浦岳から約3時間、標高1460m ①〒891-4207鹿児島県熊毛郡屋久島町小瀬田849-20 屋久島町役場観光まちづくり課 ②40人 ③通年（無人） ④無料 ⑤テントスペースあり ⑥なし ⑦FAX0997-43-5905

鹿之沢小屋《しかのさわごや》

屋久島 Map 14-3B

連絡先 TEL0997-43-5900

永田岳山頂西方、標高1550m ①〒891-4207鹿児島県熊毛郡屋久島町小瀬田849-20 屋久島町役場観光まちづくり課 ②20人 ③通年（無人） ④無料 ⑤テントスペースあり ⑥なし ⑦FAX0997-43-5905

淀川小屋《よどごうこや》

屋久島 Map 14-4C

連絡先 TEL0997-43-5900

荒川上流淀川沿い、標高1380m ①〒891-4207鹿児島県熊毛郡屋久島町小瀬田849-20 屋久島町役場観光まちづくり課 ②40人 ③通年（無人） ④無料 ⑤テントスペースあり ⑥なし ⑦FAX0997-43-5905

凡例＝①連絡先住所 ②収容人数 ③営業期間 ④宿泊料金（1泊2食、素は素泊まり料金） ⑤キャンプ指定地 ⑥ホームページ ⑦備考

行政区界・地形図（北部・中部九州）

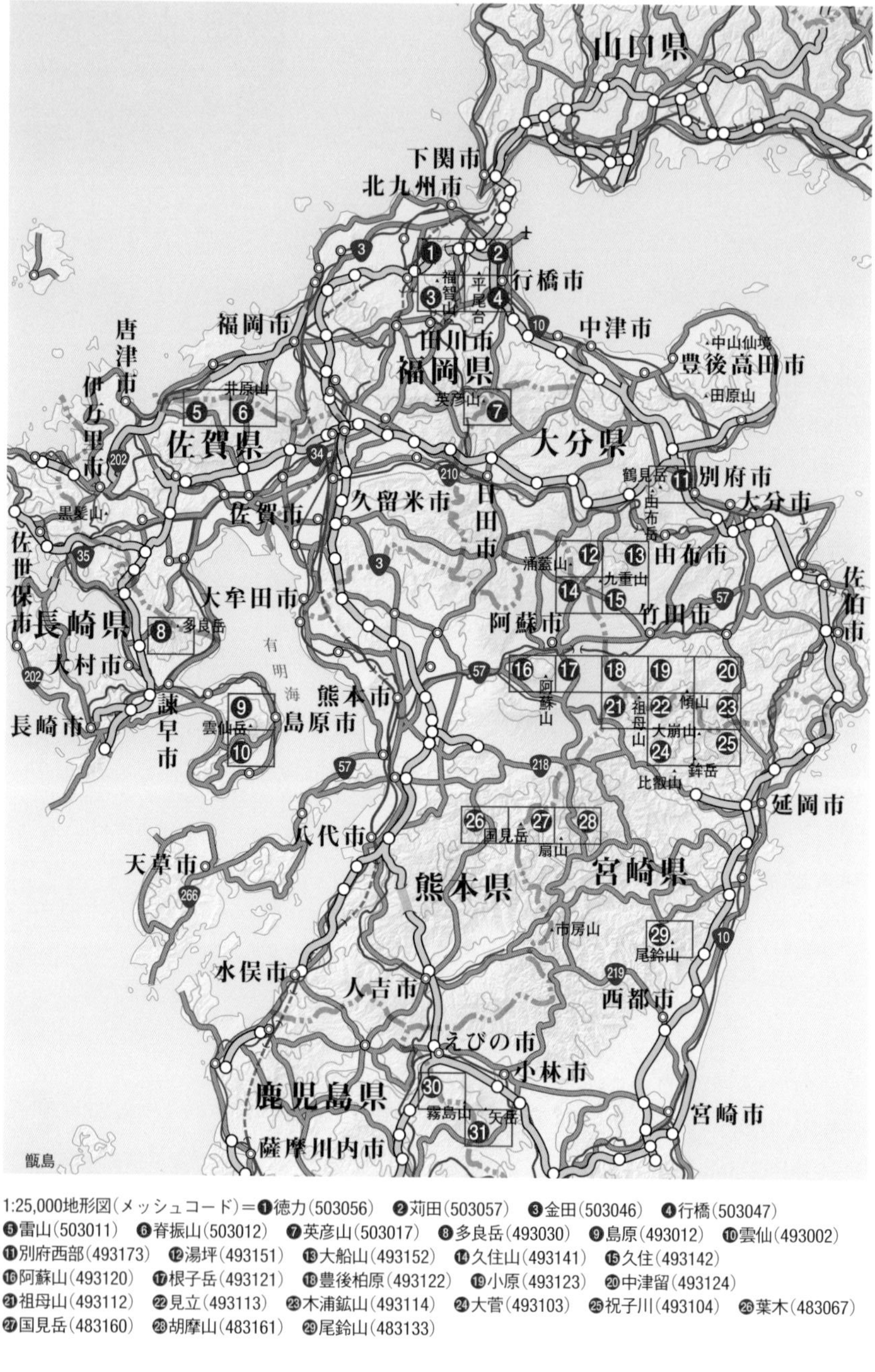

1:25,000地形図（メッシュコード）＝❶徳力（503056）　❷苅田（503057）　❸金田（503046）　❹行橋（503047）
❺雷山（503011）　❻脊振山（503012）　❼英彦山（503017）　❽多良岳（493030）　❾島原（493012）　❿雲仙（493002）
⓫別府西部（493173）　⓬湯坪（493151）　⓭大船山（493152）　⓮久住山（493141）　⓯久住（493142）
⓰阿蘇山（493120）　⓱根子岳（493121）　⓲豊後柏原（493122）　⓳小原（493123）　⓴中津留（493124）
㉑祖母山（493112）　㉒見立（493113）　㉓木浦鉱山（493114）　㉔大菅（493103）　㉕祝子川（493104）　㉖葉木（483067）
㉗国見岳（483160）　㉘胡摩山（483161）　㉙尾鈴山（483133）

行政区界・地形図（南部九州）

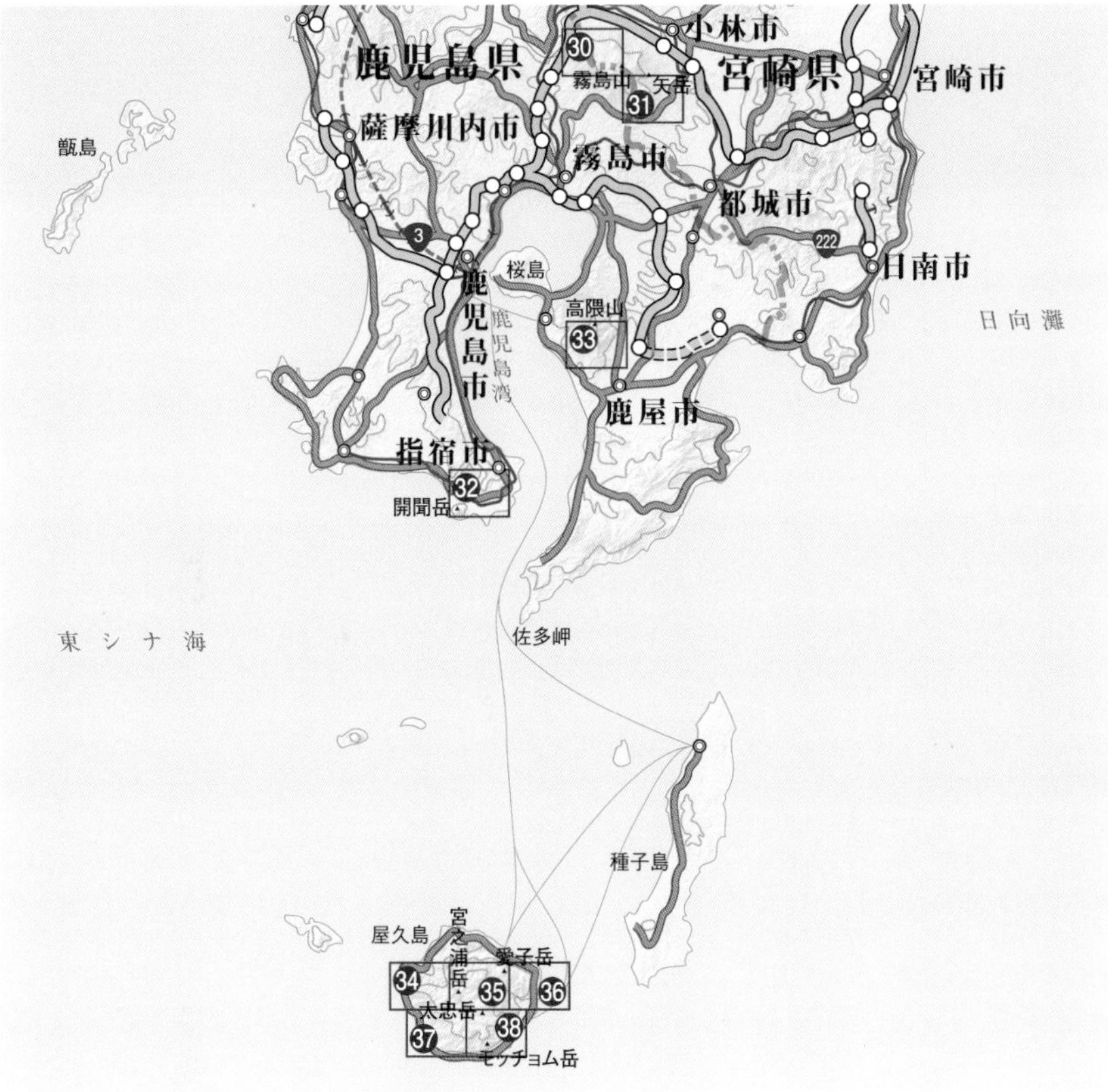

1:25,000地形図（メッシュコード）＝㉚韓国岳（473076）　㉛高千穂峰（473067）
㉜開聞岳（463064）　㉝上祓川（473016）　㉞永田岳（453043）　㉟宮之浦岳（453044）
㊱安房（453045）　㊲栗生（453033）　㊳尾之間（453024）

登山計画書の提出

九州の山の登山にあたっては、事前に登山計画書（登山届・登山者カード）を作成、提出することが基本。登山計画書を作成することで、歩くコースの特徴やグレードを知り、充分な準備を整えて未然に遭難事故を防ぐ。また、万が一、登山者にアクシデントが生じたとき、迅速な捜索・救助活動にもつながる。

主要登山口には、用紙とともに登山届ポスト（提出箱）が設けられ、その場で記入・提出することもできるが、準備段階で作成することが望ましい。登山者名と連絡先、緊急連絡先、登山日程とコースなどが一般的な記入要件だ。

提出は登山口の提出箱のほか、九州の各県警（福岡と長崎を除く）のホームページ、日本山岳ガイド協会運営のオンライン登山届システム「コンパス」のような、インターネットからもできる。

問合せ先一覧

市町村役場

■英彦山
添田町役場　〒824-0691　福岡県田川郡添田町大字添田2151 ……… ℡0947-82-1231

■平尾台
北九州市役所　〒803-8501　北九州市小倉北区城内1-1 ……… ℡093-582-4894

■福智山
北九州市役所　〒803-8501　北九州市小倉北区城内1-1 ……… ℡093-582-4894
直方市役所　〒822-8501　福岡県直方市殿町7-1 ……… ℡0949-25-2000
福智町役場　〒822-1292　福岡県田川郡福智町金田937-2 ……… ℡0947-22-0555

■井原山
糸島市役所　〒819-1192　福岡県糸島市前原西1-1-1 ……… ℡092-323-1111
佐賀市役所　〒840-8501　佐賀県佐賀市栄町1-1 ……… ℡0952-24-3151

■多良岳
大村市役所　〒856-8686　長崎県大村市玖島1-25 ……… ℡0957-53-4111
諫早市役所　〒854-8601　長崎県諫早市東小路町7-1 ……… ℡0957-22-1500
太良町役場　〒849-1698　佐賀県藤津郡太良町多良1-6 ……… ℡0954-67-0311

■雲仙岳
雲仙市役所　〒859-1107　長崎県雲仙市吾妻町牛口名714 ……… ℡0957-38-3111

■鶴見岳・由布岳
別府市役所　〒874-8511　大分県別府市上野口町1-15 ……… ℡0977-21-1111
由布市役所湯布院庁舎　〒879-5192　大分県由布市湯布院町川上3758-1 ……… ℡0977-84-3111

■九重山・涌蓋山
九重町役場　〒879-4895　大分県玖珠郡九重町大字後野上8-1 ……… ℡0973-76-3150
竹田市役所久住支所　〒878-0201　大分県竹田市久住町久住6161-1 ……… ℡0974-76-1111
由布市役所　〒879-5498　大分県由布市庄内町柿原302 ……… ℡097-582-1111
小国町役場　〒869-2592　熊本県阿蘇郡小国町宮原1567-1 ……… ℡0967-46-2111

■阿蘇山
阿蘇市役所　〒869-2695　熊本県阿蘇市一の宮町宮地504-1 ……… ℡0967-22-3111
南阿蘇村役場　〒869-1404　熊本県阿蘇郡南阿蘇村河陽1705-1 ……… ℡0967-67-1111
高森町役場　〒869-1602　熊本県阿蘇郡高森町高森2168 ……… ℡0967-62-1111

■祖母山・傾山
豊後大野市役所　〒879-7198　大分県豊後大野市三重町市場1200 ……… ℡0974-22-1001
竹田市役所　〒878-8555　大分県竹田市会々1650 ……… ℡0974-63-1111
佐伯市役所　〒876-8585　宮崎県佐伯市中村南町1-1 ……… ℡0972-22-3111
高千穂町役場　〒882-1192　宮崎県西臼杵郡高千穂町三田井13 ……… ℡0982-73-1200
日之影町役場　〒882-0402　宮崎県西臼杵郡日之影町岩井川3398-1 ……… ℡0982-87-3900

■大崩山地
延岡市役所　〒882-8686　宮崎県延岡市東本小路2-1 ……… ℡0982-34-2111
佐伯市役所　〒876-8585　佐伯市中村南町1-1 ……… ℡0972-22-3111
日之影町役場　〒882-0402　宮崎県西臼杵郡日之影町岩井川3398-1 ……… ℡0982-87-3900

■扇山
五ヶ瀬町役場　〒882-1295　宮崎県西臼杵郡五ヶ瀬町三ヶ所1670 ……… ℡0982-82-1700
椎葉村役場　〒883-1601　宮崎県東臼杵郡椎葉村下福良1762-1 ……… ℡0982-67-3111

※P225へ続く

※P224からの続き

■国見岳

八代市役所　〒866-8601　熊本県八代市松江城町1-25……℡0965-33-4111
山都町役場　〒861-3592　熊本県上益城郡山都町浜町6……℡0967-72-1111
椎葉村役場　〒883-1601　宮崎県東臼杵郡椎葉村下福良1762-1……℡0982-67-3111

■尾鈴山

都農町役場　〒889-1201　宮崎県児湯郡都農町大字川北4874-2……℡0983-25-5721

■霧島山

霧島市役所　〒899-4394　鹿児島県霧島市国分中央3-45-1……℡0995-45-5111
えびの市役所　〒889-4292　宮崎県えびの市栗下1292……℡0984-35-1111
高原町役場　〒889-4492　宮崎県西諸県郡高原町西麓899……℡0984-42-2111

■開聞岳

指宿市役所開聞庁舎　〒891-0692　鹿児島県指宿市開聞十町2867……℡0993-32-3111

■高隈山

垂水市役所　〒891-2192　鹿児島県垂水市上町114……℡0994-32-1111
鹿屋市役所　〒893-8501　鹿児島県鹿屋市共栄町20-1……℡0994-43-2111

■屋久島

屋久島町役場　〒891-4292　鹿児島県熊毛郡屋久島町小瀬田849-20……℡0997-43-5900

県庁・県警察本部

福岡県庁　〒812-8577　福岡市博多区東公園7-7……℡092-651-1111
佐賀県庁　〒840-8570　佐賀市城内1-1-59……℡0952-24-2111
長崎県庁　〒850-8570　長崎市尾上町3-1……℡095-824-1111
熊本県庁　〒862-8570　熊本市中央区水前寺6-18-1……℡096-383-1111
大分県庁　〒870-8501　大分市大手町3-1-1……℡097-536-1111
宮崎県庁　〒880-8501　宮崎市橘通東2-10-1……℡0985-26-7111
鹿児島県庁　〒890-8577　鹿児島市鴨池新町10-1……℡099-286-2111
福岡県警察本部地域課　〒812-8576　福岡市博多区東公園7-7……℡092-641-4141
佐賀県警察本部地域課　〒840-8540　佐賀市松原1-1-16……℡0952-24-1111
長崎県警察本部地域課　〒850-8548　長崎市尾上町3-3……℡095-820-0110
熊本県警察本部地域課　〒862-8610　熊本市中央区水前寺6-18-1……℡096-381-0110
大分県警察本部地域課　〒870-8501　大分市大手町3-1-1……℡097-536-2131
宮崎県警察本部地域課　〒880-8509　宮崎市旭1-8-28……℡0985-31-0110
鹿児島県警察本部地域課　〒890-8566　鹿児島市鴨池新町10-1……℡099-206-0110

環境省自然環境局地方環境事務所

九州地方環境事務所　〒860-0047　熊本市西区春日2-10-1……℡096-322-2400
福岡事務所　〒812-0013　福岡市博多区博多駅東2-11-1……℡092-437-8851
阿蘇くじゅう国立公園事務所　〒869-2225　熊本県阿蘇市黒川1180……℡0967-34-0254
くじゅう管理事務所　〒879-4911　大分県玖珠郡九重町田野260-2……℡0973-79-2631
雲仙自然保護官事務所　〒854-0621　長崎県雲仙市小浜町雲仙320……℡0957-73-2423
佐世保自然保護官事務所　〒857-0041　長崎県佐世保市木場田町2-19……℡0956-42-1222
えびの管理事務所　〒889-4302　宮崎県えびの市末永1495-5……℡0984-33-1108
霧島錦江湾国立公園管理事務所　〒890-0068　鹿児島市東郡元町4-1……℡099-213-1811
屋久島自然保護官事務所　〒891-4311　鹿児島県熊毛郡屋久島町安房前岳2739-343……℡0997-46-2992

交通機関（バス・乗合タクシー・ロープウェイ・フェリーなど）

■英彦山

添田町営バス……TEL0947-82-1231

スロープカー……TEL0947-85-0375

■平尾台・福智山

ひまわりタクシー（北九州市おでかけ交通）……TEL093-452-0302

福智町福祉バス……TEL0947-22-3778

■井原山

昭和バス(糸島市コミュニティバス)……TEL092-331-8831

■多良岳

長崎県営バス……TEL0957-52-6134

■雲仙岳

長崎県営バス……TEL095-822-5141

島原鉄道バス……TEL0957-62-4707

平成観光タクシー（仁田峠乗合タクシー）……TEL0957-73-2010

雲仙ロープウェイ……TEL0957-73-3572

■鶴見岳・由布岳

亀の井バス……TEL0977-23-0141

別府ロープウェイ……TEL0977-22-2277

■九重山・涌蓋山

九重町コミュニティバス……TEL0973-76-3801

亀の井バス……TEL0977-23-0141

九州産交バス予約センター……TEL096-354-4845

竹田市観光ツーリズム協会久住支部(登山バス)……TEL0974-76-1610

■阿蘇山

産交バス……TEL0967-34-0211

阿蘇山火口シャトルバス……TEL096-300-5535

高森町民バス……TEL0967-62-1111

■祖母山・傾山

豊後大野市コミュニティバス……TEL0974-42-2111

宮崎交通バス(高千穂)……TEL0982-72-4133

■扇山

熊本バス……TEL096-378-3447

■大崩山系

宮崎交通バス(延岡)……TEL0982-32-3341

〃　(高千穂)……TEL0982-72-4133

■霧島山

鹿児島交通バス……TEL0995-45-6733

■開聞岳

鹿児島交通バス……TEL0993-22-2211

■高隈山

鴨池・垂水フェリー……TEL099-256-1761

ハロータクシー（垂水市乗合タクシー）……TEL0994-32-8686

■屋久島

種子屋久高速船(高速船トッピー／ロケット)……TEL099-226-0128

折田汽船（フェリー屋久島2）……℡099-226-0731
鹿商海運（フェリーはいびすかす）……℡099-261-7000
種子島・屋久島交通（バス）……℡0997-46-2221
まつばんだ交通（バス）……℡0997-43-5000

交通機関（タクシー・レンタカー）

■英彦山
田川構内自動車（添田駅）……℡0947-82-5911
■平尾台・福智山
北九西鉄タクシー（小倉駅）……℡093-562-0701
ひまわりタクシー（北九州市小倉南区）……℡093-452-0302
スタータクシー（直方駅）……℡0949-23-0811
田川構内自動車（福智町）……℡0947-44-2311
■井原山
西日本タクシー（筑前前原駅）……℡0570-07-5678
昭和タクシー（筑前前原駅）……℡0120-408-365
松原タクシー（佐賀市富士）……℡0952-63-0002
■多良岳
大村ラッキータクシー（大村駅）……℡0957-52-2155
馬場観光タクシー（多良駅）……℡0954-67-2345
■雲仙岳
平成観光タクシー（雲仙温泉）……℡0957-73-2010
■鶴見岳
亀の井タクシー（別府駅）……℡0977-23-2221
別府大分合同タクシー（別府市）……℡0977-22-2111
■由布岳
みなとタクシー（由布院駅）……℡0977-84-2141
■九重山・涌蓋山
みやまタクシー（豊後中村駅）……℡0973-78-8822
竹田合同タクシー（豊後竹田駅）……℡0974-63-4141
久住観光タクシー（竹田市久住）……℡0974-76-1101
久大タクシー（小野屋駅）……℡097-582-3477
■阿蘇山
大阿蘇タクシー（阿蘇駅）……℡0967-22-0825
一の宮タクシー（宮地駅）……℡0967-22-0161
大阿蘇タクシー（宮地駅）……℡0967-22-0825
阿蘇観光タクシー（高森駅）……℡0967-62-0029
■祖母山・傾山
竹田合同タクシー（豊後竹田駅）……℡0974-63-4141
国際観光交通（豊後竹田駅）……℡0974-63-3131
中央タクシー（豊後竹田駅）……℡0974-63-3939
日坂タクシー（緒方駅）……℡0974-42-2145
〃（三重町駅）……℡0974-22-1053
中央タクシー（緒方駅）……℡0974-42-3115
みどりタクシー（三重町駅）……℡0974-22-0160
日之影タクシー（日之影町）……℡0982-87-2104
宮交タクシー（高千穂町）……℡0982-72-2121
■大崩山系
宮交タクシー（延岡駅）……℡0982-32-5431
宮崎第一交通（延岡駅）……℡0982-32-4862
■扇山
五ヶ瀬タクシー（五ヶ瀬町）……℡0982-82-0047
鶴富タクシー（椎葉村）……℡0982-67-2148
■国見岳
鶴富タクシー（椎葉村）……℡0982-67-2148
■尾鈴山
あい交通（都農駅）……℡0983-25-0120
三和交通（都農駅）……℡0983-25-1201
■霧島山
宮交タクシー（小林駅）……℡0984-23-3121
〃（高原駅）……℡0984-42-1117
第一交通（霧島神宮駅）……℡0995-57-0061
有村タクシー霧島（霧島神宮駅）……℡0995-57-1119
■開聞岳
第一交通タクシー（指宿駅）……℡0993-22-3191
指宿観光タクシー（指宿駅）……℡0993-22-2251
ハニ交通（指宿駅）……℡0993-22-3161
南九州あづま交通（開聞駅）……℡0993-32-3121
■高隈山
南海タクシー（垂水市）……℡0994-32-0051
■屋久島
まつばんだ交通タクシー……℡0997-43-5000
屋久島交通タクシー……℡0997-42-0611
安房タクシー……℡0997-46-2311
まつばんだレンタカー……℡0997-43-5000
オリックスレンタカー……℡0997-43-5888
トヨタレンタリース鹿児島……℡0997-42-2000
タイムズカーレンタル……℡0997-42-2401
ニッポンレンタカー……℡0997-49-4189

主な山名・地名さくいん

あ

愛子岳　あいこだけ……197
愛子岳歩道入口　あいこだけほどういりぐち……196
赤川登山口　あかがわとざんぐち……65・69
上野越　あがのごし……29・31
上野登山口　あがのとざんぐち……30・31
あけぼの平　あけぼのだいら……128
阿蘇山上　あそさんじょう……90・91
雨ヶ池　あまがいけ……64
甘茶谷登山口　あまちゃだにとざんぐち……160
荒川登山口　あらかわとざんぐち……186
アンノ滝　あんのたき……34
池の原　いけのはら……116
稲星越　いなぼしごし……70
犬流れ越　いぬながれごし……129
犬流れ越登山口　いぬながれごしとざんぐち……129
猪の瀬戸バス停　いのせとばすてい……57
井原山　いわらやま……34・35・37
井原山入口バス停
いわらやまいりぐちばすてい……34
ウィルソン株　うぃるそんかぶ……186・191
内ヶ磯登山口　うちがそとざんぐち……29
内の八重登山口　うちのはえとざんぐち……149
宇土内谷登山口　うどうちだにとざんぐち……125・133
大戸越　うとんごし……78
馬つなぎ場　うまつなぎば……146
雲仙バス停　うんぜんばすてい……47・50
えびの高原駐車場
えびのこうげんちゅうしゃじょう……162・165・167
烏帽子岩　えぼしいわ……149
烏帽子岳（阿蘇山）　えぼしだけ……94
烏帽子岳（脊梁）　えぼしだけ……153
役ノ行者像　えんのぎょうじゃぞう……40・41・45
男池園地　おいけえんち……82
扇ヶ鼻　おうぎがはな……69
扇ヶ鼻分岐　おうぎがはなぶんき……68・69
扇山　おうぎやま……147・148・149
扇山山小屋　おうぎやまやまごや……147・148
皇子原分岐　おうじはらぶんき……172・173
大株歩道入口　おおかぶほどういりぐち……186・191
大崩山荘　おおくえさんそう……122・124
大崩山　おおくえやま……123・125・133
大崩山登山口　おおくえやまとざんぐち……122・124
大障子岩　おおしょうじいわ……116
大白谷登山口　おおしらたにとざんぐち……112
大戸尾根登山口　おおとおねとざんぐち……95
大浪池展望所　おおなみいけてんぼうしょ……166
大浪池登山口バス停
おおなみいけとざんぐちばすてい……166
大箆柄岳　おおのがらだけ……180
大箆柄岳登山口　おおのがらだけとざんぐち……179
大平山　おおひらやま……22
大吹登山口　おおぶきとざんぐち……126・127
大曲　おおまがり……71・74
桶ヶ辻　おけがつじ……24
お化粧山　おけしょうやま……132
お化粧山登山口　おけしょうやまとざんぐち……132
尾鈴山　おすずやま……160
御嶽権現社（火男火売神社）
おたけごんげんしゃ……54
乙女山　おとめやま……126
鬼杉　おにすぎ……19
お姫山　おひめやま……126
尾平登山口　おびらとざんぐち……99・101
尾平越　おびらごし……118
御岳　おんたけ……181
御岳登山口　おんたけとざんぐち……181
雄鉾　おんぼこ……135

か

かいもん山麓ふれあい公園
かいもんさんろくふれあいこうえん……176
開聞岳　かいもんだけ……177
かくし水　かくしみず……82
岳麓寺登山口　がくろくじとざんぐち……77
火口東展望所　かこうひがしてんぼうしょ……93
笠松山　かさまつやま……118

カシバル峠　かしばるとうげ……146
傾山登山口　かたむきやまとざんぐち……113
鹿納山　かのうやま……131・132・133
鹿納山分岐　かのうやまぶんき……125・133
鹿納谷登山口　かのうだにとざんぐち……130・133
鹿納谷分岐　かのうだにぶんき……130・133
鹿納の野　かのうのの……132
上鹿川登山口　かみししがわとざんぐち……125
神山展望台　かみやまてんぼうだい……199
上ワク塚基部　かみわくづかきぶ……123
韓国岳　からくにだけ……164・166
韓国岳避難小屋
からくにだけひなんごや……165・166
烏落　からすおち……28・29
神掛岩　かんかけいわ……103
杵島岳　きしまだけ……94
鬼人谷口　きしんだにぐち……49・51
北千里浜　きたせんりがはま……64・74
北岳(英彦山)　きただけ……18
北谷登山口　きただにとざんぐち……105
旧火口東駅　きゅうかこうひがしえき……93
経ヶ岳　きょうがたけ……42
霧島東神社登山口
きりしまひがしじんじゃとざんぐち……172
金泉寺　きんせんじ……40・43・45
九重頭駐車場
くえんとうちゅうしゃじょう……159・161
久住山　くじゅうさん……64・68・69・70
久住分かれ　くじゅうわかれ……64・68
楠川分れ　くすがわわかれ……186・190
朽網分れ　くたみわかれ……70
沓掛山　くつかけやま……66
国見岳(脊梁)　くにみだけ……152・155
国見岳(雲仙)　くにみだけ……49
国観峠　くにみとうげ……104・105
国見分れ　くにみわかれ……49
暮雨の滝分岐　くらそめのたきぶんき……79
黒金山尾根への取り付き
くろがねやまおねへのとりつき……100
黒木バス停　くろきばすてい……39・42・43・44
黒味岳　くろみだけ……187
黒味分れ　くろみわかれ……184・187
神原登山口　こうばるとざんぐち……103・104
合野越　ごうやごし……59
五家原岳　ごかはらだけ……44
小国見岳　こぐるみだけ……152
五合目小屋(祖母山)　ごごうめごや……104
小杉谷集落跡　こすぎだにしゅうらくあと……186
古場岳登山口　こばだけとざんぐち……35
ゴボウ畑　ごぼうばたけ……146
古御池火山群入口
こみいけかざんぐんいりぐち……94
五勇山　ごゆうざん……152
五勇谷ゲート　ごゆうだにげーと……151・153
五葉岳　ごようだけ……127

さ

三県境　さんけんざかい……105
鹿ヶ原　しかがはら……171
鹿之沢小屋　しかのさわごや……192
鹿川越　ししがわごえ……125
鹿川キャンプ場　ししがわきゃんぷじょう……134
四方台　しほうだい……22
蛇紋杉　じゃもんすぎ……194
障子岩　しょうじいわ……111
障子岳　しょうじだけ……117
障子登山口　しょうじとざんぐち……115
縄文杉　じょうもんすぎ……186・191
白岩山　しらいわやま……146
白滝　しらたき……160
白谷雲水峡入口
しらたにうんすいきょういりぐち……189
白谷小屋　しらたにごや……190
白鳥山　しらとりやま……167
白水鉱泉　しらみずこうせん……83
新椎葉越　しんしいばごえ……154
新高塚小屋　しんたかつかごや……185・191
瑞梅寺登山口　ずいばいじとざんぐち……34
周防台　すおうだい……24
諏誐守峠　すがもりとうげ……71・74
杉ヶ越登山口　すぎがごえとざんぐち……111
筋湯バス停　すじゆばすてい……85
砂千里登山口　すなせんりとざんぐち……90
背門丘　せとお……170
仙酔峡駐車場
せんすいきょうちゅうしゃじょう……92・93
仙酔峡分岐　せんすいきょうぶんき……91・93
仙人洞(開聞岳)　せんにんどう……176

※P230へ続く

※P229からの続き

沢水展望台　そうみてんぼうだい……70
ソデ尾　そでお……112・113
袖ダキ展望所　そでだきてんぼうしょ……122
ソババッケ　そばばっけ……82
祖母山　そぼさん……100・104・105・117
祖母山九合目小屋
そぼさんきゅうごうめこや……101・116

た

第一吊橋(祖母山)　だいいちつりばし……100・101
第一展望台(宮之浦岳)
だいいちてんぼうだい……185・191
太鼓岩　たいこいわ……190
大船山　たいせんざん……75・77
大塔分かれ　だいとうわかれ……29
第二展望台(高千穂峰)　だいにてんぼうだい……173
高岳　たかだけ……90・93
高岳東峰　たかだけとうほう……91
高千穂河原駐車場
たかちほがわらちゅうしゃじょう……170
高千穂峰　たかちほのみね……170・172・173
高塚小屋　たかつかごや……186・191
高塚山　たかつかやま……82・83
鷹巣原　たかのすばる……18
太忠岳　たちゅうだけ……195
立岩の峰　たていわのみね……51
多良岳　たらだけ……40・43・44・45
段原　だんばる……75
茶ヶ床園地　ちゃがとこえんち……22・24
長者原　じょうじゃばる……64・75・78
杖捨祠　つえすてし……179
月見小屋分岐　つきみごやぶんき……90・91
辻峠　つじとうげ……190
九折登山口　つづらとざんぐち……107・110・119
九折越　つづらごし……108・113・119
鶴見岳　つるみだけ……56・57
鶴見岳西・由布岳東登山口
つるみだけにし・ゆふだけひがしとざんぐち……57・61
天狗岩(平尾台)　てんぐいわ……24
天狗岩(九重山)　てんぐいわ……82
天狗ヶ城　てんぐがじょう……68
天狗の分れ　てんぐのわかれ……100・117
天孫降臨コース登山口
てんそんこうりんこーすとざんぐち……173
天文の森　てんもんのもり……195
とぞの谷橋　とぞのだにばし……155
兜巾岳　とっきんだけ……127
兜巾分岐　とっきんぶんき……127
鳥屋ダキ分岐　とやんだきぶんき……111

な

長崎尾　ながさきお……160
中岳(英彦山)　なかだけ……16・18・19
中岳(多良岳)　なかだけ……44
中岳(久住山)　なかだけ……68
中岳(阿蘇山)　なかだけ……90・93
中峠　なかとうげ……22・24
永田岳　ながただけ……192
中山キャンプ場　なかやまきゃんぷじょう……41・45
中山越　なかやまごえ……43・45
投石平　なげしだいら……184
夏木新道登山口
なつきしんどうとざんぐち……128・129
夏木山　なつきやま……128・129
西野越　にしのごえ……40・43・44
西山登山口　にしやまとざんぐち……113
西回りルート登山口
にしまわりるーととざんぐち……94
仁田峠　にたとうげ……47・50・51
入山公廟　にゅうざんこうびょう……77
貫山　ぬきさん……22
根子岳東峰　ねこだけとうほう……96・97
鋸尾根　のこぎりおね……129

は

バードライン　ばーどらいん……17・18
岐湯　はげのゆ……87
旗の台バス停　はたのだいばすてい……54
八丁越　はっちょうごし……116
八丁谷登山口　はっちょうだにとざんぐち……39
鳩穴分れ　はとあなわかれ……51
花之江河　はなのえごう……184
花山広場　はなやまひろば……193
花山歩道入口　はなやまほどういりぐち……193
万代杉　ばんだいすぎ……198
平治岳　ひいじだけ……78
日隠山登山口　ひがくれやまとざんぐち……130
東傾山　ひがしかたむきやま……112

鱒淵ダム　ますぶちだむ……27
マタエ　またえ……59・60
松木登山口　まつきとざんぐち……148
三国岩　みくにいわ……118
水無登山口　みずなしとざんぐち……36
水呑の頭　みずのみのかしら……146
ミソコブシ山　みそこぶしやま……86
三ツ尾　みつお……110・112・119
南岳　みなみだけ……19
見晴しの岩（扇山）　みはらしのいわ……146
三俣山　みまたやま……71
宮之浦岳　みやのうらだけ……185・192
宮原　みやばる……101・116
妙見岳駅　みょうけんだけえき……48
霧氷沢　むひょうさわ……51
メンノツラ越　めんのつらごえ……103
メンノツラ分岐　めんのつらぶんき……101・104
雌鉾　めんぼこ……135
モッチョム岳　もっちょむだけ……199
モッチョム岳登山口
もっちょむだけとざんぐち……198
モッチョム太郎　もっちょむたろう……199
紅葉茶屋　もみじちゃや……49

や・ら・わ

ヤクスギランド入口
やくすぎらんどいりぐち……194・195
焼野三叉路　やけのさんさろ……185・192
山瀬分岐　やませぶんき……28
由布岳西峰　ゆふだけせいほう……60
由布岳東峰　ゆふだけとうほう……60・61
由布登山口バス停　ゆふとざんぐちばすてい……59
吉部登山口　よしぶとざんぐち……79
淀川小屋　よどごうごや……183
淀川登山口　よどごうとざんぐち……183
雷山　らいざん……35
雷山横断林道　らいざんおうだんりんどう……35
レゾネイトクラブくじゅう
れぞねいとくらぶくじゅう……70
六観音御池展望台
ろくかんのんいけてんぼうだい……167
涌蓋越　わいたごし……86
涌蓋山　わいたさん……86・87
鷲見平　わしみだいら……92
英彦山野営場　ひこさんやえいじょう……15・19
ひぜん湯バス停　ひぜんゆばすてい……86
一目山　ひとめやま……86
日肥峠　ひひとうげ……146
冷水登山口　ひやみずとざんぐち……112
日向越　ひゅうがごし……61
平石岩屋　ひらいしいわや……185・192
平尾台自然観察センター
ひらおだいしぜんかんさつせんたー……22・24
平谷越　ひらたにごえ……43
広河原分岐　ひろがわらぶんき……155
風穴（黒岳）　ふうけつ……82・83
風穴（祖母山）　ふうけつ……105
吹上峠　ふきあげとうげ……21
福智山　ふくちやま……28・29・31
普賢岳　ふげんだけ……49・51
豊前越　ふぜんごし……28
豊前坊　ぶぜんぼう……18
不動冴山分岐　ふとさえやまぶんき……149
ブナの三叉路　ぶなのさんさろ……126・132
ブナ広場　ぶなひろば……118
古祖母山　ふるそぼさん……117
古宮址　ふるみやあと……170・171
平家ブナ跡　へいけぶなあと……147
平家山　へいけやま……155
平家山登山口　へいけやまとざんぐち……155
別所駐車場　べっしょちゅうしゃじょう…15・17・19
望雲台　ぼううんだい……18
坊がつる　ぼうがつる……64・74・75・78・79
奉幣殿　ほうへいでん……17・19
鉾岳登山口　ほこだけとざんぐち……134
鉾立峠　ほこたてとうげ……70・74
法華院温泉山荘
ほっけいんおんせんさんそう……64・70・74
ホッテ分かれ　ほってわかれ……28
本傾　ほんかたむき…109・110・111・113・119
梵字岩　ぼんじいわ……19
本谷山　ほんたにやま……118

ま

前障子　まえしょうじ……116
前岳（黒岳）　まえだけ……83
前岳（本多良）　まえだけ……41
牧ノ戸峠　まきのととうげ……66

Alpine Guide
九州の山

ヤマケイ アルペンガイド
九州の山

2021年3月10日　初版第1刷発行

編者／山と溪谷社
発行人／川崎深雪
発行所／株式会社 山と溪谷社
〒101-0051
東京都千代田区神田神保町1丁目105番地
https://www.yamakei.co.jp/

■乱丁・落丁のお問合せ先
山と溪谷社自動応答サービス
TEL03-6837-5018
受付時間／10:00〜12:00、
13:00〜17:30（土日、祝日を除く）
■内容に関するお問合せ先
山と溪谷社　TEL03-6744-1900（代表）
■書店・取次様からのお問合せ先
山と溪谷社受注センター
TEL03-6744-1919　FAX03-6744-1927

印刷・製本／大日本印刷株式会社

装丁・ブックデザイン／吉田直人
編集／吉田祐介
編集協力／後藤厚子
写真協力／山野昭男（あそ望山岳会）
調査協力／あそ望山岳会
DTP・地図製作／千秋社

ISBN 978-4-635-01298-0

＊本書に掲載した地図の作成にあたりましては、国土地理院発行の数値地図（国土基本情報）を使用しました。

＊本書の取材や執筆・編集にあたりましては、九州の市町村、交通機関、山小屋、山岳・自然団体ならびに登山者のみなさんにご協力いただきました。お礼申し上げます。＊本書に掲載したコース断面図の作成とGPSデータの編集にあたりましては、DAN杉本さん作成のフリーウェア「カシミール3D」を利用しました。お礼申し上げます。

著者

内田益充《うちだますみつ》　福岡生まれ。「平尾台」「扇山」「各種コラム」のほか、本書の総括も担当。

松本高志《まつもとたかし》　1957年福岡生まれ。九州主体の登山やケイビングを楽しむ。「平尾台」担当。

中村真悟《なかむらしんご》　1957年福岡生まれ。主に九州を拠点とするネイチャーライター。「英彦山」担当。

米村奈穂《よねむらなほ》　福岡生まれ。フリーライター兼エディター。「福智山」「井原山」担当。

池田浩伸《いけだひろのぶ》　1955年佐賀生まれ。九州を中心に活動の登山ガイド。「多良岳」「雲仙岳」担当。

藤田晴一《ふじたせいいち》　1939年大分生まれ。大分県の山岳に精通するカメラマン。「由布岳」担当。

弘蔵岳久《ひろくらたけひさ》　1962年大分生まれ。九重山・法華院温泉山荘経営者。「九重山」「涌蓋山」担当。

弘蔵勝久《ひろくらかつひさ》　1992年大分生まれ。くじゅうで生まれくじゅうで育つ。「九重山」「涌蓋山」担当。

吉田泰仁《よしだやすひと》　1970年熊本生まれ。地元・あそ望山岳会会員。「阿蘇山」「国見岳」担当。

山岡研一《やまおかけんいち》　1968年大分生まれ。日本ロングトレイル協会理事。「祖母山」「傾山」担当。

緒方 優《おがたまさる》　1957年宮崎生まれ。宮崎の山で多彩な登山を楽しむ。「大崩山地」「尾鈴山」担当。

川野秀也《かわのひでや》　1942年鹿児島生まれ。アルパインクラブ鹿児島代表。「霧島」「開聞岳」ほか担当。

大沢成二《おおさわせいじ》　1967年長野生まれ。フリーカメラマン、山岳ガイド。「屋久島」担当。

「アルペンガイド登山地図帳」の取り外し方

本を左右に大きく開く

＊「アルペンガイド登山地図帳」は背の部分が接着剤で本に留められています。無理に引きはがさず、本を大きく開くようにすると簡単に取り外せます。
＊接着剤がはがれる際に見返しの一部が破れることがあります。あらかじめご了承ください。

問合せ先一覧

県警察本部・市町村役場

福岡県警察本部地域課 …… ℡092-641-4141
佐賀県警察本部地域課 …… ℡0952-24-1111
長崎県警察本部地域課 …… ℡095-820-0110
熊本県警察本部地域課 …… ℡096-381-0110
大分県警察本部地域課 …… ℡097-536-2131
宮崎県警察本部地域課 …… ℡0985-31-0110
鹿児島県警察本地域課 …… ℡099-206-0110

添田町役場 …… ℡0947-82-1231
北九州市役所 …… ℡093-582-2054
直方市役所 …… ℡0949-25-2000
福智町役場 …… ℡0947-22-0555
糸島市役所 …… ℡092-323-1111
佐賀市役所 …… ℡0952-24-3151
大村市役所 …… ℡0957-53-4111
諫早市役所 …… ℡0957-22-1500
太良町役場 …… ℡0954-67-0311
雲仙市役所 …… ℡0957-38-3111
別府市役所 …… ℡0977-21-1111
由布市役所湯布院庁舎 …… ℡0977-84-3111
九重町役場 …… ℡0973-76-3150
竹田市役所久住支所 …… ℡0974-76-1111
由布市役所 …… ℡097-582-1111
小国町役場 …… ℡0967-46-2111
阿蘇市役所 …… ℡0967-22-3111
南阿蘇村役場 …… ℡0967-67-1111
高森町役場 …… ℡0967-62-1111
豊後大野市役所 …… ℡0974-22-1001
佐伯市役所 …… ℡0972-22-3111
高千穂町役場 …… ℡0982-73-1200
日之影町役場 …… ℡0982-87-3900
延岡市役所 …… ℡0982-34-2111
五ヶ瀬町役場 …… ℡0982-82-1700
椎葉村役場 …… ℡0982-67-3111
八代市役所 …… ℡0965-33-4111
山都町役場 …… ℡0967-72-1111
都農町役場 …… ℡0983-25-5721
霧島市役所 …… ℡0995-45-5111
えびの市役所 …… ℡0984-35-1111
高原町役場 …… ℡0984-42-2111
指宿市役所開聞庁舎 …… ℡0993-32-3111
垂水市役所 …… ℡0994-32-1111
鹿屋市役所 …… ℡0994-43-2111
屋久島町役場 …… ℡0997-43-5900

主な交通機関

添田町営バス …… ℡0947-82-1231
ひまわりタクシー（北九州市おでかけ交通）…… ℡093-452-0302
福智町福祉バス …… ℡0947-22-3778
昭和バス（糸島市コミュニティバス）…… ℡092-331-8831
長崎県営バス（大村営業所）…… ℡0957-52-6134
〃（長崎営業所）…… ℡095-822-5141
平成観光タクシー（仁田峠乗合タクシー）…… ℡0957-73-2010
亀の井バス …… ℡0977-23-0141
九重町コミュニティバス …… ℡0973-76-3801
産交バス …… ℡0967-34-0211
豊後大野市コミュニティバス …… ℡0974-42-2111
鹿児島交通バス（国分営業所）…… ℡0995-45-6733
鴨池・垂水フェリー …… ℡099-256-1761
ハロータクシー（垂水市乗合タクシー）…… ℡0994-32-8686
種子屋久高速船（高速船トッピー／ロケット）…… ℡099-226-0128
種子島・屋久島交通（バス）…… ℡0997-46-2221
まつばんだ交通（バス）…… ℡0997-43-5000
田川構内自動車（タクシー・添田駅）…… ℡0947-82-5911
ひまわりタクシー（北九州市小倉南区）…… ℡093-452-0302
スタータクシー（直方駅）…… ℡0949-23-0811
松原タクシー（佐賀市富士）…… ℡0952-63-0002
大村ラッキータクシー（大村駅）…… ℡0957-52-2155
馬場観光タクシー（多良駅）…… ℡0954-67-2345
平成観光タクシー（雲仙温泉）…… ℡0957-73-2010
亀の井タクシー（別府駅）…… ℡0977-23-2221
みなとタクシー（由布院駅）…… ℡0977-84-2141
みやまタクシー（豊後中村駅）…… ℡0973-78-8822
竹田合同タクシー（豊後竹田駅）…… ℡0974-63-4141
久大タクシー（小野屋駅）…… ℡097-582-3477
大阿蘇タクシー（阿蘇駅）…… ℡0967-22-0825
一の宮タクシー（宮地駅）…… ℡0967-22-0161
日坂タクシー（緒方駅）…… ℡0974-42-2145
〃（三重町駅）…… ℡0974-22-1053
日之影タクシー（日之影町）…… ℡0982-87-2104
宮交タクシー（高千穂町）…… ℡0982-72-2121
宮交タクシー（延岡駅）…… ℡0982-32-5431
あい交通（都農駅）…… ℡0983-25-0120
宮交タクシー（高原駅）…… ℡0984-42-1117
第一交通（霧島神宮駅）…… ℡0995-57-0061
南海タクシー（垂水市）…… ℡0994-32-0051
屋久島交通タクシー（屋久島）…… ℡0997-42-0611
まつばんだレンタカー（屋久島）…… ℡0997-43-5000

愛子岳

1:45,000
0 1km

モッチョム岳

1:35,000
0 800m

1:20,000
0
400m
A
B
1
2
3
4
太忠岳
1497
天柱石
高さ40m
巨岩の岩屋
ロープ場あり
「太忠岳0.4km」の標識。花折岳方面への踏み跡に入りこまないこと
花折岳
1587
1589.3
1453
「世界遺産登録エリア」看板
2:00
1:10
1240
1300
1000
天文の森
ベンチ、案内板
釈迦杉
0:30
0:25
1194
小花山
苔をまとった倒木や切り株がある
あずまや
蛇紋杉
倒木
携帯トイレブース
ひげ長老
0:35
天柱橋
天柱杉
ヤクスギランド
母子杉
三根杉
花之江河歩道入口
沢津橋
0:45
1:00
荒川橋
仏陀杉
千年杉
双子杉
くぐり杉
清涼橋
くぐり栂
管理棟
森泉
休憩施設
ヤクスギランド入口バス停
1084
592
1038
958
1192
鹿児島県
屋久島町
荒川三叉路
尾立峠
町道荒川線
屋久杉自然館、安房へ
1033
1162
1150
1057
1260
荒川
大和杉
花之江河歩道
石塚小屋へ
紀元杉、淀川登山口へ
安房林道

1:60,000
0
1km
N
C
D
宮之浦へ
楠川へ
楠川歩道
三本杉
耳崩
龍神杉歩道
(旧宮之浦歩道)
羽神岳
東峰
白谷雲水峡
弥生杉
白谷雲水峡入口
サツキ谷橋
楠川前岳
愛子岳歩道入口へ
小行杉
徒渉点
ヨウジガ高岳
白谷小屋
苔むす森
愛子岳
高塚小屋
縄文杉
高塚山
大王杉
辻峠
辻の岩屋
太鼓岩
奥岳の大パノラマが
楽しめる
縄文杉ルート
(大株歩道)
夫婦杉
ウィルソン株
バイオトイレ
三代杉
楠川歩道
安房森林軌道
小杉谷集落跡
楠川分れ
大株歩道入口
翁杉
倒木
仁王杉
石塚展望所
トロッコ道をたどる
トロッコ道
安房川
ジトンジ岳
荒川登山口
尾立ダム
南沢
北沢
旧安房歩道
荒川三叉路～荒川登山口間
マイカー規制あり
町道荒川線
尾立岳
石塚山
太忠岳
花折岳
ヤクスギランド入口バス停
荒川三叉路
尾立峠
花之江河歩道
蛇紋杉
大和杉
屋久杉自然館、安房へ
紀元杉
川上杉
橋を渡る
淀川
淀川登山口
紀元命水
安房林道
ヤクスギランド
荒川
ノンキ岳
タクシー、
カーはここまで
尾之間歩道
10台
小屋
塚小屋
高塚岳

14 宮之浦岳・永田岳・黒味岳

高隈山（大箆柄岳・御岳）

1:50,000
0
1km
N
C
D
大隅湖へ
国道504号へ
七岳
881.3
大野原林道
沢水呑場（400m）の道標
七岳分岐
道標あり
五合目展望所
七合目
天狗像がある
天狗古道コース
大箆柄岳登山口
高隈グリーンカントリーキャンプ場ログハウス
大箆柄岳登山口
盆山
三合目
0:45
0:30
0:25
0:20
0:40
0:30
ロープのある急坂
錦江湾と南薩の山々の展望がよい
駐車スペース
西郷ドン岩がよく見える
西郷ドン岩
九州自然歩道
杖捨祠
この間、登山道にブナが見られる
牛牧川
大箆柄岳コース
大箆柄林道
大箆柄岳登山道入口
高隈渓谷
九合目
大箆柄岳
1236.2
360度の展望
最高点ピーク
寿八コース
寿八コース登山口
通行止め。ロープあり
高隈山
スズタケ密生
スマン峠登山口～大箆柄岳登山口間徒歩1時間20分
管理道路
高隈山保安林
大箆柄川
小箆柄岳分岐
1149
小箆柄岳
横岳や二子岳などの展望
スマン峠登山口
スマンコース
急坂
一九坂
769
1:00
0:50
スマン峠
1037
横断コース
ベンチあり
鹿児島県
鹿屋市
峰越林道
垂水市
妻岳
二子岳
1145
妻岳分岐
1等三角点。360度の展望
ゲートあり
御岳
1181.7
平岳
1102
0:10
九合目
八合目
ロープやチェーンがつけられた岩場
0:15
白滝
高塚林道
五合目林道出合
上祓川コース
万滝（黒滝）
この間の岩壁にタカクマホトトギスが着生
テレビ塔
934
0:35
御岳登山口（テレビ塔下五合目）
林道終点
通行止めのロープあり
登山者用
鳴之尾牧場
鳴之尾登山口
駐車スペース、仮設トイレあり。眼下に鳴之屋牧場を見下ろし、平岳方面の展望がよい
海上航空自衛隊遭難碑
上祓川登山口
瀬戸山神社
寺街道
打越川
吉留川
第一展望所
鳴之尾牧場と高隈連山の眺めがよい
高須川
鳴之尾林道
九州自然歩道
花里
花里町
国道220号、鹿屋市街、垂水へ
鹿屋市街へ
504

13 開聞岳

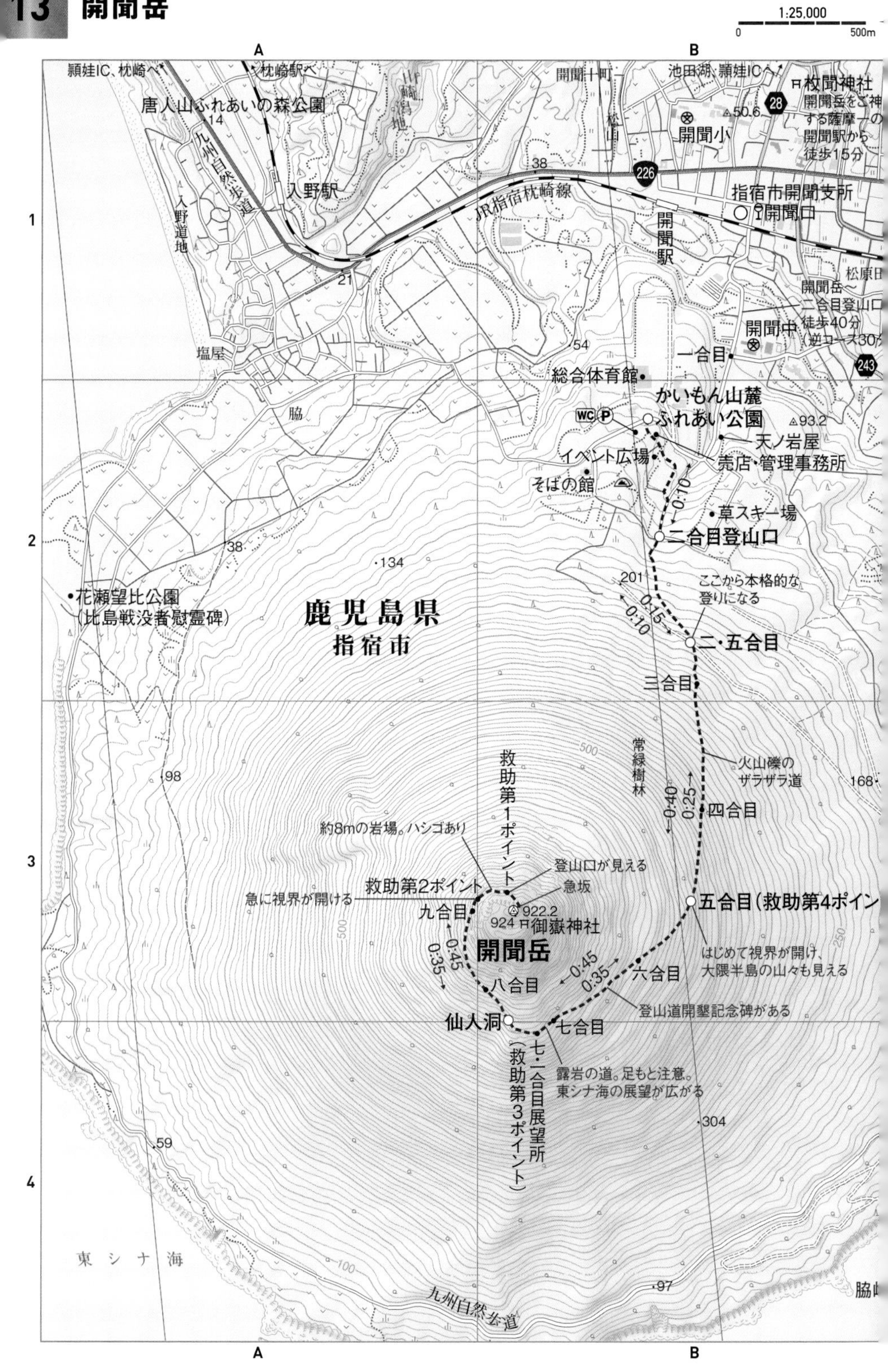

1:25,000
0
500m
頴娃IC、枕崎へ
枕崎駅へ
唐人山ふれあいの森公園
九州自然歩道
入野駅
入野道地
JR指宿枕崎線
開聞十町
池田湖、頴娃ICへ
枚聞神社
開聞岳をご神体とする薩摩一の宮
開聞駅から徒歩15分
開聞小
226
28
指宿市開聞支所
開聞口
開聞駅
松原田
開聞岳～二合目登山口 徒歩40分（逆コース30分）
開聞中
一合目
243
塩屋
総合体育館
かいもん山麓ふれあい公園
天ノ岩屋
売店・管理事務所
イベント広場
そばの館
草スキー場
二合目登山口
ここから本格的な登りになる
二・五合目
三合目
花瀬望比公園（比島戦没者慰霊碑）
鹿児島県
指宿市
常緑樹林
火山礫のザラザラ道
四合目
救助第1ポイント
約8mの岩場。ハシゴあり
登山口が見える
急坂
救助第2ポイント
急に視界が開ける
九合目
922.2
924 御嶽神社
開聞岳
五合目（救助第4ポイント）
はじめて視界が開け、大隅半島の山々も見える
六合目
八合目
登山道開墾記念碑がある
仙人洞
七合目
七・一合目展望所（救助第3ポイント）
露岩の道。足もと注意。東シナ海の展望が広がる
東シナ海
九州自然歩道
脇

1:50,000
0
1km
N
C
D
1
2
3
4
宮崎県
小林市
高原町
都城市
夷守岳登山口へ
夷守岳
1344.0
宮崎自動車道
家畜改良センター
コスモス牧場
552.8
旭台
旭野
瀬田尾
南鞍懸
夷守台
638.6
皇子原公園
皇子
高原駅へ
「高千穂峰・天孫降臨コース登山口1km」の道標あり
P205「その他のおすすめの山」を参照のこと
南面分岐
竜王山
1175
矢岳
1131.7
ヤマツツジ
1:30
1:10
古宮跡
矢岳登山口
矢岳分岐
T字路
Y字路
中岳分岐
皇子原登山口
天孫降臨コース登山口
龍駒(皇子原)コースは立入禁止
ともに展望なし
第一展望台
第二展望台
0:30
0:40
0:50
1:10
天ノ逆鉾
下降は要注意
通過注意
ガレの急坂
馬ノ背
0:25
0:20
大岩展望台
高千穂峰
1573.6
1408
御鉢火口縁
1206
御鉢
背門丘
0:30
0:20
山頂小屋
ガレの急坂
火口内、火口縁の南半分は立入禁止
皇子原分岐
1321
0:40
二子石
ここまで急登
夢ヶ丘コース(御池小コース)
夢ヶ丘登山口へ
小池コース
やぶで不明瞭
山神の石碑
九州自然歩道
2:00
2:30
一ノ鉢
597.8
0:05
霧島東神社登山口
霧島東神社
登山専用駐車場
御池キャンプ場
御池
小池登山口
小池
霧島神宮駅へ
青少年自然の家
後原
向方
頭方
広原
高崎川
小路
今房
木場田川
立脇川

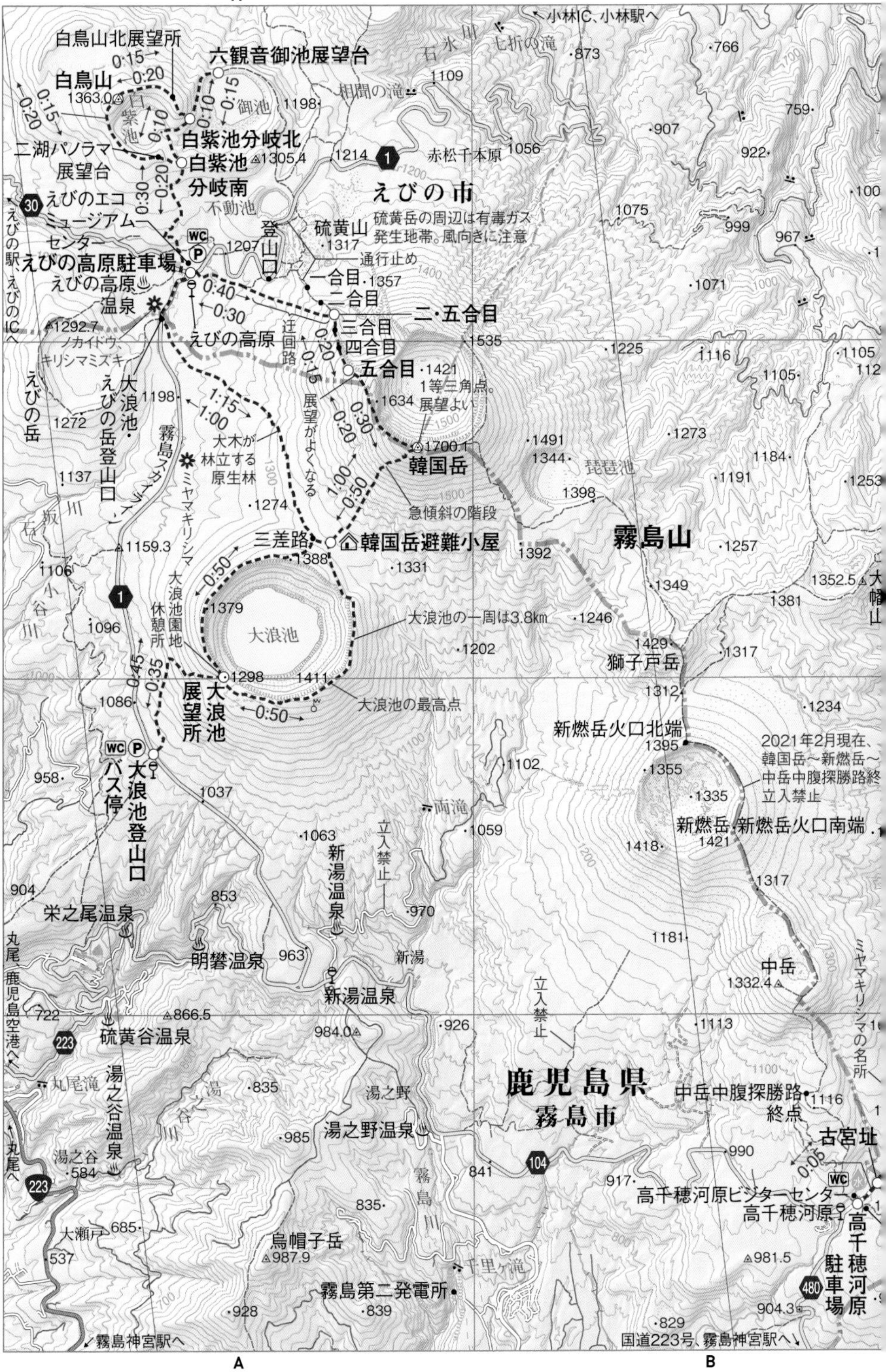
白鳥山北展望所
六観音御池展望台
白鳥山
1363.0
白紫池分岐北
白紫池
分岐南
二湖パノラマ
展望台
えびの市
赤松千本原
硫黄岳の周辺は有毒ガス
発生地帯。風向きに注意
硫黄山
えびのエコ
ミュージアム
センター
えびの高原駐車場
えびの高原
温泉
登山口
一合目
二合目
二・五合目
三合目
四合目
五合目
迂回路
えびの高原
ノカイドウ、
キリシマミズキ
えびの岳
大浪池・
えびの岳登山口
1等三角点。
展望よい
韓国岳
1700.1
急傾斜の階段
大木が
林立する
原生林
展望がよくなる
ミヤマキリシマ
霧島スカイライン
三差路
韓国岳避難小屋
霧島山
琵琶池
大浪池
大浪池の一周は3.8km
大浪池の最高点
大浪池園地
休憩所
大浪池
展望所
バス停
大浪池登山口
獅子戸岳
新燃岳火口北端
2021年2月現在、
韓国岳～新燃岳～
中岳中腹探勝路終
立入禁止
新燃岳
新燃岳火口南端
中岳
ミヤマキリシマの名所
雨滝
新湯温泉
新湯
立入禁止
栄之尾温泉
明礬温泉
硫黄谷温泉
丸尾、鹿児島空港へ
丸尾滝
湯之谷温泉
湯之谷
大瀬戸
湯之野
湯之野温泉
鹿児島県
霧島市
中岳中腹探勝路
終点
古宮址
高千穂河原ビジターセンター
高千穂河原
高千穂河原駐車場
烏帽子岳
千里ヶ滝
霧島第二発電所
霧島川
国道223号、霧島神宮駅へ
霧島神宮駅へ
小林IC、小林駅へ
七折の滝
相間の滝
えびの駅、えびのICへ

1:40,000
800m
N
日向市
神陰山
1271.9
神陰山登山口
1171
1044
·969
·894
上逆瀬山
931.1
1168
·1177
1231
万吉山
1318
·835
角崎山
1070.9
784
矢研谷
·743
·953
尾鈴山
1405.2
展望はない
九合目
コース唯一の展望地。東面が開ける
九合目までひたすら急登が続く
五合目
二合目
甘茶谷登山口
670
尾鈴山瀑布群
尾鈴林道
えのは滝
·772
九重頭駐車場から往復約1時間
矢研林道
·972
0:50
0:30
七合目
0:50
0:30
登山届箱
甘茶谷分岐
·831
広場
甘茶谷
次郎·四郎滝
矢研林道入口
尾鈴キャンプ場
日本の滝百選。落差73m
矢研の滝
679
·766
アケボノツツジ
1338
0:40
0:50
林道横切る
·626
露岩
宮崎県
都農町
1:00
0:55
岩見滝
鈴見の滝
アケボノツツジ
コウヤマキ
ケルンが積まれた展望のないピーク
長崎尾
1373.4
1148
周回コース
1:25
1:45
1261
·437
·783
木城町
矢筈林道
·741
568·
WC
登山届箱
周回コース分岐
シャクナゲ群生地
白滝コース
633·
615·
1:00
1:15
矢筈岳分岐
1330
矢筈岳
0:40
0:50
欅谷
案内板
落差75m
白滝
白滝分岐
紅葉の滝
307
「すだれの滝」案内板
すだれの滝
九重頭駐車場
尾鈴神社
·1091
地形図では「矢筈岳」となっている
林道
0:50
1:05
白滝展望所
824
0:45
0:55
さぎりの滝
·879
·764
·599
相見山
640.3
名貫川
918·
黒原山·1217
1021·
権現尾
974.6
九州自然歩道
·277
544·

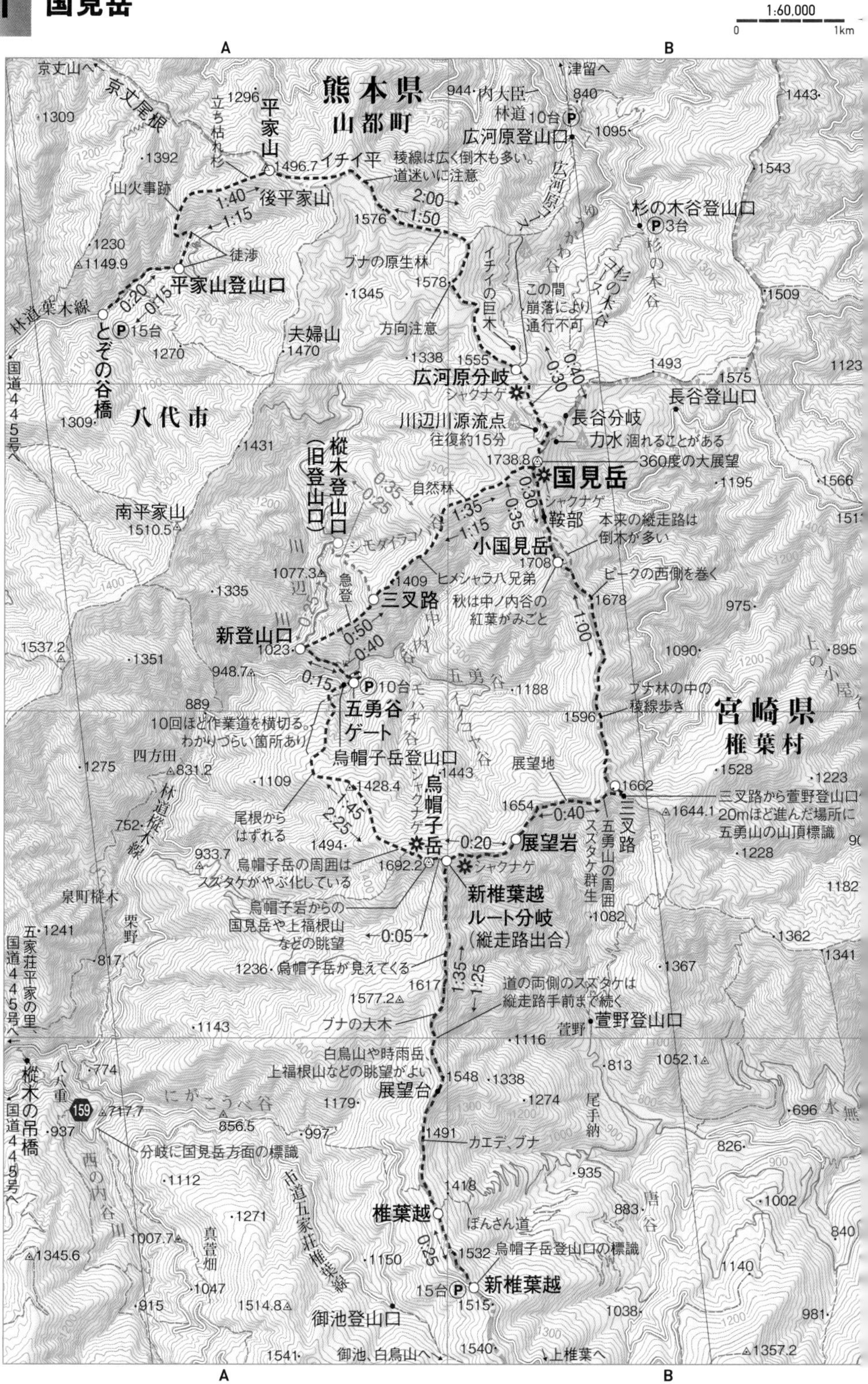
1:60,000
0
1km
A
B
1
2
3
4
熊本県
山都町
八代市
宮崎県
椎葉村
京丈山へ
京丈尾根
津留へ
平家山
1496.7
イチイ平
立ち枯れ杉
稜線は広く倒木も多い。
道迷いに注意
山火事跡
後平家山
1:40
1:15
2:00
1:50
1576
徒渉
平家山登山口
0:20
0:15
林道葉木線
とぞの谷橋
15台
ブナの原生林
1578
方向注意
夫婦山
1470
広河原登山口
林道 10台
内大臣
広河原コース
イチイの巨木
この間崩落により通行不可
杉の木谷登山口
3台
杉の木谷
杉の木谷コース
広河原分岐
シャクナゲ
0:30
0:40
長谷登山口
長谷分岐
川辺川源流点
往復約15分
力水 涸れることがある
1738.8
360度の大展望
国見岳
シャクナゲ
鞍部
本来の縦走路は倒木が多い
小国見岳
1708
ピークの西側を巻く
1678
縦木登山口(旧登山口)
0:35
0:25
自然林
1:35
1:15
シモダイラコバ谷
ヒメシャラ八兄弟
1409
三叉路
急登
秋は中ノ内谷の紅葉がみごと
1:00
新登山口
1023
0:50
0:40
0:15
10台
五勇谷ゲート
中ノ内谷
五勇谷
ブナ林の中の稜線歩き
1596
10回ほど作業道を横切る。わかりづらい箇所あり
烏帽子岳登山口
四方田
831.2
林道樅木線
1428.4
1:45
2:25
尾根からはずれる
烏帽子岳
1692.2
シャクナゲ
0:20
展望岩
展望地
1654
0:40
1662
三叉路
三叉路から萱野登山口へ20mほど進んだ場所に五勇山の山頂標識
1644.1
五勇山の周囲スズタケ群生
烏帽子岳の周囲はスズタケがやぶ化している
新椎葉越ルート分岐(縦走路出合)
烏帽子岩からの国見岳や上福根山などの眺望
0:05
泉町樅木
栗野
1236・烏帽子岳が見えてくる
1617
1:35
1:25
道の両側のスズタケは縦走路手前まで続く
ブナの大木
萱野登山口
萱野
五家荘平家の里、国道445号へ
国道445号へ
白鳥山や時雨岳、上福根山などの眺望がよい
展望台
1548
八八重
159
樅木の吊橋
国道445号
にがこうべ谷
分岐に国見岳方面の標識
1491
カエデ、ブナ
尾手納
西の内谷川
市道五家荘椎葉線
1418
椎葉越
ぼんさん道
0:25
1532
烏帽子岳登山口の標識
新椎葉越
15台
1515
御池登山口
真萱畑
御池、白鳥山へ
上椎葉へ
南平家山
1510.5

扇山

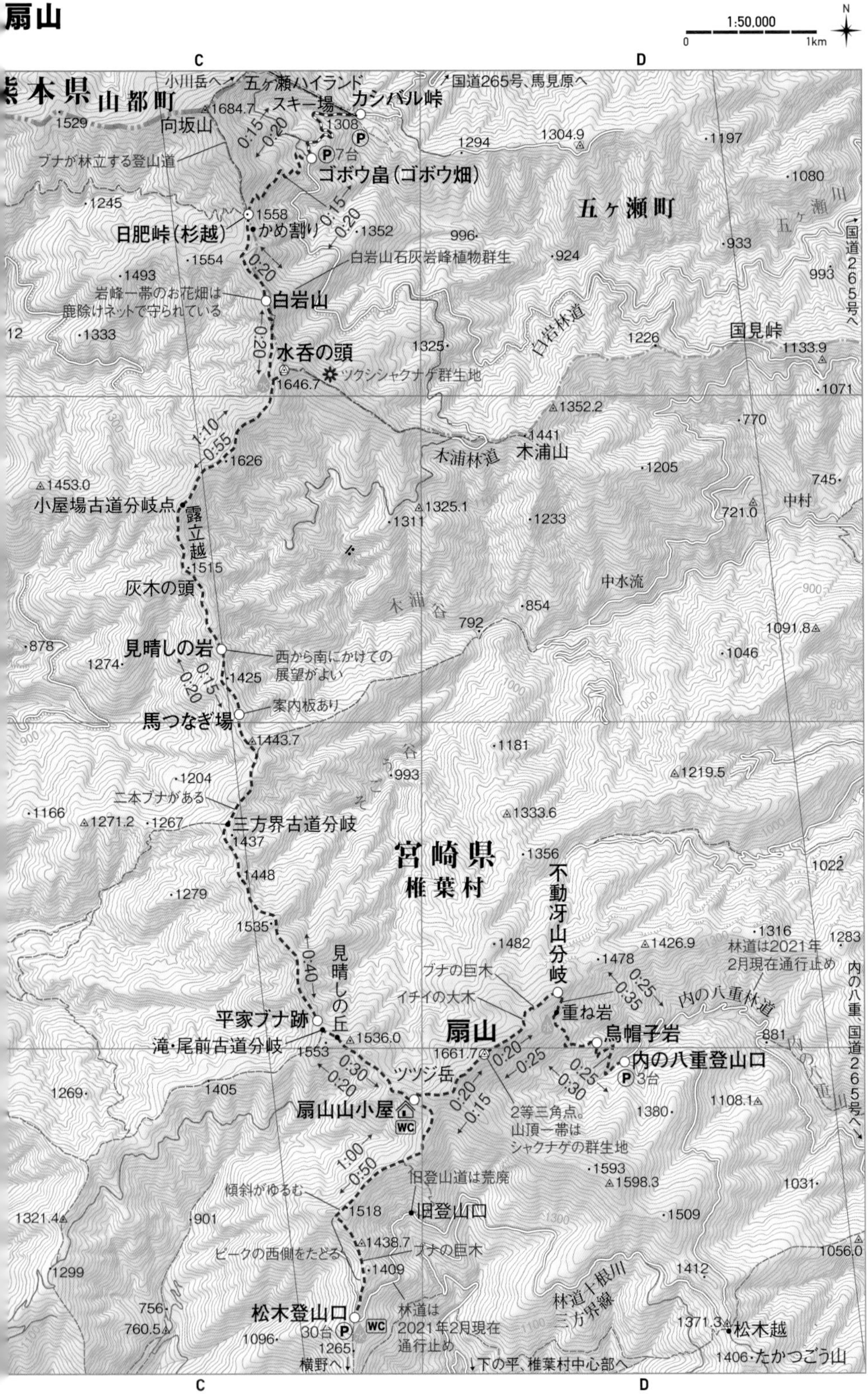

1:50,000
0
1km
N
C
D
熊本県
山都町
小川岳へ
五ヶ瀬ハイランドスキー場
カシバル峠
国道265号、馬見原へ
向坂山
ブナが林立する登山道
ゴボウ畠(ゴボウ畑)
7台
五ヶ瀬町
日肥峠(杉越)
かめ割り
白岩山石灰岩峰植物群生
岩峰一帯のお花畑は鹿除けネットで守られている
白岩山
白岩林道
国見峠
水香の頭
ツクシシャクナゲ群生地
国道265号へ
木浦林道
木浦山
小屋場古道分岐点
露立越
中村
灰木の頭
中水流
木浦谷
見晴しの岩
西から南にかけての展望がよい
馬つなぎ場
案内板あり
二本ブナがある
三方界古道分岐
宮崎県
椎葉村
不動冴山分岐
見晴しの丘
ブナの巨木
イチイの大木
林道は2021年2月現在通行止め
内の八重、国道265号へ
内の八重林道
平家ブナ跡
滝・尾前古道分岐
扇山
重ね岩
烏帽子岩
内の八重登山口
3台
ツツジ岳
扇山山小屋
2等三角点。山頂一帯はシャクナゲの群生地
旧登山道は荒廃
傾斜がゆるむ
旧登山口
ピークの西側をたどる
ブナの巨木
林道十根川三方界線
松木登山口
林道は2021年2月現在通行止め
30台
松木越
たかつごう山
横野へ
下の平、椎葉村中心部へ

1:15,000
0
300m
宮崎県
延岡市
北方町上鹿川
今村
鹿川
県道214号、延岡市街へ
鹿川キャンプ場
天然杉登山口
鉾岳登山口
0:10
0:05
0:25
0:20
787
863
868.5
右下に滝が見えてくる
ミツバツツジ
0:40
0:25
徒渉点
山の神谷
鉾岳谷
大岩
0:40
0:30
0:20
0:15
ハシゴ場①
ハシゴ場②
天然杉の巨木
鉾岳や大崩山などが見える
展望地
巨岩
二本杉
ロープ
0:20
0:20
0:30
鉾岳
雄鉾
1277
雌鉾
雌鉾スラブ
滝見新道
大滝
徒渉点①
徒渉点③
0:10
0:10
0:10
0:25
ツチビノキ
下山道
0:20
展望所
滑落注意
徒渉点②
林道に出る
0:15
0:10
0:20
1264mピーク
終点
鬼の目山林道
鬼の目杉
鬼の目山登山口
鬼の目山林道
1264mピークから林道経由で徒渉点③に行くこともできる
徒渉点②から登り1時間、下り40分
鬼の目山
1491.0
1453
1291
国見山へ
1000
1100
1200
1300
A
B
1
2
3
4

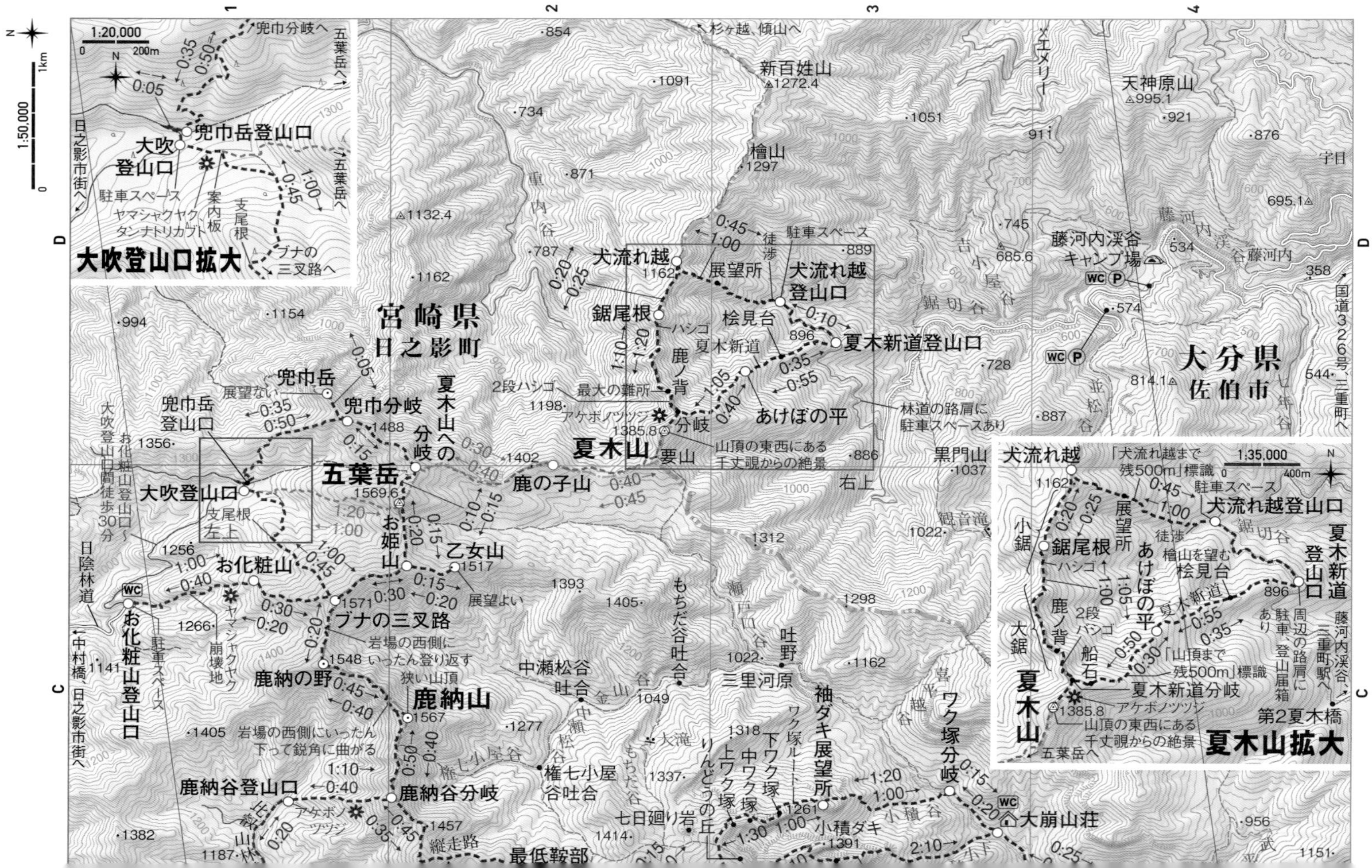
大吹登山口拡大
1:20,000
0 200m
兜巾分岐へ
五葉岳へ
兜巾岳登山口
大吹登山口
日之影市街へ
駐車スペース
ヤマシャクヤク、タンナトリカブト
案内板
支尾根
ブナの三叉路へ
1:50,000
0 1km
宮崎県
日之影町
大分県
佐伯市
杉ヶ越、傾山へ
新百姓山
1272.4
檜山
1297
天神原山
995.1
エメリー
藤河内渓谷キャンプ場
藤河内渓谷
藤河内
国道326号、三重町へ
宇目
重内谷
吉小屋谷
鋸切谷
並松谷
犬流れ越
犬流れ越登山口
夏木新道登山口
展望所
駐車スペース
徒渉
桧見台
鋸尾根
ハシゴ
夏木新道
鹿ノ背
最大の難所
2段ハシゴ
アケボノツツジ
分岐
夏木山
1385.8
要山
あけぼの平
山頂の東西にある千丈覗からの絶景
林道の路肩に駐車スペースあり
黒門山
1037
右上
観音滝
兜巾岳
展望ない
兜巾分岐
兜巾岳登山口
夏木山への分岐
五葉岳
1569.6
鹿の子山
大吹登山口
支尾根左上
お姫山
乙女山
1517
展望よい
お化粧山
ブナの三叉路
岩場の西側にいったん登り返す
鹿納の野
狭い山頂
鹿納山
1567
岩場の西側にいったん下って鋭角に曲がる
鹿納谷登山口
鹿納谷分岐
アケボノツツジ
縦走路
最低鞍部
お化粧山登山口
大吹登山口へ徒歩30分
日陰林道
中村橋、日之影市街へ
駐車スペース
ヤマシャクヤク
崩壊地
中瀬松谷吐合
もちだ谷吐合
瀬戸口谷
吐野
三里河原
権七小屋谷吐合
権七小屋谷
大滝
七日廻り岩
りんどうの丘
上ワク塚
中ワク塚
下ワク塚
ワク塚ルート
袖ダキ展望所
小積ダキ
小積谷
ワク塚分岐
大崩山荘
喜平越谷
夏木山拡大
1:35,000
0 400m
「犬流れ越まで残500m」標識
桧山を望む桧見台
「山頂まで残500m」標識
夏木新道分岐
船石
小鋸
大鋸
周辺の路肩に駐車あり
登山届箱
藤河内渓谷、三重町駅へ
第2夏木橋
五葉岳へ

鹿川越ルート拡大
三叉路へ
1643.3
1644
大崩山
0:30
0:25
鞍部
1574mピーク
鹿川越分岐
展望岩
アケボノツツジ
鹿川キャンプ場案内板
1:15
0:50
岩稜
急斜面。10カ所近いロープ場
鹿川越ルート
ここまで桧林
延岡市
1127
1103
鹿川越
1:30,000
0
300m
N
上鹿川登山口へ
大崩山
1574mピーク
アケボノツツジ
鹿川キャンプ場案内板
岩稜
ロープ場多い
1127
1103
鹿川越
鹿川越ルート
上鹿川登山口
右下
1018
994.0
三叉路
鹿納山分岐
0:15
0:10
宇土内谷ルート
尾根
1:00
0:40
宇土内谷
ジグザグの登り
登山道入口
地蔵岳
1388.1
1454
宇土内谷登山口
0:30
0:35
0:20
0:15
1234
駐車スペース
鹿納谷登山口～宇土内谷登山口間林道歩き
1165
1336
872
西の内川
728.5
895
1088
1136
比叡山林道
黒仁田
杉の原
863.5
593
峠谷
673
鹿川
583
488.2
西の内
214
東の内
北方町上鹿川
667
今村
835
863
北方町上鹿川
今村
鹿川
726
鹿川キャンプ場
868.5
鉾岳
雄鉾
1277
雌鉾
787
1:15
0:20
1:25
1:05
0:50
展望所
徒渉点②
ハシゴ
展望地
巨岩
1264
0:10
0:15
1:10
1:00
703.9
786
人形岳
887
587
584
698
896.0
国道218号、延岡市街へ
816
だき山
1420.3
1014
1191.5
竹の畑山
1278
1252
1164
1014
1324
1345
国見山
1391.5
1214
782
1291
984
714
864
1134
鬼の目山
1491.0
1294
1222
1453
延岡市
鬼の目山林道
1326
1235
1002
786
768
895
841
大野原谷
921
804
743
648.4
祝子川温泉バス停～大崩山登山口間 徒歩約1時間
渓流荘
486
祝子川キャンプ場
祝子川温泉美人の湯
664
手山谷
527
586
大薮
奥巻谷
776
652
542
落水谷
624
巣ノ津屋
下水流谷
上祝子
祝子川温泉
延岡市街へ
水流
A
B
1
2
3
4

大崩山詳細図

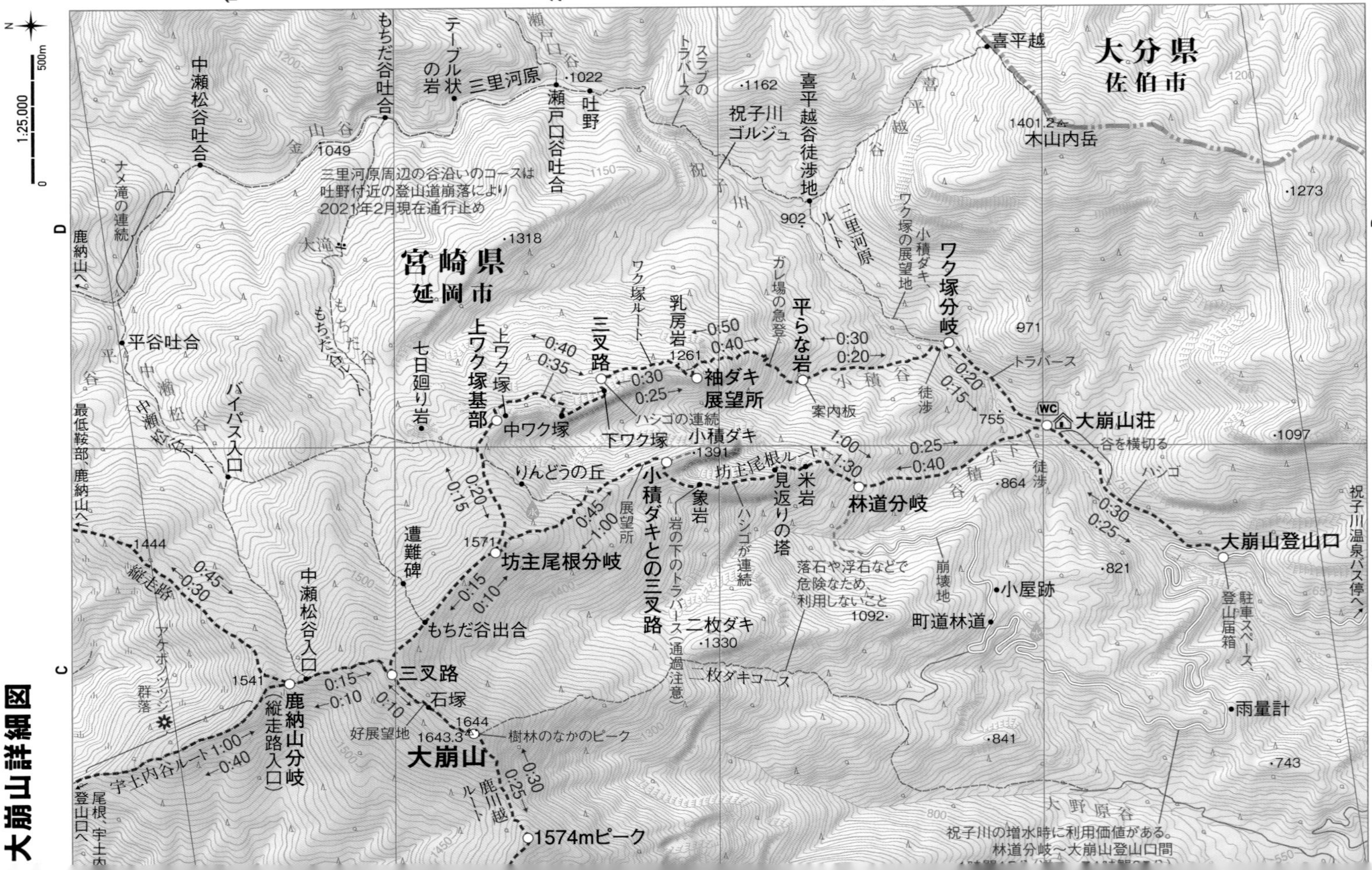

N
1:25,000
0
500m
大分県
佐伯市
宮崎県
延岡市
喜平越
1401.2
木山内岳
・1273
・1097
中瀬松谷吐合
もちだ谷吐合
テーブル状の岩
三里河原
・1022
瀬戸口谷
瀬戸口谷吐合
吐野
スラブのトラバース
・1162
祝子川ゴルジュ
喜平越谷徒渉地
喜平越谷
金山谷
1049
1150
1200
三里河原周辺の谷沿いのコースは
吐野付近の登山道崩落により
2021年2月現在通行止め
ナメ滝の連続
鹿納山へ
大滝
・1318
902・
三里河原ルート
祝子川
小積ダキ、ワク塚の展望地
ワク塚分岐
971
トラバース
もちだ谷
もちだ谷ルート
平谷吐合
平谷
中瀬松谷
中瀬松谷ルート
バイパス入口
最低鞍部、鹿納山へ
七日廻り岩
上ワク塚基部
上ワク塚
中ワク塚
0:40
0:35
三叉路
ワク塚ルート
乳房岩
1261
0:50
0:40
0:30
0:25
袖ダキ展望所
ハシゴの連続
下ワク塚
カレ場の急登
平らな岩
0:30
0:20
案内板
小積谷
徒渉
0:20
0:15
755
WC
大崩山荘
谷を横切る
小積ダキ
・1391
りんどうの丘
0:20
0:15
坊主尾根ルート
1:00
1:30
0:25
0:40
米岩
見返りの塔
象岩
小積ダキとの三叉路
展望所
岩の下のトラバース（通過注意）
ハシゴが連続
林道分岐
下小積谷
・864
徒渉
ハシゴ
0:30
0:25
大崩山登山口
・821
祝子川温泉バス停へ
駐車スペース、登山届箱
1444
0:45
0:30
縦走路
遭難碑
1571
坊主尾根分岐
0:45
1:00
0:15
0:10
もちだ谷出合
落石や浮石などで
危険なため
利用しないこと
1092・
崩壊地
小屋跡
町道林道
二枚ダキ
・1330
二枚ダキコース
中瀬松谷入口
1541
0:15
0:10
三叉路
石塚
0:10
アケボノツツジ群落
鹿納山分岐（縦走路入口）
1644
1643.3
好展望地
樹林のなかのピーク
大崩山
宇土内谷ルート 1:00
0:40
尾根、宇土内登山口へ
鹿川越ルート
0:30
0:25
1574mピーク
1500
1400
1300
1450
・841
雨量計
・743
大野原谷
800
650
550
祝子川の増水時に利用価値がある。
林道分岐〜大崩山登山口間

1:50,000
0 1km
A
B
1
2
3
4
大分県
豊後大野市
宮崎県
日之影町
佐伯市
傾山
本傾
1602.0
前傾
1605
後傾
九折登山口
九折越
九折越小屋
九折コース
九折コース分岐
杉ヶ越
1198mピーク
障子岩
鳥屋ダキ分岐
傾山登山口（宮崎県側）
傾山登山口
大白谷登山口
冷水登山口
西山登山口
造林小屋跡（清水小屋跡）
軌道跡終点
三ツ尾
三ツ尾コース
坊主尾根コース
三ツ坊主
二ツ坊主
吉作落とし
合流点
五葉塚
ソデ尾
東傾山
尾根分岐
ホトクリ原
払鳥屋（御泊）コース
センゲン尾根
千間山
奥岳林道出合
熊野社
豊栄鉱山跡
貯水タンク
休憩所あり
観音滝
見立コース
官行コース
冷水コース
杉ヶ越（南陵新道）コース
第1号橋より先は道が荒れていて車は通れない
清川町大白谷、三重町駅へ
大白谷登山口へ
笠松山最高点、祖母山へ
夏木山へ
日之影へ
傾山登山口バス停、緒方駅へ
傾山登山口バス停～九折登山口間 徒歩1時間
黒仁田神社の鳥居がある
案内看板
黒仁田森林管理署
たかはた山
尾根取付点
（大分県側）傾山登山口
県道への落石に注意
杉園大明神
駐車スペース
ロープの連続
急崖、ハシゴ、クサリ連続
ハシゴ10カ所。アップダウンの道
シコクママコナ、ツクシアケボノツツジ
2段バシゴ
ハシゴ3カ所
展望のよい露岩
この先から岩尾根の急坂
ロープのある急坂
カンカケ谷を対岸へ渡る
カンカケ谷の増水時は奥岳林道を歩く
ドウカイ谷の増水時は奥岳林道を歩く
3本の大木
尾根を巻く
幕営適地
遭難碑
ツクシシャクナゲ
ヒメシャラ多い
水場コース
官行跡
鹿落しの滝
鮎返りの滝
まえかまど滝
林道大白谷線
冷水林道
奥村林道
6
688

1:50,000
0
1km
N
C
D
1
2
3
4
緒方駅へ
登山届箱あり
無量寺(民宿ふもと)
登山口
中村
倒山登山口
障子登山口
健男社
上畑
上畑
民宿あんどう
西側の岩峰からの眺めがよい。
山頂直下はナイフエッジの岩峰。
通過注意。
黒岩山
前障子
障子岩尾根
展望ポイント
急登の連続
徒渉
アケボノツツジ
シャクナゲ
アップダウン続く
九折登山口～
倒山登山口バス停間
徒歩1時間
豊栄鉱山跡
九折登山口
奥岳林道出合
三ツ尾コース
三ツ尾へ
九折
休憩所あり
貯水タンク
鉄橋
分岐
観音滝
九折コース
大岩の基部を巻く
西側の岩峰からの展望よい
ヒメコマツ、アケボノツツジ
障子岩
土岩
豊後大野市
芥神ノ滝
対岸へ渡る
ロープ
奥岳林道出合
カンカケ谷
下尾平
下尾平
下尾平登山口
岳川
奥
アケボノツツジ、
ツクシシャクナゲ
東側に展望台
九折越小屋
倒山へ
笠松山最高点
オオヤマレンゲ
遭難碑
九折越
幕営適地
西展望台
笠松山
県道
尾平鉱山
まが谷
ゲストハウスLAMP
豊後大野
尾平登山口
見立コース
倒山登山口
トクビ展望台
山頂は縦走路から
わずかにはずれている
笠松谷
尾平から尾平越間は
登り1時間25分、下り1時間5分。
ただし登山口～尾平越間は
2021年2月現在通行止め
ブナ広場
幕営適地
展望よい
展望のよい
露岩2カ所
中ん谷
森林管理署
案内看板
駐車スペース
丸山
三国岩
本谷山
すぐそばに
1張分の
テントスペースあり
祖母山他
障子岳、古祖母山の
展望よい
尾平越
トンネル
日向登山口
本谷山登山口
黒岩谷
奥村林道
県道6号、日之影へ
日之影町
見立谷
中野内
↓高千穂、日之影へ

7 祖母山

豊後竹田駅へ
民宿せせらぎ荘
健男霜凝日子神社下宮
「深田久弥登山の地」石碑
大規模林道宇目小国線
薬師堂
ほたるの道駐車場
神原キャンプ場
健男霜凝日子神社遥拝所
民宿清流
神の里交流センター緒環
祖母豊姫橋
緩木山 1046.0
第2駐車場
登山道取付
一合目駐車場
神原登山口
大分県
竹田市
小松尾根
八丁越登山口
八丁越登山口から登り1時間50分、下り1時間30分
一合目の滝
二合目の滝
御社の滝
五合目小屋
神掛岩コース案内看板
神掛岩
メンノツラ越
五合目小屋跡
神原コース
神仙滝
ルート注意
岩場
急坂
いのちの水
国観峠
三県境（茶屋場）
千間平
展望所
四合目
祖母山九合目小屋
メンノツラ谷コース分岐
馬ノ背
展望よい
宮原
障子岩尾根
池の原
メンノツラ分岐
岩場のトラバース
祖母山 1756.4
二面岩
ロープハシゴ
急坂。ハシゴあり
風穴
ハシゴ
尾平コース
二合目
高森町
一の鳥居登山口
五ヶ所、高千穂市街へ
祖母山林道
一合目
北谷登山口
徒渉
ウラ谷岩鼻
黒金山尾根コース
天狗ノ分れ
天狗の岩屋
天狗岩
ミヤマ公園
ツガ原生林の標識
川上渓谷展望所
黒金山尾根取付点
津上橋
第二吊橋
障子岳 1709
烏帽子岩
土呂久分岐
第2展望台
第1展望台
展望のよい露岩
展望岩
ロープ多し
黒岳
親父山
山頂に熊の墓
南北2つのピーク
古祖母山 1633.1
岩間にハシゴ
このあたりからスズタケが繁茂
コシキ岩
三尖
親父山登山口
林道終点に数台駐車可
宮崎県
高千穂町
上呂久林道
土呂久登山口
四季見原へ
越敷岳へ
細い岩尾根
ロープのある
尾平コースは橋を渡
黒金山尾根コース
橋の下を直進す

1:40,000
0
800m
N
宮地駅、国道57号へ
妻子ヶ鼻
釣井尾根入口の看板あり
米ノ山
新波野
仙酔峡道路
九州自然歩道
箱石峠
駐車スペース、登山届
釣井尾根登山口
草やぶの道
電波塔
登山道が合流
前原牧場入口、高森へ
釣井尾根
黒ボク土の滑りやすい急坂
箱石尾根
眺望開ける
箱石尾根分岐
前原牧場登山口
前原牧場
虎ヶ峰
鷲ヶ峰
竜ヶ峰
西に隣接して天狗の舞台がある
日ノ尾尾根
高岳東峰
日ノ尾峠
見晴新道
根子岳
ハシゴ、ロープの急斜面
東峰
天狗のコル
天狗峰(岩)
西峰
右手斜面が崩れている
斜面崩落。道幅狭い
ハシゴのある岩場
国道265号へ
ミヤマキリシマ群落
月見小屋
大戸尾根
牧柵
ここから登山道
登山届記帳台
大戸尾根登山口
高森町
鍋ノ平
広域農道
上色見
分岐に道標あり
中原公民館
東中原
西中原
前原
前原谷
九州自然歩道
大村
前原牧場入口、箱石峠へ
高森駅へ
井上
高森駅、熊本へ
義松登山口

熊本県
阿蘇市
南阿蘇村
阿蘇山
高岳
中岳
烏帽子岳
杵島岳
往生岳
御竈門山
駒立山
草千里ヶ浜
砂千里ヶ浜
火口東展望所
第1火口
第2火口
旧火口東駅
旧火口西駅
阿蘇山上
阿蘇山西駅
砂千里登山口
仙酔峡駐車場
月見小屋分岐
稜線出合
吊尾根
三叉路分岐
南岳
楢尾岳
火口跡
古御池
火口群入口
道標
駐車場
西回りルート登山口
草千里阿蘇火山博物館前
阿蘇火山博物館
ヘリポート前
山上神社
阿蘇山有料道路
阿蘇山上～旧火口西駅間シャトルバス運行
火山ガスに注意
やせた岩稜
横縞模様の地層
第3～7火口が点在する
中岳火口から上がる噴煙が見える
夏場は草が登山道をおおう
展望よい。南側は切れ落ちている
駐車場内を通る
車道に出る
東回りルート
西回りルート
登山届
分岐
牧野道終点
行儀松コース
通行止め 2021年2月現在
倶利伽羅谷登山道
倶利伽羅谷
仙酔尾根
仙酔谷
ガレ場の急登
避難壕
馬ノ背
皿山
凅れ谷
花酔い橋
佛舎利塔
インフォメーションセンター
100台
ミヤマキリシマ
阿蘇パノラマライン
火の山トンネル
赤水駅へ
阿蘇駅、国道57号へ
高塚
木道
0:40
0:45
0:20
0:35
0:25
0:50
1:00
0:55
0:15
0:10
0:30
0:05
1592.3
1506
1496
1369
1336.7
1326
1271
1261.1
1237.5
1225
1146.2
1117.6
1028.6
1005.7
1303.4
1152.5
916.2
872.1
925.3
778.6
727.3

1:50,000
0
1km
N
C
D
1
2
3
4
大分県
由布市
竹田市
県道11号へ
牧場
よしが池
暮雨茶屋
台の山
大船林道
2021年2月現在
通行止め
暮雨の滝分岐
男池園地
食堂・売店あり
男池
名水の滝
男池園地～白水鉱泉間
徒歩40分
阿蘇野川
平日のみ
所小野
高津原
天神山駅、小野屋駅へ
白水鉱泉
白泉荘
黒嶽荘
かくし水
平治の尾根
急坂が続く
仙人岩
前岳
白水分れ
ソババッケ
黒岳
平治岳
南峰
ミヤマキリシマ
大船林道分岐
上台
上台うつし
ルート不明瞭
急坂
急登
セリクチ谷
高塚山
奥セリ
大戸越
ロープ
カワラモト
上峠
坊がつる
ラムサール条約登録
天狗岩
風穴
北大船山
米窪
前セリ
2021年2月現在
今水登山口への
車道は通行止め。
駐車場も使用不可
大船山避難小屋
段原
避難小屋
あせび小屋 会員制
御池
大船山
入山公廟
鳥居窪
立中山
今水登山口
今水
三尾越
河内川
鉾立峠
(椊峠)
展望よい
柳ヶ水分岐
池窪登山口
通行止め
佐渡窪
マンサク群落
岳麓寺登山口
牧野道
岳麓寺
鳴子山
鍋割峠
鍋割坂
パルクラブ～池窪登山口間
4～11月登山バス運行
七里田川
入山神社
岳麓寺
塔の原
朽網（くたみ）分れ
一番水
通行止め
清水堤
レゾネイトクラブ
くじゅう登山口
レゾネイトクラブくじゅう
板切
小柳
七里田
冷川
有氏
広域農道
沢水展望台
沢水キャンプ場
カンジーファーム
牧場
久住高原
大石
石原
国道442号、竹田市街へ
パルクラブへ
千人塚

5 九重山（久住山・大船山・平治岳・黒岳）

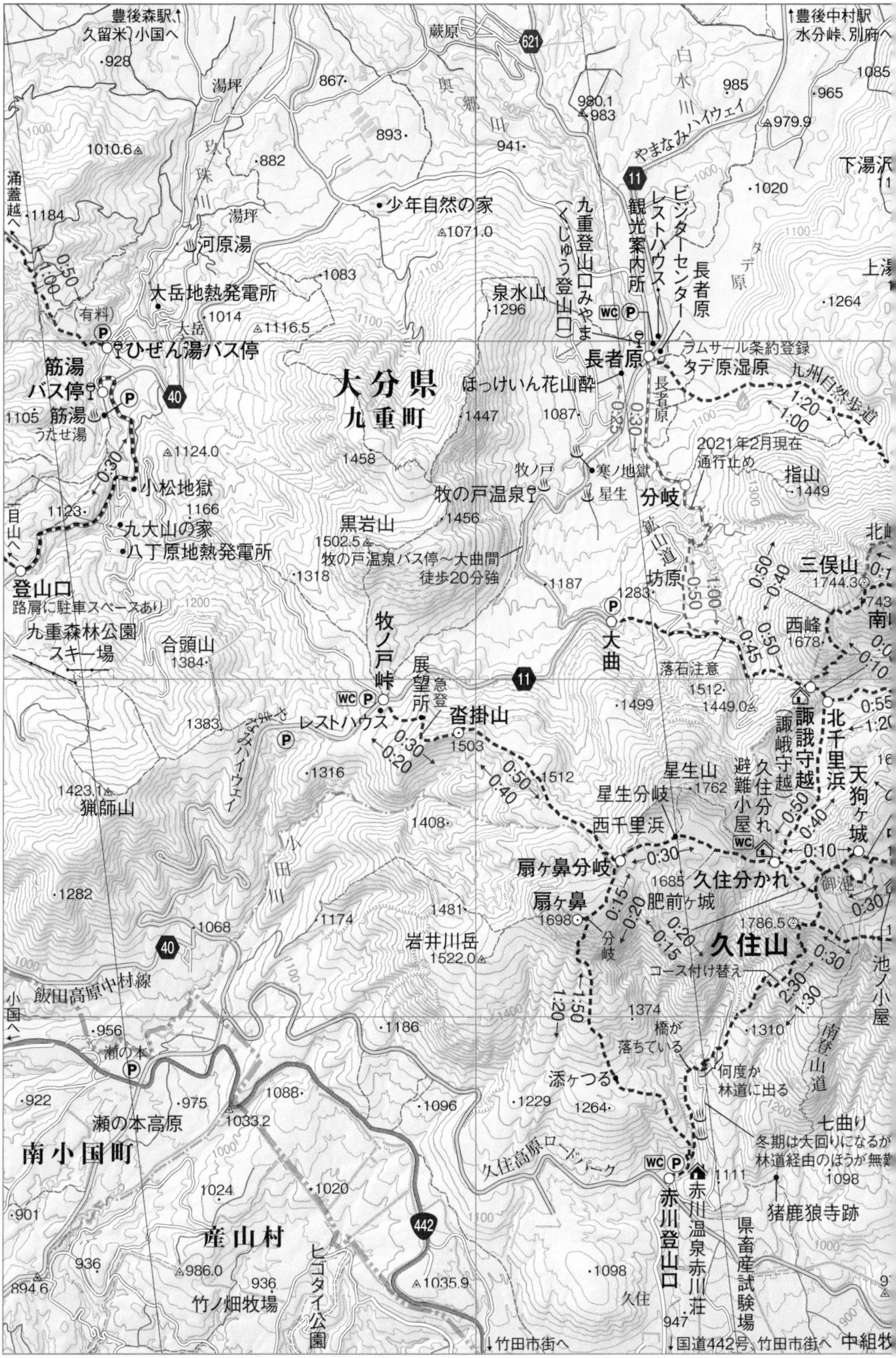

涌蓋山

1:45,000
0
1km
N
はげの湯
牧野入口
涌蓋山登山口
林道出合
涌蓋山
1499.6
展望よい
急坂
女岳
ミヤマキリシマ
はげの湯コース
作業道から山道へ
牧場
涌蓋山林道
涌蓋越
分岐
ミソコブシ山
1299.6
石ノ塔
ふだんぎの湯
ひぜん湯バス停
ひぜん湯コース
わずかに林道を歩く
有料
疥癬湯
大岳
大岳地熱発電所
両バス停間徒歩10分
筋湯バス停
筋湯温泉
うたせ湯
小松地獄
九大山の家
八丁原地熱発電所
登山口
登山口の手前に駐車スペース
八丁原コース
左へ進む
一目山
1287.3
春には野焼きが行なわれる
九重森林公園スキー場
合頭山
熊本県
小国町
南小国町
大分県
九重町
中岳
柴やかた峠
九州自然歩道
天ヶ谷貯水池
町田牧場
地蔵原
石原
狭間
豊後中村駅、九重ICへ
湯坪
玖珠川
長者原へ
牧ノ戸峠へ
やまなみハイウェイへ
岳湯
崚湯
北里川
小園川
湯坪コース

4 鶴見岳・由布岳

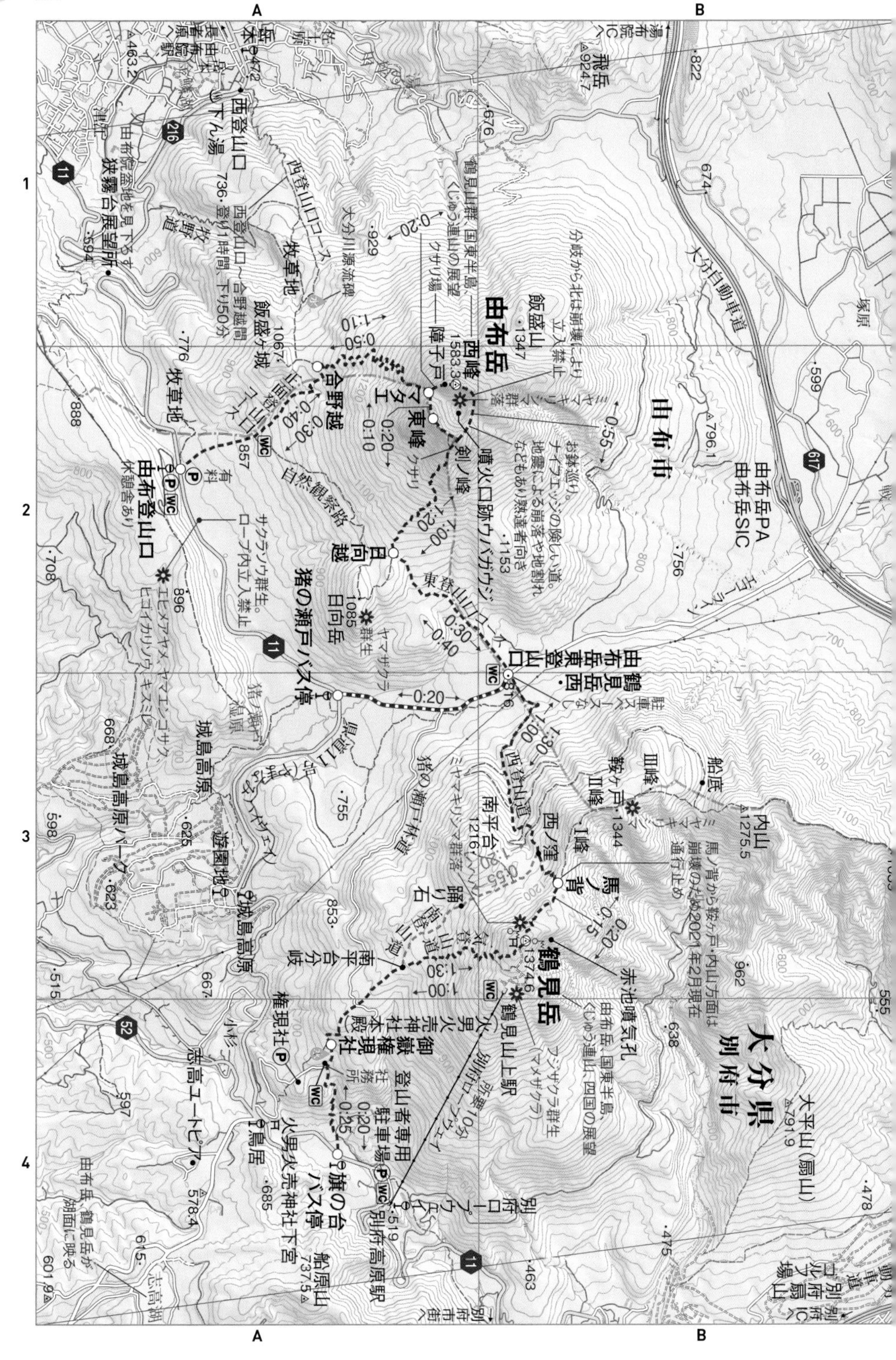

1:45,000
0
1km
A
B
1
2
3
4
由布岳
西峰
1583.3
東峰
障子戸
マタエ
剣ノ峰
噴火口跡ウバガウジ
飯盛山
1347
飯盛ヶ城
1067
合野越
日向越
日向岳
1085
猪の瀬戸バス停
由布登山口
休憩舎あり
西登山口
下ん湯
狭霧台展望所
由布院盆地を見下ろす
西登山口〜合野越間
登り1時間、下り50分
西登山口コース
大分川源流碑
牧草地
牧野道
東登山口コース
自然観察路
お鉢巡り。
ナイフエッジの険しい道。
地震による崩落や地割れ
なともあり熟達者向き
分岐から北は崩壊により
立入禁止
ミヤマキリシマ群落
鶴見山群、国東半島、
くじゅう連山の展望
クサリ場
サクラソウ群生。
ロープ内立入禁止
エヒメアヤメ、ヤマエンゴサク、
ヒゴイカリソウ、キスミレ
ヤマザクラ群生
由布市
由布岳PA
由布岳SIC
大分自動車道
飛岳
924.7
塚原
鶴見岳西・
由布岳東登山口
駐車スペースなし
鞍ヶ戸
1344
船底
内山
1275.5
馬ノ背から鞍ヶ戸・内山方面は
崩壊のため2021年2月現在
通行止め
馬ノ背
西ノ窪
南平台
1216
ミヤマキリシマ群落
西登山道
猪の瀬戸林道
県道11号（やまなみハイウェイ）
鶴見岳
1374.6
赤池噴気孔
由布岳、国東半島、
くじゅう連山、四国の展望
アブラゲクラ群生
（マメザクラ）
鶴見山上駅
別府ロープウェイ
所要10分
踊り石
南平台分岐
御嶽権現社
火男火売神社本殿
社務所
権現社
登山者専用
駐車場
旗の台バス停
火男火売神社下宮
鳥居
別府ロープウェイ
別府高原駅
船原山
737.5
大分県
別府市
大平山（扇山）
791.9
別府扇山ゴルフ場
別府IC
別府市街へ
城島高原
城島高原パーク
遊園地
志高ユートピア
志高湖
由布岳、鶴見岳が
湖面に映る
小杉
湯布院ICへ
由布院駅
由布岳

雲仙岳（普賢岳）

1:25,000
0
500m
N
九千部山へ
多比良へ
普賢岳紅葉樹林
第二吹越登山口
906
吹越トンネル
754.8
464
855
吹越
長崎県
雲仙市
石割山
968
785
822
温泉岳
ミヤマキリシマ、霧氷
0:40
妙見岳
1333
妙見神社
山頂へは通行止め
展望台
妙見岳駅
雲仙ロープウェイ
0:40
0:35
仁田峠
売店
普賢神社
1079.0
仁田峠駅
平成新山展望地
国見岳
1347
国見分れ
0:25
0:20
鬼人谷口
0:15
0:20
0:05
西の風穴
北の風穴
鬼人谷
風穴
鳩穴分れ
鳩穴分れ～霧氷沢分れ間登り一方通行
0:20
0:35
0:30
0:35
立岩の峰
霧氷沢分れ
霧氷沢
1483
平成新山
1359.3
0:30
0:25
普賢岳
0:20
雲仙岳
1253
紅葉茶屋
薊谷
薊谷広場
ベンチ
0:50
1:00
島原市
赤松谷
389
池ノ原園地
0:40
0:30
遊歩道をたどる
0:35
0:30
矢岳園地
池の原ミヤマキリシマ群落
733
雲仙ゴルフ場
57
空池
仁田峠登山道路
野岳
1142
上大野木場
仁田峠登山遊歩道
944.8
野岳イヌツゲ群落
大野木場へ
894
南島原市
828
1021
鴛鴦ノ池
小浜町雲仙
別所
656
128
別所浴場
湯の里共同浴場
千々石へ
寺ノ馬場
古湯
温泉神社
温泉岳
831
雲仙バス停
原生沼沼野植物群落
小浜町雲仙
雲仙お山の情報館
新湯
満明寺
地獄地帯シロドウダン群落
雲仙地獄
雲仙お山の情報館前
仁田峠行き乗合タクシー発着
新湯温泉館
矢岳

1:40,000
0 800m

1:40,000
0 800m

雷山神籠石山
△418.4
↑筑前前原駅へ
·465
2021年2月現在
工事中のため通行不可
(2022年3月終了予定)
井原山雷山中腹
自然歩道
↑波多江駅へ
·569
井原山入口
バス停
240
瑞梅寺登山口(キトク橋)
P 10台 WC
瑞梅寺山の家
△700.5
499·
道狭く走行注意
662·
735·
630.9
453
·561
雷山神籠石
雷山
観音前
WC
·384
414
不動池
千如寺
雷神社
WC P
483·
·284
507.5
洗谷
登山口
451
林道横断
·516
清賀の滝
雷山自然歩道
·597
·569
·595
雷山登山口へ
雷神社上宮
避難小屋
WC
816
急坂·ブナ
雷山
955.3
P 4 5台
545
前原IC へ
·715
福岡県
糸島市
洗谷コース
605·
小滝連続
二段の滝
展望
944
富士山
882·
石灰の
露岩が多い
ブナ
アカガシ
古場分岐
高原
849·
·702
△579.8
734·
林道
·846
雷山横断林道
洗谷分岐
0:20
アンの滝
水無尾根
急坂
分岐
水無林間歩道
徒渉
△515.0
井原山自然歩道
第2洞分岐
水無鍾乳洞
水無鍾乳洞第1洞
左下
水無登山口
P 15台 WC
678·
714
·539
·588
福岡市
早良区
·649
野河内渓谷
福岡市街へ
693.6
三瀬登山口
三瀬峠
P 3台
669·
新村分岐
820
イチリンソウ、ニリンソウ、
オオキツネノカミソリ
群生地
水無谷ルート
急坂
982
井原山
コバノミツバツツジ
·877
新村大橋登山口
新村開拓
535
新村大橋
新村
·559
453
517
三瀬トンネル(有料)
↑脊振山へ
△592.2
上合瀬
広域基幹林道
金山脊振線
671·
雷山横断林道
673
神水川
駐車スペース
別荘地
古場岳
登山道入口
鉄塔
0:50
0:45
658
古場岳登山口
610
駐車場はない
678.5
·752
·827
545
佐賀県
佐賀市
雷山横断林道
富士町
·549
416
263
560.6
564
563
水無谷拡大
↑キトク橋へ
アンの滝
水無登山口
P WC
水無林間歩道
分岐
第1洞
水無鍾乳洞
678·
第2洞分岐
水無鍾乳洞
ごうぞう岩
水無尾根
オオキツネノカミソリほか
新村分岐
1:25,000
井原山
0:10
0:25
0:30
0:35
0:40
0:55
1:00

1:50,000
0 1km

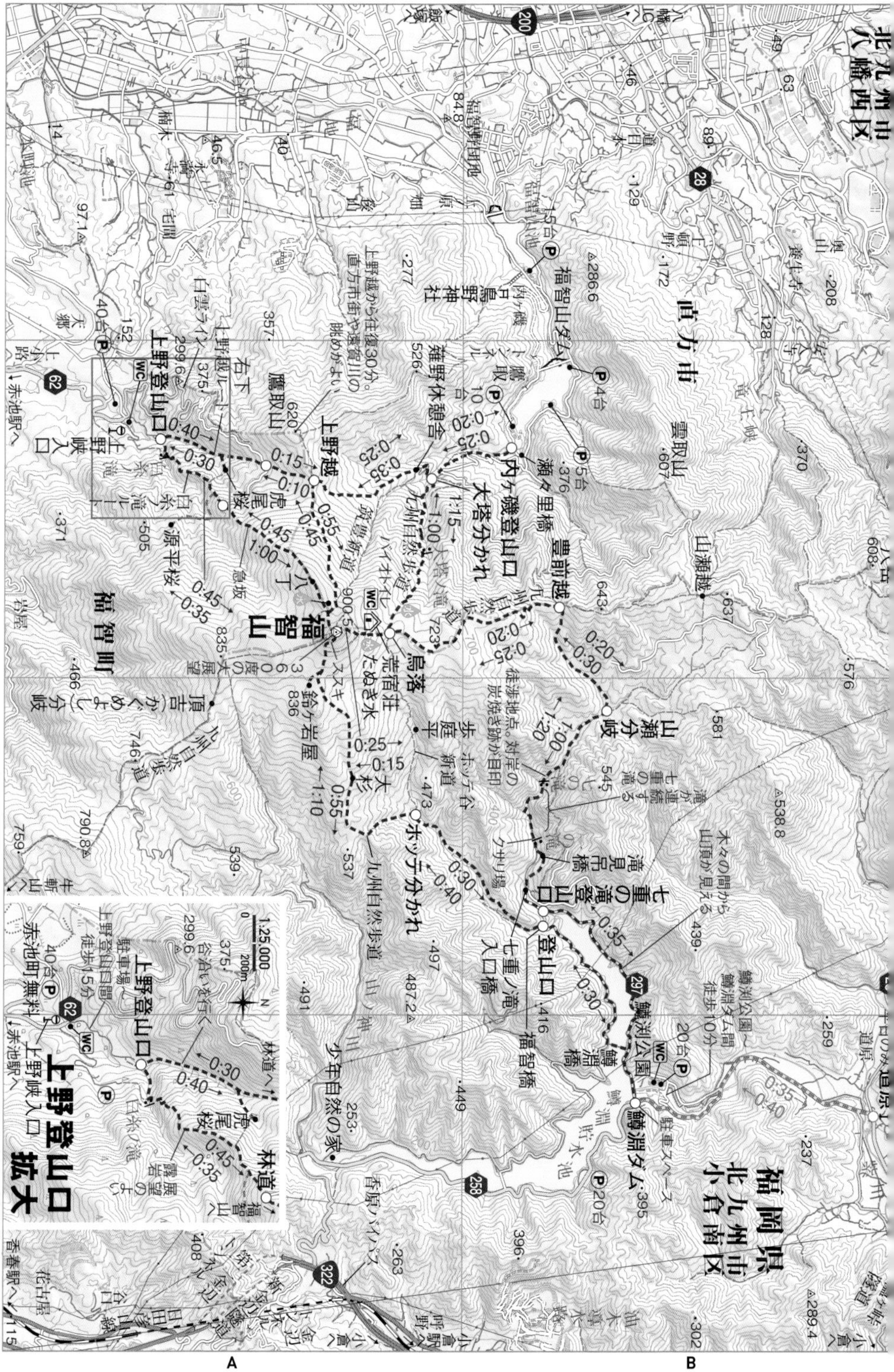
福智山
上野越
上野登山口
上野峡入口
鷹取山
虎尾桜
源平桜
白糸ノ滝
八丁
急坂
荒宿荘
たぬき水
烏落
鈴ヶ岩屋
大杉
ホッテ分かれ
歩荘平
ホッテ谷新道
九州自然歩道
七重の滝登山口
七重ノ滝入口橋
登山口
福智橋
鱒渕橋
鱒渕公園
鱒渕ダム
鱒渕貯水池
駐車スペース
少年自然の家
豊前越
山瀬分岐
山瀬越
内ヶ磯登山口
大塔分かれ
瀬々里橋
雲取山
鷹取山
雉野休憩舎
鳥野神社
福智山ダム
直方市
福智町
福岡県北九州市小倉南区
北九州市八幡西区
頂吉（かくめよし）分岐
360度の大展望
上野越から往復30分。直方市街や遠賀川の眺めがよい
木々の間から山頂が見える
滝が連続する七重の滝
徒渉地点。対岸の炭焼き跡が目印
鱒渕公園～鱒渕ダム間徒歩10分
赤池駅へ
香春駅へ
上野登山口拡大
1:25,000
林道
林道へ
谷沿いを行く
露岩展望のよい
駐車場～上野登山口間徒歩15分
赤池町無料
上野峡入口

平尾台（大平山・貫山・桶ヶ辻）

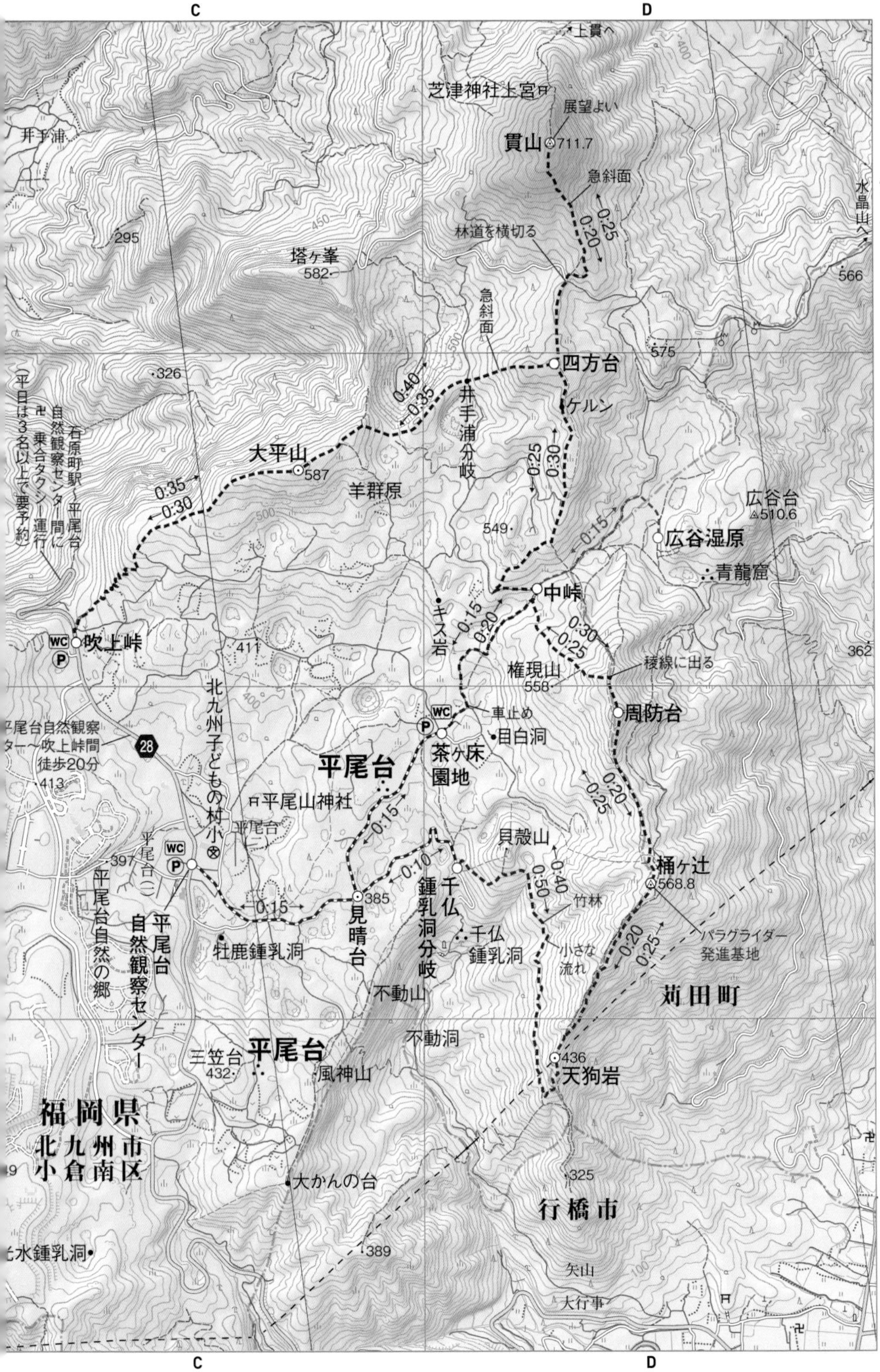

1:25,000
0
500m
別所駐車場
英彦山ホテル和(なごみ)
野営場
英彦山野営場
旧亀石坊庭園
奉幣殿
銅ノ鳥居
銅鳥居
大字英彦山
幸駅
英彦山花園
スロープカー所要約15分
花山商店
鳥居
上仏来山
福岡県
添田町
虚空蔵窟
玉屋神社分岐
梵字岩
中津宮
四辻分岐
鷹巣原
ススキの原
県立英彦山青年の家
青年の家入口
修験者の道
九州自然歩道
北西尾根
バードライン
バードライン分岐
稚児落とし
関銭ノ跡
迂回路
ハシゴ
四王寺滝
行者堂
中岳
英彦山神宮上宮
英彦山
南岳
北岳
天狗ライン
豊前坊
高住神社
望雲台
望雲台分岐
岩のあいだを抜ける
木段
クサリ場
裏英彦山道
鷹ノ巣山
薬師峠
裏英彦山道入口
薬師林道
野峠、行橋へ
四王寺滝分岐
衣ヶ池
三呼ノ峠
材木石
クサリのある岩場
鹿ノ角
玉屋神社
大南神社
鬼杉分岐
英彦山の鬼杉
籠水峠
大岳
英彦山大権現
旧しゃくなげ荘
廃業
彦山駅へ
汐井川
玉屋神社入口
大南林道
黒岩山
鬼杉ルート入口
障子ヶ岳
大分県
中津市

主な地図記号

※そのほかの地図記号は、国土地理院発行2万5000分ノ1地形図に準拠しています

一般登山コース
参考コース（エスケープルート等）
←1:30
コースタイム（時間：分）
コースタイムを区切る地点
4車線以上
2車線道路
1車線道路
軽車道
徒歩道
庭園路
高速・有料道路
299
国道・番号
192
都道府県道・番号
鉄道・駅
JR線・駅
索道（リフト等）
送電線
都道府県界
市町村界
特定地区界
植生界
2899.4
三角点
1159.4
電子基準点
720.9
水準点
・1651
標高点
等高線（主曲線）標高10mごと
等高線（計曲線）主曲線5本目ごと
等高線（補助曲線）
1500
等高線標高
市役所
町村役場
警察署
消防署
交　番
病　院
神　社
寺　院
記念碑
営業山小屋
避難小屋・無人山小屋
キャンプ指定地
水場（主に湧水）
主な高山植物群落
バス停
駐車場
温泉
噴火口・噴気孔
採鉱地
発電所
電波塔
史跡・名勝・天然記念物
岩がけ
岩
土がけ
雨　裂
砂れき地
おう地（窪地）
湖・池等
河川・せき（堰）
河川・滝
広葉樹林
針葉樹林
ハイマツ地
笹　地
荒　地
竹　林
畑・牧草地
果樹園
田
標高
高
低

コースマップ

国土地理院発行の2万5000分ノ1地形図に相当する数値地図（国土基本情報）をもとに調製したコースマップです。

赤破線で示したコースのうち、地形図に記載のない部分、あるいは変動が生じている部分については、GPSで測位した情報を利用しています。ただし10～20m程度の誤差が生じている場合があります。

また、登山コースは自然災害などにより、今後も変動する可能性があります。登山にあたっては本書のコースマップと最新の地形図（電子国土Web・地理院地図、電子地形図25000など）の併用を推奨します。

コースマップには、コンパス（方位磁石）を活用する際に手助けとなる磁北線を記入しています。本書のコースマップは、上を北（真北）にして製作していますが、コンパスの指す北（磁北）は、真北に対して西へ5～7度前後（九州）ズレが生じています。真北と磁北のズレのことを磁針偏差（西偏）といい、登山でコンパスを活用する際は、磁針偏差に留意する必要があります。

磁針偏差は、国土地理院・地磁気測量の2015.0年値（2015年1月1日0時[UT]における磁場の値）を参照しています。

九州の山の登山にあたっては、コースマップとともにコンパスを携行し、方角や進路の確認に役立ててください。

Contents

コースマップ目次

1左 英彦山
1右 平尾台
2左 福智山
2右 井原山
3左 多良岳
3右 雲仙岳
4左 鶴見岳・由布岳
4右 涌蓋山
5 九重山(久住山・大船山・平治岳・黒岳)
6 阿蘇山(高岳・中岳・烏帽子岳・杵島岳・根子岳)
7 祖母山
8左 傾山
8右 大崩山詳細図
9 大崩山・五葉岳・夏木山・鹿納山・鉾岳
10左 鉾岳詳細図
10右 扇山
11左 国見岳
11右 尾鈴山
12 霧島山(韓国岳・高千穂峰)
13左 開聞岳
13右 高隈山(大箆柄岳・御岳)
14 宮之浦岳・永田岳・黒味岳
15左 太忠岳
15右上 愛子岳
15右下 モッチョム岳

コースさくいん

九州北部

コース1 英彦山 北西尾根・中岳 …… Map 1-1B
サブコース 豊前坊から北岳・中岳 …… Map 1-3B
サブコース 別所駐車場から南岳・中岳 …… Map 1-1B
コース2 平尾台 大平山・貫山 …… Map 1-2C
サブコース 周防台・桶ヶ辻 …… Map 1-3C
コース3 福智山 七重の滝 …… Map 2-4B
サブコース 大塔ノ滝を経て福智山へ …… Map 2-2B
サブコース 上野登山口から福智山へ …… Map 2-2A
コース4 井原山 アンノ滝ルート …… Map 2-3D
サブコース 井原山・雷山縦走 …… Map 2-2C
サブコース 水無登山口から井原山へ …… Map 2-3D
コース5 多良岳 西野越コース …… Map 3-2A
サブコース 経ヶ岳・多良岳縦走 …… Map 3-2A
サブコース 五家原岳コース …… Map 3-2A
サブコース 中山越コース …… Map 3-3B
コース6 雲仙岳 普賢岳 …… Map 3-1C
サブコース 立岩の峰コース …… Map 3-1C

九重・阿蘇・祖母傾・大崩

コース7 鶴見岳 …… Map 4-4A
サブコース 鶴見岳・西登山道 …… Map 4-3A
コース8 由布岳 …… Map 4-2A
サブコース 由布岳・東登山口コース …… Map 4-3A
コース9 九重山 久住山 …… Map 5-2B
サブコース 牧ノ戸峠コース …… Map 5-3A
サブコース 久住山のその他のコース …… Map 5-4B
コース10 九重山 大船山 …… Map 5-2B
サブコース 岳麓寺コース …… Map 5-3D
サブコース 平治岳 …… Map 5-2B
サブコース 吉部コース …… Map 5-1C
コース11 九重山 黒岳 …… Map 5-1D
サブコース 白水鉱泉コース …… Map 5-1D
コース12 涌蓋山 八丁原コース …… Map 4-3D
サブコース はげの湯コース …… Map 4-1C
コース13 阿蘇山 高岳・中岳 …… Map 6-3A
サブコース 仙酔峡起点の周回 …… Map 6-2B
サブコース 烏帽子岳・杵島岳 …… Map 6-2A
サブコース 根子岳東峰・大戸尾根 …… Map 6-3D
サブコース 根子岳東峰・釣井尾根 …… Map 6-1D
コース14 祖母山 黒金山尾根・障子岩尾根 …… Map 7-3C
コース15 祖母山 小松尾根・神原コース …… Map 7-2A
サブコース 北谷登山口から周回 …… Map 7-3A
コース16 傾山 九折コース …… Map 8-2A
サブコース 三ツ尾コース …… Map 8-2A
サブコース 杉ヶ越コース …… Map 8-4B
サブコース 傾山のその他のコース …… Map 8-1B
コース17 祖母山～傾山縦走 …… Map 7-1D
コース18 大崩山 ワク塚ルート …… Map 9-4C
サブコース 大崩山のその他のコース …… Map 9-1B
コース19 五葉岳 …… Map 9-1C
コース20 夏木山 …… Map 9-3D
サブコース 犬流れ越コース …… Map 9-3D
コース21 鹿納山 …… Map 9-1C
サブコース お化粧山コース …… Map 9-1C
サブコース 大崩山・鹿納山縦走コース …… Map 9-1B
コース22 鉾岳 …… Map 9-2A
サブコース 天然杉コース …… Map 9-2A

九州脊梁

コース23 扇山 霧立越コース …… Map 10-1C
サブコース 松木登山口コース …… Map 10-4C
サブコース 内の八重コース …… Map 10-4D
コース24 国見岳 五勇山・烏帽子岳 …… Map 11-2A
サブコース 新椎葉越から国見岳 …… Map 11-4B
サブコース とぞの谷橋から国見岳 …… Map 11-1A

九州南部・屋久島

コース25 尾鈴山 …… Map 11-3C
コース26 霧島山 韓国岳 …… Map 12-1A
サブコース 大浪池コース …… Map 12-3A
サブコース 白鳥山 …… Map 12-1A
コース27 霧島山 …… Map 12-4B
サブコース 霧島東神社コース …… Map 12-4D
サブコース 天孫降臨コース …… Map 12-3C
コース28 開聞岳 …… Map 13-2B
コース29 高隈山 大箆柄岳 …… Map 13-1C
サブコース 高隈山・御岳 …… Map 13-3C
コース30 宮之浦岳 淀川ルート・縄文杉ルート …… Map 14-4C
サブコース 黒味分れから黒味岳 …… Map 14-4B
コース31 宮之浦岳・永田岳 …… Map 14-1D
コース32 太忠岳 …… Map 15-3A
コース33 愛子岳 …… Map 15-1C
コース34 モッチョム岳 …… Map 15-3D

山口県
下関市
北九州市
宗像市
古賀市
直方市
飯塚市
福智山
平尾台
行橋市
田川市
福岡県
英彦山
中津市
宇佐市
中山仙境
豊後高田市
田原山
杵築市
大分県
別府市
大分市
鶴見岳
由布岳
由布市
臼杵市
津久見市
佐伯市
豊後大野市
祖母山
傾山
大崩山
鉾岳
比叡山
延岡市
日向市
宮崎県
尾鈴山
市房山
国見岳
扇山
熊本県
竹田市
九重山
涌蓋山
阿蘇市
阿蘇山
菊池市
山鹿市
日田市
うきは市
久留米市
小郡市
八女市
大牟田市
柳川市
玉名市
熊本市
宇土市
宇城市
八代市
上天草市
天草市
島原市
雲仙岳
雲仙市
諫早市
大村市
長崎市
西海市
長崎県
佐世保市
平戸市
平戸島
松浦市
佐賀県
唐津市
伊万里市
黒髪山
武雄市
嬉野市
鹿島市
多良岳
小城市
多久市
佐賀市
鳥栖市
筑紫野市
井原山
糸島市
福岡市
壱岐市
有明海

小林市
霧島山
矢岳
12
甑島
薩摩川内市
姶良市
霧島市
いちき串木野市
都城市
3
222
桜島
高隈山
曽於市
日南市
鹿児島県
鹿児島市
鹿児島湾
志布志市
垂水市
13右
串間市
日向灘
南さつま市
南九州市
鹿屋市
枕崎市
指宿市
開聞岳
13左
東シナ海
佐多岬
西之表市
種子島
屋久島
14
15右上
愛子岳
宮之浦岳
太忠岳
15左
右下15
モッチョム岳
N
0
10
50km
1:1,522,000

取り外せる！ 持ち歩ける！

アルペンガイド

登山地図帳

九州の山

Alpine Guide